湖北省社科基金资助（2016032）
——微课辅助下的财务管理“对分课堂”教学模式实证研究

经济管理学术文库 • 管理类

“财务管理”对分翻转教学设计及其测量与评价

Financial Management: Flipped Teaching Design and its Measurement and Evaluation

夏庆利／著

经济管理出版社
ECONOMY & MANAGEMENT PUBLISHING HOUSE

图书在版编目（CIP）数据

“财务管理”对分翻转教学设计及其测量与评价/夏庆利著．—北京：经济管理出版社，2019.12

ISBN 978－7－5096－2278－0

Ⅰ.①财…　Ⅱ.①夏…　Ⅲ.①财务管理—课堂教学—教学研究　Ⅳ.①F275

中国版本图书馆 CIP 数据核字（2019）第 244795 号

组稿编辑：曹　靖
责任编辑：任爱清
责任印制：黄章平
责任校对：董杉珊

出版发行：经济管理出版社
（北京市海淀区北蜂窝 8 号中雅大厦 A 座 11 层　100038）
网　　址：www. E－mp. com. cn
电　　话：（010）51915602
印　　刷：北京晨旭印刷厂
经　　销：新华书店
开　　本：720mm×1000mm/16
印　　张：19.75
字　　数：376 千字
版　　次：2019 年 12 月第 1 版　　2019 年 12 月第 1 次印刷
书　　号：ISBN 978－7－5096－2278－0
定　　价：88.00 元

前　言

本书研究的基本思路：首先，通过文献研究来界定“对分课堂”“微课”“翻转课堂”等相关课堂教学改革的核心思想；并梳理它们之间的逻辑关系，揭示国内外高校课堂教学改革的切入点、价值取向和技术措施，据此提出“对分翻转”教学模式；其次，设计“财务管理”对分翻转教学方案，并在实施教学过程中收集相应的学情数据，及时调整课堂设计；最后，通过问卷调查、课程考核等方式对课堂教学改革的效果进行实证分析，分析“对分翻转”教学改革的可取之处和存在的不足，从而提出改进建议。

本书研究的主要方法是教育实验法，即立足于“财务管理”真实课堂，通过“对分翻转”教学探索来观察学生学习行为、学习效果的变化，探索适合学生特点的课堂教学模式。

在学习行为与学习效果的关系研究上，主要通过建立多元线性回归模型，并利用学情统计数据进行参数估计和统计检验，定量研究改进学习效果的途径和措施。

关于课堂教学改革的理论研究主要采用文献资料法，通过文献研究来总结课堂教学改革的一般规律。在“对分翻转课堂”改进建议部分主要采用分析归纳法，根据定性和定量研究结论，提出有针对性的改进建议。

本书主要研究内容如下。

1.“对分翻转”教学模式

借助“对分课堂”理念，改造翻转课堂，即每次课分配一半的时间给学生，讨论微课学习中存在的疑难问题，教师给予必要的指导并记录普遍存在且比较重要的难点知识；另一半时间由老师讲授，内容按课程体系安排，将学生提出的问题作为案例（或例题），既保证了传授知识的系统性，又突出了讲授的针对性。

2.“对分翻转课堂”在大学推广的必要性与可行性

大学课堂除了知识传授外，更要注重挖掘学生潜质，训练批判性思维，激发学生主动思考和碰撞，这种价值取向与“对分翻转课堂”高度契合。大学生具备认识世界的基本能力，能够比较顺畅地交流思想，可以较好地进行课堂讨论，这是“对分翻转课堂”的主体基础。当前，大学建设数字校园、智慧校园十分迅猛，世界上著名大学都不惜重金打造优质慕课，通过“在线”教育占领高等教育制高点，这客观上为大学广泛推进“对分翻转课堂”教学改革提供了软硬件条件。

3. 我国大学推广“对分翻转课堂”的瓶颈

传统课堂惯性巨大，学生不太习惯主动获取知识，或主动获取知识能力羸弱，存在不同程度的“考什么学什么”现象，导致在“对分翻转课堂”上学习的知识趋于碎片化。由于课前准备不充分，学生提不出有见地的问题，因此，讨论经常陷于“冷场”。也有相反的情况，从某个知识点出发，滔滔不绝，偏离主题。一些内向的同学，很少主动参与讨论，“对分翻转课堂”给他们造成的心理压力巨大。

4. “财务管理”“对分翻转课堂”教学设计

（1）建设微课。财务管理的基本内容包括筹资、投资、运营和分配，再加上财务基本理论和财务评价方法共六大模块，根据学分和课时计划，对这六个模块的内容进行细分。如果按 3 学分、48 学时计算，大约可分为 200 段微课。每段要包含背景知识、知识点内容、知识测验三个部分，测验最好使用选择题或判断题等客观题形式，方便自动批阅和学情统计。在初期微课建设条件不成熟时，可以购买慕课替代，但是购买慕课总会存在不太切合本校学生的问题，所以有必要尽早创造条件自建微课。

（2）建设题库。“对分翻转课堂”必须配有足够的习题库，一方面，引导学生学习，帮助学生找到学习中存在的问题；另一方面，检验学生理解知识的程度。题量呈金字塔分布，难度则呈倒金字塔设计。题库可以分三个层级，最底层是知识点测验，中间层是章节作业，顶层是课程综合拓展训练。题库建设是一个逐步积累的过程，学生在讨论环节引用的材料可以提炼为测试题，学生在答题中的错误可以提炼为案例，教师在讲授过程中的灵感可以转化成题库的内容。

（3）发布和管理微课。微课必须在特定的平台上运行，并且向任课教师开放后台管理，即允许任课教师发布微课，在线提供学习资料，发布通知，布置（批阅）作业，设置课程线上考核的观测点及其权重，提供翔实的学情统计数据，例如，访问次数、访问时长、访问时点、发起提问次数、解答线上提问数、各项任务完成进度，视频“反刍比”（重复观看视频的次数），成绩详情，等等，尽可能方便任课教师利用大数据进行学情分析，做到因材施教。平台还应该提供协助管理功能，例如，“闯关式”练习设计、防拖拽、防“空转”（规定时间无操作自动停播、非活动窗口停播）、首次观看防跳转等。更理想的平台还应该能够提供丰富的资源，为课程知识点建立丰富的链接，拓宽课程知识面。

（4）周密设计课堂讨论。在课前还要认真研究学生学习动态，根据学生观看视频的“反刍比”、线上测验和作业的差错率及线上讨论情况，找准学生问题的症结，设计好课堂讨论主题。在课堂讨论过程中，教师要当好主持人，发挥四两拨千斤的作用，不仅要用启发式提问引爆学生思维，激发学生讨论的积极性；同时又要及时校正讨论方向，避免离题、跑题，提高课堂效率。要特别关注学习困难和表达欠缺的群体，发现他们的兴趣点，特别设计一些简单话题，鼓励他们逐步参与到课堂讨论中，做到课堂讨论“一个都不能少、一分钟也不废”。

（5）系统安排课堂讲授。由于讲授时间只有传统课堂的一半，所以讲授一定要紧扣教学目的要求，指出教学重点，化解教学难点。可以引用学生讨论过程中的案例、观点，以及线上测验和作业内容强化教学重点，解析教学难点，把讨论和作业过程中的零散知识点串联起来，增强学生学习的系统性。

5.“对分翻转课堂”教学反思

大学“对分翻转课堂”必须紧紧围绕思维训练主线，密切结合讨论式、参与式、启发式、体验式等课堂创新模式，利用好学分杠杆，充分挖掘线上教学资源，积极探索O2O教学模式，调动学生学习积极性，不断提高课堂教学质量。每次课后，教师应该就这些初衷逐一设问，寻找思维训练方面存在的缺憾，分析学生参与讨论的积极性高涨或低落的原因，总结课堂上拓展资源量够不够，质高不高，一句话课堂教学质量是不是得到了提高。

6.“对分翻转课堂”实证研究

主要从三个维度展开：一是横向比较，即实施“对分翻转课堂”的班级与传统课堂班级学习效果比较；二是纵向比较，即历届实施“对分翻转课堂”的班级之间学习效果比较；三是影响学习效果的学习行为之间比较，找出关键的学习行为，为后面的课堂教学改革找准切入点和着力点。

目 录

第一章　绪论

我国课堂教学经历了私塾—书院—学堂—电化教学—广播电视教学—慕课起步等阶段，前三个阶段基本是我国古代在引领，后三段则来自西方发达国家多些。课堂教学的方向基本是不断走向体验式学习，更充分地调动学习者的积极性，增加趣味性，不断扩大学习者的覆盖面。如何将我国几千年教育模式的优秀传统与西方现代教育模式相融合，是当代大学课堂教学改革的重要课题。

第一节　研究目的与意义

美国常春藤通常一学期 3 门课，一次课一小时，每周 3 次，另外根据教学进度机动加课；实验是每周一个下午 3 学时，每堂实验课都类似一个完整的探索性研究；当周讲解的内容当周就实习。每周都有考试，10 周课程有八次 10 ~ 15 分钟测验，两次各 1 小时期中考试和一次 3 小时期末考试。“每周一测”是从 65 分钟里抽出 10 ~ 15 分钟完成，平时还会留一些作业帮助预习。课堂内容时效性很强，例如，两周前的科学新发现（含视频）就能进入课堂作业和讨论。课堂讨论十分丰富，1 小时的课就能提问三四十次，整堂课的节奏除了听课以外就是记笔记、思考、小组讨论和问答。美国常春藤名校这种课堂模式，被认为是培养创新性人才的重要基础。

在我国“唯有读书高”的精英教育时代，“严师出高徒”“戒尺出效率”，课堂教学方法比较单一，是真正的“一心只读圣贤书”，老师也就一直灌输式地“传道、授业、解惑”，无需更多的方式。随着社会的进步，特别是教育被当成公益事业以后，政府直接将教育责任承揽下来，纷纷制定了《义务教育法》，至此，教育从奢侈消费变成了义务，教育者的权力演变成了责任，教育必须越来越讲究方法，才能履行好这份责任。

自1999年开始我国高等教育大规模扩招，经过20年的发展，截至2018年底，全国共有普通高等学校2663所（含独立学院265所），其中，本科院校1245所。各类高等教育在学总规模达到3833万人，稳居世界第一。其中，本科院校均规模14896人。高等教育毛入学率达到48.1%（见图1－1）。快速实现了从精英教育向大众教育的转型。很快我国将进入高等教育普及化阶段。

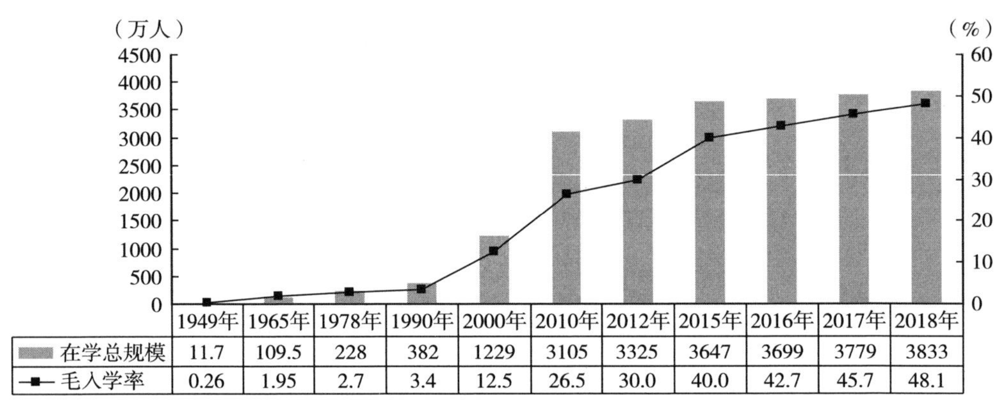

	1949年	1965年	1978年	1990年	2000年	2010年	2012年	2015年	2016年	2017年	2018年
在学总规模	11.7	109.5	228	382	1229	3105	3325	3647	3699	3779	3833
毛入学率	0.26	1.95	2.7	3.4	12.5	26.5	30.0	40.0	42.7	45.7	48.1

图1－1　高等教育在学规模和毛入学率

资料来源：《2018年全国教育事业发展统计公报》。

当今在校大学生基本是“00后”（即2000年以后出生，下同）一代，他们生活在信息传播方式激剧变革的时代，传统媒体与新媒体日新月异，特别是互联网深刻地介入他们的生活中，在目不暇接的信息社会里，“00后”一代被各种诱惑吸引，很难集中注意力做某件事情。因此，高校课堂缺课率高，学生上课玩手机、看电脑，不认真听讲的情况比较普遍。教师不得不降低学业要求，常常连基本的教学目标都无法完成。

课堂是教学活动的主要场所，课堂质量是教学质量高低的一个决定性因素。大学教学的一个主要目标是对思维能力和探索精神的培养，而这个方面历来是传统教学的弱项。当传统教学的知识传授作用明显降低时，这个缺陷也更为清楚地暴露出来。传统教学以教师为主导，完成既定内容的呈现，各种方法的使用都是要引导学生配合，吸收教师讲授的内容，按教师的思路去思考。在教学中教师单向灌输，学生被动跟随，不能主动参与知识建构、尝试问题解决，思维能力和探索精神的培养无法落到实处。

“对分翻转课堂”振奋了久违的大学生激情。学生通过线上学习，可以突破时间和空间限制，符合“00后”大学生的自由个性特征；使用8～10分钟一个知识点的“微化”结构，较好契合“00后”的注意力习惯，减少“垃圾”听课时间；同时“闯关式”练习设计，增强了学习的趣味性，能够较好地吸引学生的注意力和参与程度。翻转课堂通过线下交流讨论，变学生听课为讲课，极大地调动了学生的学习积极性，强化和巩固了所学的知识；变老师讲课为听课，老师得以分享学生智力劳动，达到教学相长，并腾出时间有针对性地逐个辅导学生。大量的学情数据，使过去定性的学情分析，进入大数据定量分析时代，例如，通过每个学生的“反刍比”可以发现具体学生的学习难点，而比较全班的“反刍比”则可以找到全班学习重、难点。通过学生网上提问和回答，既可以了解不同学生的接受能力和学习效果，也可以使重点内容——普遍关注的内容一目了然。预习时间曲线和复习时间曲线，可以反映出不同学生的学习态度和学习能力，预习和复习费时都比较少的同学通常是优秀的同学，这些同学可以单独布置任务，让他们“吃饱”……

本书以“财务管理”课程题库建设为主线，提出了财务管理对分翻转课堂教学设计方案，并通过对分翻转教学实践，实证研究了对分翻转课堂效果以及存在的问题，提出了改进建议。这些改进意见，在对分翻转课堂教学过程中应该具有普适性，可以复制到其他课程教学活动中。当然不同学科专业课程有其特殊性，在具体实施时，需要结合课程内容适当调整和完善，才能取得满意效果。

第二节　国内外研究现状综述

一、“对分课堂”研究综述①

讨论式教学通常包括教师讲授、学生讨论和教师总结三个环节。讨论式教学不适合大班教学，更适合学生学习动机普遍较强的课程，例如，研究生课程。国外大学本科学生每学期选课少，每门课都有充裕的时间投入，自我表现欲望强烈，讨论过程自主性强。中国学生每学期选课多，分配到每门课的时间有限，含蓄的传统文化，都会影响讨论效果。为此，复旦大学的张学新提出了一个新的课堂教学模式，称为“对分课堂”。对分课堂的核心理念是把一半课堂时间分配给教师进行讲授，把另一半课堂时间分配给学生以讨论的形式进行交互式学习。对分课堂既强调先教后学，又强调生生、师生互动，鼓励自主性学习。在考核方法上，对分课堂强调过程性评价，并关注不同的学习需求，让学生能够根据其个人

① 张学新．对分课堂：大学课堂教学改革的新探索［J］．复旦教育论坛，2014（5）：5－10.

的学习目标确定对课程的投入。对分课堂把教学分为在时间上清晰分离的三个过程，分别为讲授（Presentation）、内化吸收（Assimilation）和讨论（Discussion），因此，对分课堂也可简称为 PAD 课堂。对分课堂增加平时考核，体现了过程性评价；保留了教师讲授这一传统教学的精华，保证了知识传递的系统性、准确性和有效性。对分课堂提升了学生的课堂参与度，从理念上提倡讲授和讨论各占一半，具体的比例在不同课程中可以酌情调整。

2014 年春季学期，复旦大学心理学系大学二年级“心理学研究方法与实验设计”课尝试了对分课堂。首先，该班学生 25 人，每周上课一次，连续三节，每节 45 分钟；其次，实际上课 16 周，前 12 周学习教科书的 12 个章节，随后 3 周阅读文献；最后，1 周学生自选文献做简短汇报。第 1 周三节课由教师讲授第一、第二章内容，要求学生认真听讲，课后自主阅读、学习两章内容，写出读书笔记，第 2 周上课前作为作业提交。第 2 周第二节课，学生 4 人一组开展讨论，温习课本内容、分享学习体会、互相解答疑难，并尝试回答教科书章节后面的复习题。第二节课前半节，教师与学生互动讨论，对学生存在的疑难进行解答，展示、点评优秀读书笔记。后半节和第三节课，教师讲授第三章内容，要求学生课后自主阅读、学习该章内容，完成读书笔记并于第 3 周上课前提交。第 3 ~ 11 周的模式与第 2 周类似。从第 12 周起由教科书过渡到文献，除文献材料由教师选定、学生不再提交作业以外，基本模式类似。问卷调查显示，学生普遍认为，对分课堂目标基本达到。学生特别认可分组讨论，使学生互相促进、化解疑难，达到对章节内容的深入理解。调查还显示，学生每周课外学习时间是 4.3 小时，阅读课本 1.9 小时，完成作业 2.1 小时。对“你在本门课上的学习负担是否合适”，82% 的人选择“比较合适”，9% 的人选择“较轻”，9% 的人选择“较重”。对“与传统课堂相比，你对本门课采用对分课堂的总体评价如何”，43.5% 的人选择“对分很好”，43.5% 的人选择“对分较好”，13% 的人选择“保持中立”。

2014 年春，上海理工大学研究生一年级口语课上也尝试了对分课堂。该课程有两个平行班，每班 45 人，均为非英语专业学生，每周上课 1 次，连续 2 节，每节 45 分钟。总共上课 18 周，第 1 周介绍课程，最后 1 周考试，剩余 16 周学习教科书 8 个单元。每 2 周完成一个单元，其中，第 1 周为教师讲授。教师概述单元总体内容，讲解重点、难点，要求学生课后温习，利用课本内的音频材料进行模仿练习，并录制一段音频作为作业，第 2 周上课前提交。第 2 周第一节课，学生分为 8 组，每组 5 ~ 6 人，分组练习口语对话。第二节课，教师先讲评作业，然后以组为单位随机抽取学生对书中的话语场景进行角色扮演，同时要求其他学生一边聆听一边完成书本上与该场景对应的听力习题，并在结束后随机抽查学生答案。课程末期进行了问卷调查，调查结果显示，学生每周课外学习时间是 0.59

小时。超过半数的学生认为，青年教师可以或更适合采用对分课堂教学模式。在学习负担上，68%的学生选择“比较合适”。总体评价，23%的人选择“对分很好”，59%的人选择“对分较好”，16%的人选择“保持中立”，目标达成度评分都较高。

总体上，从讲授、课后学习、讨论三个核心环节来看，学生对于对分课堂的目标认同度和目标的完成效果评价很高。基于学生自我报告的结果表明，对分课堂在保持适度学习负担的情况下，获得了良好的教学效果，得到大多数学生的认可。

二、微课研究综述

微课是指教师围绕某个知识点或技能等任务进行教学的一种教学方式，微课可划分为：讲授类、问答类、启发类、讨论类、演示类、练习类、实验类、表演类、自主学习类、合作学习类、探究学习类。其核心组成内容是课堂教学视频（课例片段），同时还包含与该教学主题相关的教学设计、素材课件、教学反思、练习测试及学生反馈、教师点评等辅助性教学资源，是一种新型教学资源。

微课的主要特点是教学时间较短，时长一般为5~8分钟，最长不宜超过10分钟；内容精简；存储空间小，几十兆的流媒体格式文件；“情景化”设计；主题突出；趣味性强；反馈及时。

微课开发通常包括四个方面：一是内容规划，即确定知识点谱系；二是平台建设，微课平台功能要在满足微课资源日常“建设、管理”的基础上增加便于用户“应用、研究”的功能模块。形成微课建设、管理、应用和研究的“一站式”服务环境；三是微课录制，包括选题设计、课例拍摄、后期加工、在线报送、审核发布、评价反馈等环节；四是交流应用，包括集中展播、专家点评和共享交流等。

2014年9月1日至2017年8月31日，教育部教育管理信息中心开展“基于微课的翻转课堂教学模式创新应用研究”的课题，课题研究秉承共建共享、引领示范的原则，通过专家指导、专题研讨、观摩交流以及成果展示等形式开展课题研究。

随着信息与通信技术的快速发展，微课将具有十分广阔的教育应用前景。对教师而言，微课将革新传统的教学与教研方式，突破教师传统的听评课模式，教师的电子备课、课堂教学和课后反思的资源应用将更具有针对性和实效性，基于微课资源库的校本研修、区域网络教研将大有作为，并成为教师专业成长的重要途径之一。对于学生而言，微课能更好地满足学生对不同学科知识点的个性化学习、按需选择学习，既可查缺补漏又能强化巩固知识，是传统课堂学习的一种重要补充和拓展资源。特别是随着手持移动数码产品和无线网络的普及，基于微课的移动学习、远程学习、在线学习、"泛在学习"将会越来越普及，微课必将成为一种新型的教学模式和学习方式。更是一种可以让学生自主学习，进行探究性学习的平台。

三、翻转课堂研究综述

20 世纪 90 年代，美国哈佛大学教授埃里克·马祖尔（Eric Mazur）将"翻转学习"概念与其创立的"同伴教学法"进行了整合。首先，学生在课前看视频、阅读文章或运用自己原有知识来思考问题；其次，回顾所学知识，提出问题；再次，教师在课前针对学生提出的问题进行教学设计和开发课堂学习材料；最后，在课堂上引导学生讨论、共同解决难题。2004 年，可汗学院开发数学等各学科的网络课程资源，根据每一个单元及其基本概念加以细分化与结构化，教师的角色开始了从"讲师"到"教练"的转型。2007 年，美国科罗拉多州中学教师伯格曼和萨姆斯把自己的讲解内容制作成教学视频，在课前让学生观看，课中则用于理解度的检测与个别辅导。2011 年，萨尔曼·可汗（Salman Khan）提出翻转课堂（Flipped Classroom，FC）的本质特征是对教师传授知识与学生接受知识的"翻转"安排，即"学生白天在教室完成知识吸收与知识内化，晚上回家学习新知识"的教学模式。2013 年，乔治梅森大学的诺拉（Noora Hamdan）博士、皮尔森教育发展中心帕特里克（Patrick McKnight）博士等，提出翻转课堂的四大支柱，即灵活的学习环境（Flexible Environment）、学习文化的转变（Learning Culture）、精心策划的教学内容（Intentional Content）和专业化的教师（Professional Educator）。

在国内，尽管翻转课堂在 2007 年就已经开始在一些学校流行，但在 2011 年以前，很少有人关注翻转课堂。2012 年仅有 16 篇文章对翻转课堂进行相关报道，2013 年，相关报道数量已多达 125 篇，增长速度达到几何级别。黄雪娇等（2015）基于数据分析预见，国内有关翻转课堂的研究倾向于以下四个方面：一是从"理论"范式向"理论与实践相结合"范式转变；二是形成翻转课堂教学模式"教学共同体"；三是形成教育、技术一体化；四是注重教师专业素养的提升①。郝林晓等（2015）认为，翻转课堂是指课程与教学地位的翻转、教与学流程的翻转、"做学"与"听学"方式的翻转②。秦炜炜（2013）认为，翻转学习

① 黄雪娇，梁海青，赵可云．我国翻转课堂研究现状述评：热点与趋势——基于 CNKI 文献关键词的可视化分析［J］．现代远距离教育，2015（6）：82－88.

② 郝林晓，折延东．翻转课堂理念及其对我国课堂教学改革的启示［J］．比较教育研究，2015（5）：80－86.

以现代多媒体技术为基础，呈现出个性化、多元化和自由协作等特征，学习过程包括经验融入、概念探究、意义建构和探讨运用四个环节①。陈明选、陈舒（2014）提出了基于理解的“五翻转”策略，即翻转课堂组织结构，创设多维互动环境；翻转教学设计流程，促进理解目标的实现；翻转资源提供的时机，诱发先前认知的实现；翻转学与做的顺序，激发学生内在理解动机；翻转提问的时机，启发学生在探究中理解②。黄阳等（2014）认为，“翻转课堂”的关键在于“组织活动、监督指导、反馈评价”③。杨宁等（2015）构建了基于“学习手册”和“学习资源包”的翻转教学模型④。吕晓娟（2015）探讨了以学习理念为基础的翻转课堂教学设计需要调适的矛盾和防止的误区⑤。潘国清（2015）提出一种翻转课堂教学模式的螺旋模型，将支架学习策略应用于微型学习资源开发和学习活动设计⑥。苏仰娜、黄映玲（2015）设计开发出以“交互式实验模拟软件”作为主要学习资源的翻转课堂形式，以培养学生的动手实践能力、促进实验技能知识的内化、提高实验课教学效果与效率⑦。

关于翻转课堂的疑虑也不少。刘永琪、胡凡刚（2015）认为，有关翻转课堂的教学研究还缺乏长期基于教育大数据的实证研究，缺乏完善的教学伦理规范⑧。于洋等（2015）认为，翻转课堂存在本土化的困境和师生情感交流的缺失⑨。陈洋等（2016）认为，翻转课堂引发了宏课与微课、技术与人、学习者知识的建构与接收等一系列的矛盾关系⑩。尹达（2014）发现，我国目前教育信息化程度不高，翻转课堂很难在全国范围内推广；在实践中，有些学校误读翻转课堂，加重了学生的学习负担，设计与制作微课程严重加大了教师的负担；测试学生课前“已有水平”信度和效度值得怀疑；课堂教学时间分配，对学生的精准

---

① 秦炜炜．翻转学习：课堂教学改革的新范式［J］．电化教育研究，2013（8）：84－90.

② 陈明选，陈舒．围绕理解的翻转课堂设计及其实施［J］．高等教育研究，2014（12）：63－67.

③ 黄阳，刘见阳，印培培等．“翻转课堂”教学模式设计的几点思考［J］．现代教育技术，2014（12）：100－106.

④ 杨宁，林丽征，徐梦诗．翻转课堂教学理念下的“现代教育技术”新课程设计与实施［J］．中国远程教育，2015（3）．61　65，71.

⑤ 吕晓娟．基于学生学习力的翻转课堂教学设计［J］．电化教育研究，2015（12）：98－102.

⑥ 潘国清．一种翻转课堂的螺旋模型及实现［J］．电化教育研究，2015（10）：84－91.

⑦ 苏仰娜，黄映玲．基于交互式实验模拟软件的翻转课堂模式设计与应用——以“虚拟多媒体教学系统”为例［J］．中国电化教育，2015（10）：60－67.

⑧ 刘永琪，胡凡刚．翻转课堂教学模式的伦理省思［J］．远程教育杂志，2015（6）：78－84.

⑨ 于洋，傅海伦，张艳丽．“翻转课堂”：信息技术下的“先学后教”［J］．教学与管理，2015（30）：111－114.

⑩ 陈洋，胡凡刚，刘永琪等．翻转课堂引发的矛盾关系思考［J］．现代教育技术，2016（2）：71－76.

反馈都存在很大困难[①]。尹华东（2016）研究显示，翻转课堂在增进学习兴趣方面效果明显，但对增强学习动机作用有限，能否显著提升学习成绩还需进一步论证[②]。张学新（2014）认为，中国学生规避冲突、言谈审慎的文化传统，会影响翻转课堂效果[③]。田爱丽（2015）认为，翻转课堂教学教师课前准备时间过长，视频制作困难，教学负担加重，课堂难以驾驭，教学观念和角色有待转变；学生学习的自主性欠缺；教学管理和评价制度需进一步改革；数字化设备和资源还有待改善等[④]。

综上所述，翻转课堂的核心理念是利用讨论式学习，增强学习主动性和积极性，加深学生对知识的理解，提高运用知识解决实际问题的能力。但是，我国教育传统文化的惯性和现阶段教育评价模式，导致翻转教学异化或效果不佳。有的翻转课堂演变成了“题海战术”的翻版；有的课堂无问题可讨论；有的教师驾驭课堂经验不足，知识零碎，效率低下；还有的课堂只有少数同学主导，影响了整体效果。显然，现有研究对翻转课堂教学效果的定性认识已经比较深入，但是针对翻转课堂教学效果的定量分析还比较少，包括翻转课堂效果的观测指标、影响因素、实证模型等都没有系统的研究。

第三节　本书的结构与内容

本书共分九章。第一章为绪论，主要介绍课题研究目的与意义，国内外研究现状综述，本书的主要创新点和不足。第二章对分翻转课堂模式设计，这是本书的基础理论，主要介绍对分翻转课堂概念及其在大学实施的必要性与可行性分析及其瓶颈分析，然后分别介绍对分翻转课堂三基本元素，即微课、题库和平台建设，和“六环节”设计即课时分配、学生分组、交流讨论、梳理重点解析难点、教学总结与反思、反馈与提升讨论。

第三章至第七章，是对“财务理论”课程各章进行对分翻转教学设计，具体包括基本理论、筹资管理、投资管理、运营管理、分配及预算管理，各章均按照教学目的、重点、难点，题库设计，学生讨论集萃，教师讲授知识点，拓展知识反馈五个部分编写。其中，基本理论部分包括绪论、“资金时间价值”、“财务

---

① 尹达．对“翻转课堂”的再认识［J］．当代教育与文化，2014（2）：64－67.

② 尹华东．对国内外翻转课堂热的冷思考：实证与反思［J］．民族教育研究，2016（1）：25－30.

③ 张学新．对分课堂：大学课堂教学改革的新探索［J］．复旦教育论坛，2014（5）：5－10.

④ 田爱丽．“慕课加翻转课堂教学”成效的实证研究［J］．开放教育研究，2015（6）：86－94.

评价”三部分。“财务筹资”包括筹资预测、筹资成本、资本结构三部分。“财务投资”包括“项目投资”“证券投资”两部分。“财务运营”包括“现金”管理、“应收账款”管理、“存货”管理三部分。“财务分配”包括“财务预算”“股利政策”两部分。第八章为“财务管理”实验对分翻转教学设计。内容包括资金时间价值计算、资金需求决策、资本结构决策、项目（证券）投资决策、财务预算编制和财务分析评价六小节，各小节均按照教学目的、重点、难点，验证性实验任务，设计性实验任务，学生常见错误，教师讲授知识点五个部分编写。第九章为“财务管理”对分翻转教学实证研究。通过变量及模型选择，数据及模型估计与检验，得出实证结论，并提出建议，本书最后对“财务管理”对分翻转教学进行了延伸探索与展望。

第四节　本书的主要创新点和不足

本书创新点主要有三个：

一是提出“对分翻转课堂”教学模式。即微课辅助下的“对分课堂”模式。这种模式将“微课”模式与“对分课堂”模式相结合，将线上学习、线下讨论和传统课堂教学三者有机整合，取三者之精华。首先，借助微课理念，按课程知识点构造学习单元，契合学生注意力习惯。其次，借助“对分课堂”理念，改造翻转课堂，即每次课分配一半的时间给学生，讨论微课学习中存在的疑难问题，教师给予必要的指导并记录普遍存在且比较重要的难点知识。另一半时间由老师讲授，内容按课程体系安排，将学生提出的问题作为案例（或例题），既保证了传授知识的系统性，又突出了讲授的针对性。

二是教育实验法和实证研究方法创新。教育实验法是以一定的教育理论及其假设为指导，有目的地控制和操纵某些教育因素或教育条件，通过观测与所控制的条件相伴随的教育要素或教育现象变化的结果来揭示教育活动规律的一种方法。一般可分为准备实验—实施实验—总结与评价实验这三个基本阶段。“财务管理”对分翻转教学实验假定是，学生通过讨论式和研究式学习，可以加深对财务管理相关概念的理解，提高财务预测、决策的定量分析能力。“财务管理”对分翻转教学严格按照四阶段进行，即学生通过“微课”视频学习（含线上讨论、作业等）、课堂讨论（含小组讨论汇报和自由发言）、教师总结讲授、课后反馈及拓展。探求学习行为与学习效果的关系，教学效果以课程期末综合考试成绩计量；影响翻转课堂教学效果的学习行为包括课堂讨论（Disc）、观看视频

（View）、访问数（Visit）、线上讨论（Edis）、知识点测验（Test）、章作业（Work）。其中“观看视频”（View）以分钟为单位，“访问数”（Visit）、线上讨论（Edis）以次为单位，课堂讨论（Disc）、知识点测验（Test）、章作业（Work）以成绩分数为单位。通过建立多元线性回归模型，并利用学情统计数据进行参数估计和统计检验，定量研究改进学习效果的途径和措施。

三是提出对分翻转课堂的教学改革建议。①加强微课建设，微课是慕课的基本单元，是对分翻转教学成功的关键。②加强“题库”建设，包括知识点测验、章节作业和综合考试题库。③加强“慕课”平台建设，平台应该提供协助管理功能和丰富的资源，为课程知识点建立丰富的链接，拓宽课程知识面。④课程考核设计是教学效果的“牛鼻子”，线上学习、课堂讨论和集中考试是翻转课堂考核必需的三个环节。⑤知识系统性是翻转课堂教学的短板，所以教师的点评总结不仅十分必要，有时需要占用一半的时间。⑥关注学习困难群体是翻转课堂的难点，任课教师在组织课堂讨论时，更多地关注困难群体，发现他们的兴趣点，鼓励他们参与到课堂讨论中，要引导先进包容后进，做到享受优质教学“一个都不少”。

本书的主要不足，“财务管理”课堂教学改革并不是一开始就是按照对分翻转教学模式设计的，而是先经历慕课辅助教学、讨论式课堂教学、翻转课堂教学和对分翻转课堂教学多个阶段，所以相应的学情数据存在一定的差异性，在进行实证研究时并没有区分这种差异性，可能会影响实证研究的结果。同时，“财务管理”对分翻转教学是2016年秋季学期才全面起步，即严格地按照对分翻转教学的四个阶段组织教学，尚未积累充分的数据，目前能够使用的效果数据只能是其中问卷调查数据，而且学情数据也不充分，这些均会影响实证研究的信度。另外，在实施对分翻转教学过程中，学生对传统课堂惯性太大，组织讨论，特别是有针对性的讨论、深入的专题讨论比较困难。而且学生课业负担较重，开课过多，每学期都在七门课以上，学生没有时间充分准备，讨论很容易走形式。

尽管对分翻转课堂教学改革还存在很多值得探讨的地方，但是这种改革方向无疑十分正确，它可以真正培养学生研究性思维能力，真正“授之以渔”。

第二章　对分翻转课堂模式设计

首先，介绍对分翻转课堂教学的概念、必要性与可行性以及当前存在的主要瓶颈；其次，介绍这种教学模式的三项基本建设，包括微课建设、题库建设、平台建设；最后，介绍对分翻转课堂教学的主要内容，包括课时分配、学生分组、交流讨论、重难点解析、教学总结与反思和反馈提升及讨论。

第一节　对分翻转课堂概述

对分翻转课堂是本书的主要创新，它综合了翻转课堂和对分课堂两种教学模式的优点，试图既利用翻转课堂的创新思维训练，又通过对分课堂继承传统课堂知识系统、高效迁移的优点，实现课堂教学的传承与创新。

一、对分翻转课堂概念

对分翻转课堂模式，即微课辅助下的对分课堂模式。首先，借助微课理念，按课程知识点构造学习单元，为了契合学生注意力习惯，每段微课时长通常控制在 10 分钟左右，每个单元都有导入和总结设计，配合若干知识点运用训练，微课录制为视频，供学生课外学习。其次，借助“对分课堂”理念，改造翻转课堂，即每次课分配一半的时间给学生，讨论微课学习中存在的疑难问题，教师给予必要的指导并记录普遍存在且比较重要的难点知识。最后，另一半时间由老师讲授，内容按课程体系安排，将学生提出的问题作为案例（或例题），既保证了传授知识的系统性，又突出了讲授的针对性。

二、对分翻转课堂必要性与可行性分析

对分翻转课堂在大学推广的必要性与可行性。大学课堂除了传授知识以外，

更要注重挖掘学生潜质，训练批判性思维，激发学生主动思考和碰撞，这种价值取向与“对分翻转课堂”高度契合。大学生具备认识世界的基本能力，能够比较顺畅地交流思想，可以较好地进行课堂讨论，这是对分翻转课堂的主体基础。当前，大学建设数字校园、智慧校园十分迅猛，世界上著名大学都不惜重金打造优质慕课，通过在线教育占领高等教育制高点，这客观上为大学广泛推进对分翻转课堂教学改革提供了软硬件条件。

翻转课堂以现代多媒体技术为基础，重在“教”与“学”流程的翻转、“做学”与“听学”方式的翻转。即通过翻转课堂组织结构，创设多维互动环境；翻转教学设计流程，促进理解目标的实现；翻转资源提供的时机，诱发先前认知的实现；翻转学与做的顺序，激发学生内在理解动机；翻转提问的时机，启发学生在探究中理解。其关键在于组织活动、监督指导、反馈评价。学习过程呈现出个性化、多元化和自由协作等特征。为此，大学课堂实施翻转教学具有明显优势。

1. 翻转课堂教学模式正好契合大学创新创业教育要求

大学课堂要求贯穿创新创业教育，训练批判性思维，不断突破传统观念的束缚。这与中学有统一的教学大纲，与统一的中考、高考不同。所以大学课堂更需要丰富的教学资源，更需要学生主动思考和碰撞，即更需要翻转课堂。

2. 大学学科专业特色发展要求教学模式创新

因材施教才可能形成特色，研究型大学通过其优势特色学科凝聚人才、培养人才，应用型大学通过其特色技术和技能人才培养，打造质量品牌。总之，一所大学的特色最终要通过其培养的人才特色体现出来。传统教学模式更注意知识传授，而翻转课堂更注重挖掘学生潜质，从而更有利于形成学科专业特色。

3. 大学课程资源建设可以有力支撑翻转课堂教学改革

课程资源是大学提供给学生最基本的“消费品”，也是大学核心竞争力的重要组成部分。自慕课诞生以来，世界上著名大学都不惜重金打造优质慕课，占领高等教育制高点。这从客观上扩大了知名大学优质教育资源的辐射作用，为广泛推进翻转课堂教学改革提供了条件。

4. 大学生身心素质条件更适应翻转教学模式

大学生已经完成了基础教育过程，具备认识世界的基本能力，也具备一定的自学能力，能够比较顺畅地交流思想，所以大学实施翻转课堂教学改革更具有主体基础。

5. 多媒体技术率先在大学普及夯实了翻转课堂的技术基础

大学始终走在信息化的前列，数字校园、智慧校园最先从大学起步。大学还是人才集聚和智力集聚的地方，很多大学都有自己的媒体传播队伍和机构。有的大学有专门的教师教育发展中心，为本校教师提供课程建设和课堂教学改革的专门服务，所以大学更有实力建设翻转课堂。

三、对分翻转课堂的瓶颈分析

我国大学推广对分翻转课堂的瓶颈。传统课堂惯性巨大，学生不太习惯主动获取知识，或主动获取知识能力羸弱，不同程度的“考什么学什么”现象存在，导致在“对分翻转课堂”上学习的知识趋于碎片化。由于课前准备不充分，学生提不出有见地的问题，讨论经常陷于“冷场”。也有相反的情况，从某个知识点出发，滔滔不绝，偏离主题。一些内向的同学，很少主动参与讨论，对分翻转课堂给他们造成的心理压力巨大。

1. 翻转教学过程中的考核困难

大学教育的基本考核体系是学分制（或学年学分制），学生完成规定的学分即可毕业。所以学分是大学生学习的指挥棒，任课教师一般通过调整课程考核权重引导学生的学习行为。目前，各高校任课教师普遍看重学生学习态度，为此，不断加大平时成绩在课程考核中的权重，有些高校甚至允许平时成绩占课程考核的 80%。这时平时成绩对学生来说就至关重要了，如何计算平时成绩是学生十分关心的问题。

传统课堂教师通常根据学生课堂表现计算平时成绩，例如，回答问题的积极性和准确性、平时作业成绩等。由于翻转课堂对“教”和“学”流程的翻转，大量的“教”和“学”都发生在课堂外，因此，如何考核这些课堂外的行为，是翻转课堂的难题。实践中通常的做法是加大学生线上学习的考核权重，例如，观看课程视频是主要的学习方式，基本替代了传统课堂教学过程，所以应该给予比较大的权重。但是这样的结果往往刺激突击看视频、“空转视频”、请人代看视频等不诚信行为。“财务管理”实施翻转教学的四个学期中，加大观看视频考核的学期，学生平均观看视频的时长超过 1000 分钟，而在一般要求的学期，学生观看视频时长平均在 800 分钟。在 2015 年春季学期，由于观看时长的考核权重很大，观看时长最大值达到 8386.7 分钟。而且观看时长离差率普遍较大，具有较大的不确定性。线上讨论中的功利行为也比较明显，不考核线上讨论的学期，平均参与讨论的次数在 20 次以内；有考核的学期，平均参与讨论次数在 30 次以上。2015 年春季学期，由于加大了线上讨论的考核权重，平均参与讨论次数达 42 次，有些学生通过发布无关言论“刷讨论数”，背离考核初衷，通过回归分析也发现，该学期末综合考试成绩与线上学习基本不相关者或相关关系不显著。

2. 翻转课堂组织难度大

传统课堂是教师主导的课堂，教师一般具有较深厚的专业背景，大部分教师特别是中老年教师都有十分丰富的教学经验，加上现在普遍强调教师备课要“备学生、备教材、备教法”，这样的要求可以确保教师主导的课堂重点突出、难点明确、针对性强。翻转课堂是教师“主持”，学生“主演”，哪些学生问、哪些学生答、怎么答，等等，教师这个“主持人”心里是没有数的。所以如何组织每堂课45分钟，对教师是个很大的挑战。

一方面，在“财务管理”课程翻转教学过程中，比较普遍的问题是学生提不出问题，深层次原因是学生准备不充分，批判性思维还没养成，习惯于接受知识，不习惯发现问题。后来，通过线上充实章节作业，引导学生发现自身理解知识上的偏差和错误，但是很多同学却将这种章节作业异化为课堂演板，为了解题而解题，不能从题目中挖掘相关的知识点，讨论难深入，有时还“冷场”，更鲜有拓展开来、举一反三的成功案例。也有相反的情况，从某个知识点出发，滔滔不绝，越讲越远，偏离重点，老师不得不强行中止，这样当然会伤害到学生讨论发言的积极性。所以在翻转教学实践中，按计划完成教学任务比较困难。

另一方面，还有部分同学表达能力有欠缺或没有讲台经验，在课堂讨论时只能重复视频内容；有的同学把课堂讨论异化为作业解答，只把课堂讨论题的答案抄写在黑板上，不能展开讲解；这些都会浪费宝贵的课堂时间。

3. 微课建设任务繁重阻碍了翻转课堂推广

微课打破了课程传统的章节体例，按课程知识点构造学习单元，每个单元都要有导入和总结设计，配合若干知识点运用训练。所以“微课”的建设任务十分繁重，通常需要教学团队和技术团队合作完成。首先，教学团队对课程内容进行“微化”，即将原来按章节排列的教学内容，拆分成一个个相对独立的知识点，以契合学习者注意力的平均时长。其次，要根据每个知识点设计若干测试题，检验学习者掌握知识点的效果。最后，还要录制微课视频，录制一门优质视频课不亚于一部室内剧，教师既要当编剧，设计好每堂课的内容和情景，又要亲自“主演”。后期剪辑、配字幕、片头片尾制作，上传慕课平台等还需要相应的技术团队。所以单独依靠个别任课教师的力量是很难完成微课制作任务的。

4. 困难学生心理负担沉重

困难学生群体包括课程学习困难群体和表达困难群体，以及同时存在两个方面困难的群体。由于“财务管理”课程有比较多的定量分析，数学基础较弱的同学学习困难比较大一些。根据四个学期线上学习的学情统计分析，平均观看时长一般与课程视频的实际时长相当，大约750分钟，但是每个学期都有同学观看时长达到平均时长的两倍，说明部分同学需要反复观看，这部分同学初步可判断为课程学习困难群体。在2016年春季学期的回归分析中，期末综合考试成绩与观看视频时长呈现负相关，印证了看视频太长的学生存在学习困难。在知识拓展

方面，也存在自学能力的差别，有些同学感觉翻转课堂负担十分繁重，有的学生反映，一门课程翻转基本占用了全部业余学习时间，造成学生中畏难情绪严重。有些内向的同学，整学期都不敢上讲台，又担心平时成绩会导致课程“挂科”，造成巨大的心理负担。

5. 知识碎片化、重点不突出

传统课程按章布局，具有较好的系统性。微课按知识点重构课程内容，在契合学生注意力特点的同时，不可避免地冲淡了这种系统性。微化的知识点就像一颗颗珍珠，尽管每颗都打磨得很光鲜，但是堆在一起既不好看也没什么用。有些综合训练内容，在微课设计时存在很多困难，讲透往往会“超时”，限时就只能点到为止，学生学习会很困难。

另外，翻转课堂上学生是主体，学生在学习过程中也不可避免地存在机会主义，对自己感兴趣的知识点会投入较多，并尽可能多地挣分数，而对自己理解困难的知识点敬而远之，不求甚解，甚至懒得听别的同学讨论。由于课堂时间限制，不能保证每个同学对每个知识点展开讨论，这就无形中肢解了课程内容，学生学习趋于碎片化。

6. 平台运行、网络环境等不可预见故障都会影响学习效果

翻转课堂“教”的环节是在课外，主要依托网络视频教学，有时会不明原因地出现反复认证不能登录；有时网络拥堵，观看不流畅。出现这些状况既影响了学生情绪又浪费了学习时间。

第二节 对分翻转课堂基础建设

对分翻转课堂是建立在微课基础上的翻转课堂和对分课堂，所以必须要加强微课建设并且要有运行平台，供学生课外学习，为了方便学生课外学习时自我测试掌握程度，必须要有题库作基础。

一、对分翻转课堂微课建设

慕课通过线上学习，可以突破时间和空间限制，符合“00后”大学生的自由个性特征。但是慕课不同于传统的视频课，不是仅供学生“浏览”“泛学”，而是以建构学生知识体系为宗旨，必须要让学生“精学”“细看”。所以既要提高视频趣味性，增强吸引力，也要结合学生注意力特性，适当施加约束。这就必须打破传统的课时和章节安排，变学生听课为讲课，变老师讲课为听课。按课程

知识点构造学习单元，时长 10 分钟，每个单元都要有导入和总结设计，配合若干知识点运用，设计“闯关式”练习。也就是本书所指的“微课”，是“慕课”的基本单元，是翻转教学成功的关键。

二、对分翻转课堂题库建设

翻转课堂必须配有足够的习题库，一方面，训练学生掌握相关知识点；另一方面，检验学生理解知识的程度。题库可以分三个层级，最底层是知识点测验，中间层是章节作业，顶层是课程综合考试题库。三个层级题量呈金字塔分布，难度则呈倒金字塔设计。答题既是知识建构、巩固的过程，也是侦测学生薄弱环节，厘清模糊认识，促进学生举一反三、触类旁通的过程。题库建设既有相通的规律，又要体现受众的特征，还有一个教学相长的效果。学生在答题中的错误案例，本身就是题库建设的重要来源，学生在讨论中引用的材料，可以遴选为题库的素材。

三、对分翻转课堂平台建设

翻转教学模式的前提是微课资源的建设，微课建设既是重点，又是难点。其中，课程视频制作是关键，通常需要团队合作完成，包括教学团队和技术团队。首先，教学团队对课程内容进行“微化”，即将原来按章节排列的教学内容，拆成一个个相对独立的知识点，保证每个知识点的讲授时间不超过 10 分钟，以契合学习者注意力的平均时长。其次，要根据每个知识点设计若干测试题，检验学习者掌握知识点的效果。这既是微课建设的重点，也是翻转教学的关键。学生通过测试可以发现视频学习过程中没有理解或被忽视的内容，及时通过小组讨论或搜集材料进行补充学习；教师借助测试成绩可以了解学习者的知识瓶颈和理解偏差，以便在课堂中引导讨论，有针对性地化解学生困惑，澄清模糊认识。

在课程上线过程中，超星利用了其强大的图书资源库优势，对课程知识元建立了丰富的链接，拓宽课程知识面。并且平台向主讲教师开放了编辑功能，方便主讲教师根据教学过程实际，及时调整和编辑教学视频素材和测试资料。

技术团队主要包括课堂视频拍摄团队、剪编团队、字幕制作团队和资源上线团队，不亚于一部影视剧的制作流程。为了避免画面单一造成视觉疲劳，一般要设立三个拍摄机位比较适中，确保有整体视角、教师特写和学生特写镜头。拍摄团队还有一个重要的细节，就是及时调整教师衣装、冗余口头语或肢体语言，有时还要设法调动教师情绪。剪编团队主要负责将三路视频、音频和课程 PPT 糅合，生动呈现教师教学过程，为此，剪编蕴含着过程“再造”的重要功用。字幕对于课程视频是十分必要的，特别是一些专业性较强的课程，字幕不仅可以弥

补教师语言表达瑕疵，也是重要的教学信息源，可以保证知识传授的准确性。

当教学视频制作完成后，需要借助微课平台上线，供学生观看学习。通常上线工作由平台提供方负责，有专门的团队完成，当然平台也允许主讲教师团队自己完成上线工作。对于自建微课平台的单位，通常要进行资源上线培训，由教学团队自己负责课程资源上线（见图2－1）。

图2－1　“财务技术学”课程主讲教师编辑页面

主要功能是编辑学习资料，另有统计、资料、通知、作业、考试、讨论和管理共七个功能标签。

“编辑”是微课上线的关键工作，首先，将课程知识点编成树形目录（图2-1左侧）；其次，逐个对知识点进行学习素材编辑。“教学视频”是首要的资料，并且要设置“防拖拽、防窗口切换”，确保学生看视频“过程真实”。还可以通过设置观看视频量，例如，看完70%后才能往后观看等，防止学生“跳跃”观看，保证视频学习的质量。“测验题”是每个知识点必不可少的资料，可以设定学生完成测验并达到规定成绩后才能学习后一个知识点，鞭策学生逐个知识点学习并掌握。除此之外，学习资料还可以包括图片、文档、图书、拓展阅读及其他必要的知识链接、附件等。“富媒体”是微课的优势和特色，“通关”式学习设计，把游戏设计思路带到课程教学中，有利于增强学习趣味性和吸引力。

“管理”功能主要是进行系统初始化，即添加学习者信息、教师（含助教）信息、课程信息，设置学生学习流程等。

“讨论”功能是微课学习非常重要的支撑，在这里学生可以将不懂的问题提出，相互讨论，还可以谈学习体会，或分享拓展学习内容，可称为互助学习。老师可以通过讨论空间，了解学生兴趣点和困难之处，对精彩讨论给予"加精"鼓励，对于普遍困难给予必要的解答，既可以满足个性化教学要求，也可以收到事半功倍的成效，同时老师又可以根据每个参加讨论的同学表现，给予平时成绩，激励学生参加讨论学习的积极性。"通知"功能是教师向所有学生或指定学生发布消息用的，指定范围的学生登录系统后，会自动收到消息提示框，可以确保老师布置的任务及时传递到相关同学。

"资料"功能类似于文献中心，主讲教师可以把最新的阅读材料上传至"共享资料"，供学生参考阅读；课程相关教材及教学参考书可以上传至"教材教参"供学生选用；课程相关的视频，例如，原来教育部精品课程网上开放的视频资源，各省精品课程开放视频资源等都可以链接到"拓展视频"中，用于拓展学生视野。"资料"功能里还有三个教师专用模块，即"题库""作业库""试卷库"，其中，题库是最基础性的模块，也是微课建设的关键，每个微化的知识点都应该有相应的测验，都可以编入题库中。"作业库"和"试卷库"都可以从"题库"中抽题产生，在"作业"功能和"考试"功能中创建的任务也汇集在这两个"库"中，形成电子档案，供以后查阅或调用。

"作业"功能是在"通关式"学习进程外，教师根据学生掌握的知识情况，对重点、难点进行再强化，或专门设计的综合性训练，属于提高性训练，可以结合学生视频学习和课堂讨论的情况，灵活设计和发布，也可以对特定的学生选择性发布，是因材施教的重要手段。"作业"的成绩单独计算，教师可以通过调节权重引导学生完成作业，使各个层面的学生都能较好地挖掘自身学习潜力。

"考试"功能与线下考试类似，它是对整门课程学习效果的检验，可以在学习期结束时进行，当课程内容量很大时，也可以在学期中安排一次，相当于期中考试。考试也是单独计算成绩，权重可以由教师根据学生和学习过程的实际灵活设计。如果题库建设比较完善，线上考试的命题工作十分方便，可以由系统直接按随机原则组题，命题教师只需要选定题型、题量，系统就可以自动生成试卷。教师只需要进行完善和调整即可完成命题任务，从而把更多精力投入题库建设和完善中，不断提高课程质量。

"统计"是专门为师生全面了解课程进程相关信息设计的功能，是教师收集学情数据的主要工具。学生通过"统计"功能，可以了解课程学习进度，包括具体章节的学习进度，以及在全体学习者中的进度排名情况；了解自己访问网站的时点分布；了解完成各项任务的成绩等，统计通过图表方式直观呈现学习过程和结果，有利于鞭策和激励学生完成各项任务。教师通过"统计"可以全面了解每个任务点被完成的情况；了解每个学生完成任务的情况；了解每个学生参加讨论的次数，包括发表讨论和回复讨论；了解学生访问网站的方式和时间分布；

了解每个学生的成绩包括成绩构成；了解每个章节测验被完成情况，包括教师批阅情况；了解每个学生的考试成绩等。总之教师可以通过“统计”功能全面了解学生学习状态，并可以通过导出数据进行深度分析，发现学生的学习兴趣点、难点，及时改进教学设计，引导讨论，化解难点。

第三节　对分翻转课堂教学设计

“对分翻转课堂”教学设计既是一种教案设计范式，也包含部分学案设计范式。其中，教案是教师为开展教学活动，根据课程目标，课程大纲和教材及学生的基础，以课时为单位，对教学内容、教学步骤、教学方法等进行的具体设计和安排。学案是教师根据学生的认知水平、知识经验，为指导学生进行主动的知识建构而编制的学习方案。

一、课时分配

“财务管理”课程总学时为 48 学时，其中，理论讲授 32 学时，实验 16 学时。本课程共制作微课视频 124 个知识点，约 30 学时。教材分上、下两篇，上篇是理论部分共十章，下篇是实验部分，共七个实验项目。要求学生课外完成 120 学时，其中视频学习 30 学时，期末集中综合复习 10 学时，另外 80 学时主要是平时阅读教材、搜集相关文献资料，完成课后作业（题库）。

本课程每周 4 学时，每周集中一次完成。理论课八周，前四周讲授第一章至第四章，每次课讲授一章，第五周讲授第五、第六章，第六周讲授第七章，第七周讲授第八、第九章，第八周讲授第十章，并进行理论部分总结复习。实验课四周，第一周介绍实验操作流程、实验平台使用、实验报告撰写，并完成实验一，后三周每周完成两个实验项目。

理论课实行对分翻转教学，每次课堂讲授之前，要求学生完成讲授内容的视频学习，即观看课程微视频约 4 学时，另外要安排约 10 学时阅读教材和搜集相关文献资料，完成章节课后习题，发现不懂的知识点，并通过小组讨论的方式解决其中大部分疑难问题，将小组仍然无法理解的问题通过微课平台线上提交，供课代表和全班同学线上讨论，由课代表将普遍性的知识难点整理提交老师。每周 1 ~2 节课，老师组织课堂讨论，主要围绕课代表提交的问题展开。3 ~4 节课由老师系统讲解本周课程内容的重点和难点。同时，布置下次课程学习任务和需要学生阅读的文献资料。

二、学生分组

按每组5～7人对全班进行分组，确定各组组长。“对分翻转课堂”教学比较合适的规模是30人，即全班分6个组，各组小组长任务如下：

（1）收集本组同学观看课程视频中未理解的内容。

（2）组织小组讨论，解决本组同学的问题。

（3）整理本组共性问题提交微课平台“线上讨论”。

（4）组织本组成员积极参加“线上讨论”，发表自己的观点。

（5）如果本组提交的问题被老师选择课堂讨论，负责在课堂上陈述本组问题。

（6）组织本组同学积极参加课堂讨论。

（7）组织本组同学积极参加期末课程综合测试和总复习。

分组的目的是帮助全班同学学习，本来全班是一个集体，在微课平台上是可以相互讨论学习的，但是线上讨论既不能代替线下讨论，也不能充分调动每个同学讨论的积极性，所以设计小组非常必要，同时也要明确每组同学的任务：

1）按照老师布置的学习任务，及时完成视频学习、教材阅读和文献资料梳理，记录学习过程中的疑难知识点。

2）在小组讨论前完成章节作业，并记录不能独立完成的作业任务。

3）积极参加小组讨论和线上讨论，不迷信标准答案，大胆发表自己的意见。

4）积极参加课堂讨论，并认真做好课堂笔记。

5）独立完成章节作业的改错或补答。

6）积极参加期末课程总复习，独立完成每次综合测试，发现不足及时请教，补短板。

小组必须有制度约束，否则就成了形式。根据博弈论原理，应充分发挥小组的作用，必须对小组进行考核，小组考核成绩要计入每位成员的考核中。为了防止小组应付考核，不认真对待作业，不提问题的情况，可以设定不提问题的小组，就是没有问题，这些“无问题”小组必须首先负责解答老师课堂提问，借助课堂实时评价工具（如超星学习能），让全班同学对解答打分，这样的打分作为该小组全体成员一次平时成绩。如此，就可以鞭策全体成员积极参加小组讨论活动，提高小组学习的实效。

三、交流讨论

翻转课堂模式得到广泛认可主要是其充分的互动交流，其讨论有三个层面：一是小组层面的线下讨论；二是微课平台上的“线上讨论”；三是教师主导的课

堂上讨论。这三个层面的讨论交流是层层递进的关系，“一个好的问题比回答更重要”，所以提出问题是关键。如果小组讨论很充分有实效才能有良好的线上讨论话题，线上讨论充分才能淘出课堂讨论的“金问题”，这样课堂讨论才能有更高的效率，才能打造真正的“金课”。

从问卷调查的情况分析，交流讨论也是翻转教学的难点，决定着翻转教学的学习效果，目前交流讨论不成功的主要原因如下：

（1）传统学习方式惯性太大。我国应试教育虽广受诟病，但是一直没有实质性突破，与应试教育相应的课堂就是灌输式的传统课堂，这种课堂学生是被动学习，学习过程存在的问题主要是知识性问题，由老师在批阅作业过程中发现，再在课堂上纠正。学生没有挑战知识权威的习惯，也没有主动发现问题的习惯。

（2）我国高校本科生学分普遍偏多，周学时 20 节以上，学生自学的时间很有限。再加上自学习惯不佳，自学能力不强，调查了解近七成同学认为，没有时间查资料。

（3）小组讨论和线上讨论的作用发挥不好，由于习惯和时间的原因，如果没有强有力的外部约束，学生参加小组讨论和线上讨论的积极性不高，应付成分很重，作业不会独立完成，最直接的求助方式是百度和教材“找答案”。

（4）教师传统教学方式惯性影响。从教育部本科教学审核评估和师范专业认证初步统计情况来看，我国当前近九成高校都存在传统课堂改革不够的问题，这是一种教师主体和主导的课堂，教学流程都是教师事先“备课”的，考试也是考查老师讲授的知识点，平时不鼓励学生质疑传统的知识点，也不用准备学生提问，在特殊情况下，为了增强课堂互动性，也是就知识点提问，所以出现了“一个 U 盘管几年”的现象。

正因为传统课堂的惯性作用，本书提出了“对分翻转课堂”教学模式，将传统课堂高效传授知识的优点继承下来，另外，分出一半的时间展开讨论，逐步形成讨论的习惯后再深入发展，使每个同学都能够参与式学习。

四、梳理重点解析难点

一方面，老师要根据课程大纲的要求，对课程重点、难点进行有针对性的讲解；另一方面，要针对学生在讨论环节普遍存在的困难和疑惑进行剖析。这正是对翻转教学中另一半时间需要解决的问题，目的是保证学生学习知识的系统性。

五、教学总结与反思

每一次对分翻转教学后，老师要对课堂表现进行分析和总结，分析成功的经验，找准存在不足的原因，并为下一次课堂教学提出改进措施。总结和反思是一个升华的过程，是从教学实践到教学理论的过程。这种升华既是不断提升课堂教学质量的需要，也是教师不断提高自身教学水平的重要途径。

六、反馈与提升讨论

总结和反思后，对于学生精彩话题要进行整理，补充到下一轮教学的案例中，一方面，要在微（慕）课平台上反馈，既鼓励学生积极参与讨论，也可以让全体同学分享这些精彩的知识；另一方面，对于学生在课堂中普遍存在的困难，进行详尽的解答是必要的，但是限于课堂讲授时间，课后通过线上反馈，提供给学生学习和复习有着十分重要的意义。

第三章 “财务理论”对分翻转教学设计

“财务管理”课程的理论包括三个部分，财务学概论、资金时间价值与风险价值观念、财务分析框架和方法。财务学概论主要是介绍这门课程的基本概念、研究对象、研究内容和研究目的。时间价值和风险价值观念是财务管理最基本的观念，特别是风险价值理论是课程的高阶训练内容。财务分析与评价理论和方法既是财务学研究的内容，也是人们理解财务管理的工具。

第一节 “财务学总论”教学设计

企业财务学侧重于对价值的管理，它研究的是企业再生产过程中的资金运动及其所形成的经济关系。要正确理解企业财务学的基本内涵，需要兼顾企业资金运动和企业财务关系两个方面。企业财务活动可以从筹资、投资、运营、分配等角度去把握。对于企业财务工作的目标，利润最大化、股东财富最大化和企业价值最大化从不同角度进行了解释，需要全面掌握这些观点的优点和不足之处。对于企业财务工作的环境可以从企业外部和企业内部两个角度入手，按经济、法律、金融、技术，以及基础条件、组织形式、管理体制等分类方法去掌握，要理解环境对企业理财的重要性。财务技术是企业理财过程中所使用的规则、程序和手段，它对于现代企业理财来说尤为重要，应该在掌握财务学理论知识的同时，加强对财务技术的实训。

一、教学目的、重点、难点

教学目的：通过财务学总论的学习，学生要理解财务管理的内涵和外延，了解公司资金周转的规律，理解财务管理的原则和目的，要求学生树立诚信的理财观念，坚持利益相关者利益最大化原则，适应信息化时代财务管理的新形势。

教学重点：要求学生掌握财务管理的概念、财务关系、财务管理目标。

教学难点：理解不同时代背景下财务管理目标的差异性。

二、题库设计

（一）课堂讨论

1. 思考题

（1）简述企业资金运动的规律。

（2）企业的财务关系表现在哪些方面？

（3）试比较不同的企业财务工作目标的优点和不足之处。

（4）企业理财的外部环境包括哪些方面？

（5）请结合实际，谈谈你对企业财务工作的基本认识。

2. 名词解释

（1）企业财务学

（2）利润最大化

（3）财务技术

3. 单项选择题

（1）公司财务管理是指（　　）。

A. 公司财务人员围绕资金及其运动，旨在实现股东财富最大化而进行的各种价值管理

B. 针对公司职员薪酬、福利政策所进行的一种价值管理

C. 筹集资金活动的管理

D. 全公司员工共同开展的一种价值管理

（2）企业财务管理的对象是（　　）。

A. 资金及其运动　　B. 各项无形资产

C. 各项有形资产　　D. 有形资产和无形资产

（3）以下财务关系中，性质上属于所有权关系的是（　　）。

A. 企业与投资者和受资者之间的财务关系

B. 企业与债权人、债务人之间的财务关系

C. 企业内部各单位之间的财务关系

D. 企业与职工之间的财务关系

（4）以价值形式反映企业生产要素的取得和使用的财务活动是（　　）。

A. 资金的筹集和投放　　B. 资金的筹集和耗费

C. 资金的收入和耗费　　D. 资金的收入和分配

（5）与企业价值最大化目标相比，利润最大化的特点是（　　）。

A. 考虑了风险与报酬的关系　　B. 利用时间价值原理进行计量

C. 有利于克服追求短期利益的行为　　D. 按照收入费用配比原则计算

4. 多项选择题

（1）下列能正确描述企业资金运动的有（　　）。

A. 资金运动是企业再生产过程中的客观存在

B. 资金运动以价值形式综合地反映企业生产经营过程

C. 资金运动的起点是筹集资金

D. 资金运动的终点是耗费资金

E. 投资是资金运动的经济内容之一

（2）企业财务管理的主要内容有（　　）。

A. 筹资管理　　B. 技术管理

C. 投资管理　　D. 成本费用管理

E. 收入和分配管理

（3）关于企业财务管理的总体目标，我国理论界有不同的表述，主要观点有（　　）。

A. 利润最大化　　B. 相关者利益最大化

C. 股东财富最大化　　D. 资本结构最优化

E. 企业价值最大化

（4）利润最大化不是企业最优的财务管理目标，其原因有（　　）。

A. 没有考虑企业成本的高低

B. 不能直接反映企业创造的收益

C. 没有考虑利润与投入资本的关系

D. 没有考虑经营收入和经营费用的差额

E. 可能使企业产生追求短期利益的行为

（二）课外作业

1. 单项选择题

（1）企业财务管理体制是指明确下列哪方面的制度（　　）。

A. 企业治理结构的权限、责任和利益的制度

B. 企业各财务层级财务权限、责任和利益的制度

C. 企业股东会，董事会权限、责任和利益的制度

D. 企业监事会权限、责任和利益的制度

【答案】B

（2）下列说法中，不正确的是（　　）。

A. 财务预测的方法主要有定性预测和定量预测两类

B. 财务预算的方法只要有经验判断法和定量分析方法

C. 财务控制的方法通常有前馈控制、过程控制、反馈控制

D. 确定财务计划指标的方法一般有平衡法、因素法、比例法和定额法等

【答案】B

(3)(　　)是财务管理的核心，其成功与否直接关系到企业的兴衰成败。

A. 财务决策　　B. 财务控制

C. 财务预算　　D. 财务预测

【答案】A

(4)根据企业整体战略目标和规划，结合财务预测的结果，对财务活动进行规划，并以指标形式落实到每一计划期间的过程的工作环节是(　　)。

A. 财务计划　　B. 财务决策

C. 财务考核　　D. 财务分析

【答案】A

(5)财务决策的方法主要有定性分析法和定量分析法两类(　　)。

A. 对　　B. 错

【答案】B

(6)财务分析可以改善财务预测、决策、预算和控制，改善企业的管理水平，提高企业经济效益，所以，财务分析是财务管理的核心(　　)。

A. 对　　B. 错

【答案】B

(7)经济发展水平决定着企业的财务管理水平(　　)。

A. 对　　B. 错

【答案】B

(8)每股收益最大化相对于利润最大化作为财务管理目标，其优点是(　　)。

A. 考虑了资金的时间价值

B. 考虑了投资的风险价值

C. 有利于避免短期化行为

D. 反映了投入资本与收益的对比关系

【答案】D

(9)下列各项中，不属于企业财务管理目标代表性理论的是(　　)。

A. 利润最大化

B. 企业价值最大化

C. 股东财富最大化

D. 每股收益最大化

【答案】D

（10）利润最大化目标的优点是（　　）。

A. 反映企业创造剩余产品的能力

B. 反映企业创造利润与投入资本的关系

C. 反映企业所承受的风险程度

D. 反映企业取得收益的时间价值因素

【答案】A

（11）下列不属于利润最大化目标缺点的是（　　）。

A. 没有考虑资金的时间价值

B. 没有考虑风险因素

C. 不利于企业资源的合理配置

D. 没有反映创造的利润与投入资本之间的关系

【答案】C

（12）作为企业财务管理目标，股东财富最大化目标不具备的优点（　　）。

A. 考虑了资金时间价值因素

B. 考虑了风险价值因素

C. 体现了合作共赢的价值理念

D. 能够避免企业的短期行为

【答案】C

（13）在下列各项中，能够反映上市公司股东财富最大化目标实现程度的最佳指标是（　　）。

A. 总资产报酬率　　B. 净资产收益率

C. 每股市价　　D. 每股收益

【答案】C

（14）作为财务管理目标，与利润最大化相比，不属于股东财富最大化优点的是（　　）。

A. 在一定程度上可以避免短期行为

B. 考虑了风险因素

C. 对上市公司而言，比较容易衡量

D. 忽视各利益相关者的利益

【答案】D

（15）作为财务管理目标，企业价值最大化与股东财富最大化相比，其优点是（　　）。

A. 体现了前瞻性和现实性的统一

B. 考虑了风险因素

C. 可以适用于非上市公司

D. 避免了过多外界市场因素的干扰

【答案】D

(16) 下列有关相关者利益最大化目标的说法中，不正确的是（　　）。

A. 强调尽可能降低风险

B. 强调股东的首要地位

C. 加强对企业代理人的监督和控制

D. 保持与政府部门的良好关系

【答案】A

(17) 企业价值最大化目标的不足之处是（　　）。

A. 没有考虑资金的时间价值

B. 没有考虑投资的风险因素

C. 不能反映企业潜在的获利能力

D. 过于理论化，不易操作

【答案】D

(18) 下列属于财务管理中法律环境范畴的是（　　）。

A. 内部控制基本规范　　B. 利率

C. 经济周期　　D. 会计信息化系统

【答案】A

(19) 下列各项中，不属于财务管理经济环境构成要素的是（　　）。

A. 经济周期　　B. 通货膨胀水平

C. 宏观经济政策　　D. 公司治理结构

【答案】D

(20) 财务管理的技术环境，是指财务管理得以实现的技术手段和技术条件，它决定着财务管理的效率和效果（　　）。

A. 对　　B. 错

【答案】A

(21) 企业处于一定的法律环境之中，而法律的主要作用就是用来约束企业的各种非法经济行为（　　）。

A. 对　　B. 错

【答案】B

(22) 财务技术是指为了实现企业最终的理财目标，在企业一系列的财务活

动决策过程中所制定和采用的规则、工具、途径、步骤和手段的总称（　　）。

A. 对　　B. 错

【答案】A

2. 多项选择题

（1）利润最大化不是企业最优的财务管理目标，其原因包括（　　）。

A. 不能直接反映企业创造剩余产品的多少

B. 没有考虑利润和投入资本额的关系

C. 没有考虑利润取得的时间和承受风险的大小

D. 没有考虑企业成本的高低

【答案】BC

（2）下列各财务管理目标中，能够克服短期行为的有（　　）。

A. 利润最大化　　B. 股东财富最大化

C. 企业价值最大化　　D. 相关者利益最大化

【答案】BCD

（3）“相关者利益最大化”作为财务管理目标的优点有（　　）。

A. 体现了合作共赢的价值理念

B. 符合企业实际，便于操作

C. 本身是一个多元化、多层次的目标体系

D. 有利于克服管理上的片面性和短期行为

【答案】ACD

（4）以下属于相关者利益最大化目标具体内容的有（　　）。

A. 强调风险与报酬的均衡

B. 强调股东的首要地位

C. 强调对代理人即企业经营者的监督和控制

D. 保持与政府部门的良好关系

【答案】ABCD

（5）财务管理的金融环境主要包括（　　）。

A. 金融机构　　B. 金融工具

C. 金融市场　　D. 通货膨胀

【答案】ABC

（6）企业的财务管理环境又称理财环境，涉及的范围很广，主要包括（　　）。

A. 经济环境　　B. 法律环境

C. 金融环境　　D. 技术环境

【答案】ABCD

（7）下列各项中，属于企业财务管理的经济环境的有（　　）。

A. 会计信息化的水平　　B. 金融市场的规模

C. 通货膨胀水平　　D. 国家的宏观经济政策

【答案】CD

（8）法律环境对企业的影响范围包括（　　）。

A. 企业组织形式　　B. 公司治理结构

C. 日常经营　　D. 投资活动

【答案】ABCD

（9）法律环境是指企业与外部发生经济关系时应遵守的有关法律、法规和规章制度，主要包括（　　）。

A. 经济合同法　　B. 税法

C. 企业财务通则　　D. 内部控制基本规范

【答案】ABCD

（10）企业常用的财务技术主要有（　　）。

A. 专业分工技术　　B. 网络支持技术

C. 统计分析技术　　D. 计量分析技术

【答案】ABCD

（11）企业财务管理环节中计划和预算环节包括的主要内容有（　　）。

A. 财务预测　　B. 财务考核

C. 财务计划　　D. 财务预算

【答案】ACD

三、学生讨论集萃

（1）四大财务活动中各自会产生什么样的财务关系？

【答案】筹资，与所有者的关系、与债权人的关系；投资，与受资者的关系；运营，与职工关系、部门间关系、债权（务）人的关系；分配，与税务机关的关系、与所有者的关系。

（2）企业价值最大化是什么意思？企业价值最大化与利润最大化有何区别和联系？

【答案】企业价值最大化是指企业未来盈利能力最大化。它既包含现实利润最大化，也包括未来预期利润最大化。

四、教师讲授知识点

1. 财务学的概念

企业财务学就是研究企业资金运动及其运动中所形成的经济关系，即研究企业对资金的筹集、投放、运营和分配，以及与上述财务活动有关的企业财务关系的一门学科。

企业的财务关系，企业与所有者之间的财务关系；企业与债权人之间的财务关系；企业与受资者之间的财务关系；企业与债务人之间的财务关系；企业与税务机关之间的财务关系；企业内部各单位之间的财务关系；企业与职工之间的财务关系。

2. 企业财务活动的内容

（1）资金筹集引起的财务活动。企业发行股票等方式取得自有资金，向银行借款、发行债券等方式取得债务资金，偿还借款，支付利息、股利以及付出各种筹资费用等活动。

（2）资金投放引起的财务活动。企业购置固定资产、无形资产、原材料、燃料等；购买其他企业的股票、债券或与其他企业联营进行投资；变卖各种资产或收回其对外投资产生各类资金收入等活动。

（3）资金运营引起的财务活动。生产过程中发生固定资产的损耗，支付工资和其他营业费用。企业销售产品，收回资金。如果企业现有资金不能满足企业经营的需要，那么就采取短期借款方式来筹集所需资金等。

（4）资金分配引起的财务活动。弥补生产耗费，按规定缴纳所得税，税后利润弥补亏损，提取公积金，扩大再生产，向投资者分配利润等活动。

3. 财务管理目标

（1）计划经济时期，产值最大化。在计划经济时期，由于物资匮乏，市场短缺，国家要求企业多生产是理所当然的。

产值最大化目标的主要缺点：忽视效益、质量、销售和挖潜，也就是说，不适应市场经济要求。

（2）在改革开放之初，利润最大化。改革开放的中心环节是增强国有大中型企业活力，随着《企业法》的颁布实施，企业逐步成为独立的经济实体，开始讲究经济核算，关心经营管理规律，扩大利润积累，从而使“利润最大化”成为企业主要的财务目标。

利润最大化目标要求企业讲究经济核算、加强成本费用管理、改进技术、提高劳动生产率，有利于提高企业资源的配置效率。但是缺点也是明显的：没有考虑资金的时间价值、风险等问题，容易刺激企业短期行为。

（3）社会主义市场经济条件下，财富最大化。“财富最大化”（Stockholder Wealth Maximum）是指企业通过合理经营为股东带来最多的财富。因为股东财富决定于股票价格，财富最大化的评价指标主要是股票市价或每股市价（Market Priceof Stock），因此财富最大化演变成“股票价格最大化”。

财富最大化目标克服了利润最大化的缺点，考虑了资金的风险，在一定程度上约束了企业的短期行为，而且容易量化。

但是也存在缺点：非上市公司考核困难，即使是上市公司股票价格的影响因素是复杂的，并不仅限于财务因素，同时这一财务目标仅考虑了股东，而对于债权人等企业的重要利益关系人的目标考虑不够，这不适应我国企业负债比例较高的现实，对债权人的利益会构成损害。

（4）科学发展观下的企业价值最大化。企业价值是指企业未来盈利能力和发展潜力的现值。企业价值不仅与现有的生产条件和经营管理水平有关，更取决于企业创新能力和未来经营环境，因此，企业财务不仅要追求当前利润，更要重视技术创新，增强企业综合实力。同时，企业要尽可能照顾企业各利益集团（股东、员工、债权人（银行）、客户和政府）的诉求，形成和谐发展的良好局面，实现相关利益集团"共赢"的局面。

企业价值最大化目标的优点：充分考虑了企业各种资源的价值，追求企业的可持续发展潜力和持久的效益，是财务管理理念的一次革命性进步。缺点：短期内很难进行量化考核和检验。

4. 企业价值最大化与财富最大化

（1）股东财富由股东所拥有的股票数量和股票市场价值两方面来确定，而企业价值是企业未来现金流量按一定的折现率折现的现值。

（2）企业价值的利益主体是企业，而股东财富利益指向是股东。

（3）股东财富最大化考虑的范围比较狭小，仅局限于股东的利益，有时甚至主要是控股股东的局部利益，而忽略了债权人、经理管理人、员工及社会等相关利益者的效益。企业价值最大化是指企业的财务活动必须兼顾和均衡各个利益相关者的利益，使所有利益相关者的利益尽可能最大化，这就要求企业必须履行社会责任、爱护环境，要求企业必须兼顾各方利益，顺应了经济社会的发展实际，具有很强的现实意义。

5. 财务管理原则

（1）资金合理配置。保证资产分布结构合理，经营顺畅；资金结构科学高效，富有弹性。

（2）收支积极平衡原则。充分利用金融市场，通过短期筹资和投资来调节资金余缺。

（3）成本效益原则。权衡所费与所得，使成本与效益得到最优配合。

（4）收益风险均衡原则。收益越高，风险越大。比如欧洲主权债务危机的重要表现就是国债收益率趋高。企业应该追求适度的收益，将风险控制在可承受能力范围之内。

（5）利益关系协调原则。调整好企业内、外部关系，协调好企业内部各部门、各单位之间的利益关系。

6. 企业财务的环境

（1）经济环境。

1）经济体制：宏观经济调控机制，可分两种模式：

集权、计划、命令。此模式下企业财务相对简单，只需要管理生产即可。

分权、市场、激励。此模式是现代财务的基础，财务具有更大的能动作用和机会。

2）经济周期

经济周期通常包括繁荣、衰退、萧条、复苏四个阶段，其划分标准包括三项指标，即国民生产总值、企业利润和失业率。不同阶段，财务政策应该有所区别。

3）经济政策

宏观经济调控规范，包括产业政策、金融政策、财税政策等，对企业财务政策有着十分重要的影响。

4）通货膨胀

通货膨胀会引起利率上升，增加企业筹资成本。企业应该与客户签订长期购货合同，减少物价上涨造成的损失，举借长期负债，保持资本成本的稳定。

5）市场竞争

市场竞争状况可分为四种类型：完全竞争、完全垄断、不完全竞争和寡头垄断。对于完全竞争市场企业应该谨慎负债，反之，对于完全垄断市场企业可以较多负债。

（2）金融市场能够为企业筹资和投资提供场所，促进企业资本在不同地区、不同期限间灵活转换，引导资本从低利润部门流向高利润部门等，还能够为企业财务管理提供所需要的信息。

（3）法律环境。影响企业财务活动的法规主要有公司法、税法、证券法、经济合同法、财务法规等。

（4）技术环境。财务管理的技术环境主要是指以互联网络为基础的“网络财务”环境。

五、拓展知识反馈

列举中共十八届三中全会决定中与财务环境相关的内容

（1）紧紧围绕市场在资源配置中起决定性作用深化经济体制改革；

（2）坚持和完善基本经济制度；

（3）加快完善现代市场体系、宏观调控体系、开放型经济体系；

（4）加快转变经济发展方式，加快建设创新型国家。

建立公平开放透明的市场规则。完善主要由市场决定价格的机制。建立城乡统一的建设用地市场。完善金融市场体系。深化科技体制改革。深化财税体制改革，逐步提高直接税比重。加快构建新型农业经营体系。建立健全现代文化市场体系。放宽投资准入。建设面向全球的高标准自由贸易区。推动内陆同沿海沿边通关协作。

第二节 “资金时间价值”教学设计

一、教学目的、重点、难点

教学目的：资金时间价值和资金风险价值是企业财务活动的两个基本价值观念，这两个观念在企业筹资、投资等财务决策中具有重要的应用价值。资金时间价值的真正来源是工人创造的剩余价值，资本使用者支付给资本所有者利息，实质上是工人创造的剩余价值的再分配。资金风险价值通过计算企业的投资报酬的离差率，用回归的办法进行估计。

教学重点：资金时间价值的计算。

教学难点：等额系列收付款项（年金）终值和现值，不等额系列收付款项现值，计息期短于一年复利终值和现值，以及贴现率和期数等计算。

二、题库设计

（一）课堂讨论

1. 思考题

（1）资金时间价值同一般的利息率之间有什么关系？

（2）对资金时间价值产生的原因通常有哪些解释？其真正的来源是什么？

（3）对单一项目进行取舍与否的决策，计算其风险价值的基本步骤有哪些？

（4）后付年金和先付年金终值和现值之间有怎样的关联性？

2. 名词解释

（1）资金时间价值。

（2）资金风险价值。

（3）年金。

(4) 风险性投资决策。

3. 单项选择题

(1) 年金的收付款方式有多种，其中每期期末收付款的年金是（　　）。

A. 普通年金　　B. 预付年金

C. 递延年金　　D. 永续年金

(2) 下面有关资金时间价值的表述，正确的是（　　）。

A. 资金时间价值的实质是资金周转使用后的增值额

B. 资金时间价值是推迟消费所获得的报酬

C. 资金时间价值只能用绝对数来表示

D. 资金时间价值的量无法进行计量

(3) 下列可用于衡量投资风险程度的指标是（　　）。

A. 概率　　B. 预期收益

C. 标准离差率　　D. 风险价值系数

(4) 用于比较预期收益不同的投资项目风险程度的指标是（　　）。

A. 标准离差率　　B. 标准离差

C. 预期收益的概率　　D. 预期收益

(5) 在下列各项年金中，无法计算出确切终值的是（　　）。

A. 后付年金　　B. 先付年金

C. 递延年金　　D. 永续年金

4. 多项选择题

(1) 年金是指一定期间内每期相等金额的收付款项，通常采取年金形式的有（　　）。

A. 保险金　　B. 普通股股息

C. 租金　　D. 税金

E. 利润

(2) 关于投资风险价值，下列表述正确的有（　　）。

A. 投资风险价值有风险收益额和风险收益率两种表示方法

B. 风险收益额是投资者进行投资所获得的投资收益总额

C. 风险收益率是风险收益额与投资额的比率

D. 在实际工作中，投资风险价值通常以风险收益率进行计量

E. 一般来说，风险越大，所获得的风险价值越高

(3) 风险价值系数的确定方法包括（　　）。

A. 根据市场平均利润率确定

B. 由企业领导或有关专家确定

C. 根据以往同类项目的有关数据确定

D. 由国家有关部门组织专家确定

E. 根据投资人要求的最低报酬率确定

（4）下列关于年金的表述正确的有（　　）。

A. 年金是指一定时期发生的系列收付款项

B. 年金是指一定时期等额的系列收付款项

C. 普通年金是指一定时期每期期末等额的系列收付款项

D. 先付年金是指一定时期每期期初等额的系列收付款项

E. 递延年金是指最初若干期没有收付款项，随后若干期等额的系列收付款项

5. 综合计算题

（1）向银行存入本金1000元，年利率为6%，则5年后的终值为多少？（分别用单利和复利计算）

（2）某人在5年后需要使用一笔20000元资金，银行利率为8%，则现在应该一次存入本金多少钱？（分别用单利和复利计算）

（3）存入银行10000元，年利率为10%，按季复利计息，存款期限2年，试计算：

1）两年后的本利和；

2）计算其实际利率。

（4）某公司一投资项目有甲、乙两个投资方案，投资额均为20000元，其收益的概率分布如表3-1所示：

表3-1　甲、乙投资方案投资收益的概率分布

经济景气度	概率（p_i）	收益额（x_i）（元）	
		甲方案	乙方案
繁荣	$p_1=0.25$	$x_1=3000$	$x_1=4000$
一般	$p_2=0.50$	$x_2=2000$	$x_2=2000$
萧条	$p_3=0.25$	$x_3=1500$	$x_3=0$

假定无风险收益率为5%，风险价值系数为8%，试利用Excel计算：

1）两个方案的预期收益。

2）两个方案的标准离差和标准离差率。

3）两个方案的应得风险收益率。

4）预测两个方案风险收益率并做出投资决策。

（二）课外作业

1. 单项选择题

（1）若使复利终值经过4年后变为本金的2倍，每半年计息一次，则年利率应为（　　）。

A. 18.10%　　B. 18.92%

C. 37.84%　　D. 9.05%

【答案】B

解析：这是关于复利终值的计算，已知本金为P，则复利终值为2P，期数为4年，要求计算年利率。计算过程为：

F = P（1 + i）n

则：2P = P×（1 + i/2）的4×2次方

i = 18.10%

（2）大华公司于2000年初向银行存入5万元资金，年利率为8%，每半年复利一次，则第10年末大华公司可得到本利和为（　　）万元。

A. 10　　B. 8.96

C. 9　　D. 10.96

【答案】D

解析：F = P（1 + r/m）m·n = 5×（1 + 8%/2）2×10

= 5×（F/P，4%，20）= 5×2.1911≈10.96（万元）

本题还有一种解法：

根据题意P = 5，r = 8%，m = 2，n = 10

i =（1 + r/m）m - 1 =（1 + 8%/2）2 - 1 = 8.16%

F = p·（1 + i）n = 5×（1 + 8.16%）10≈10.96（万元）

（3）企业打算在未来三年每年年初存入2000元，年利率2%，单利计息，则在第三年年末存款的终值是（　　）元。

A. 6120.8　　B. 6243.2

C. 6240　　D. 6606.6

【答案】C

解析：本题是单利计息的情况，第三年年末该笔存款的终值 = 2000×（1 + 3×2%）+ 2000×（1 + 2×2%）+ 2000×（1 + 1×2%）= 6240（元）。

（4）某企业于年初存入银行10000元，假定年利息率为12%，每年复利两次。已知(F/P，6%，50）= 1.3382，（F/P，6%，10）= 1.7908，（F/P，12%，5）= 1.7623，（F/P，12%，10）= 3.1058，则第五年末的本利和为（　　）元。

A. 13382　　B. 17623

C. 17908　　　　D. 31058

【答案】C

解析：第五年末的本利和 = 10000 ×（F/P，6%，10）= 17908（元）

（5）某人年初存入银行 1000 元，假设银行按每年 10% 的复利计息，每年末取出 200 元，则最后一次能够足额（200 元）提款的时间是（　　）。

A. 5 年　　　　B. 8 年末

C. 7 年　　　　D. 9 年末

【答案】C

解析：已知 P = 1000i = 10%，A = 200

P = A ×（P/A，10%，n）

1000 = 200 ×（P/A，10%，n）

（P/A，10%，n）= 5，查表 n = 7

（6）甲方案在三年中每年年初付款 500 元，乙方案在三年中每年年末付款 500 元，若利率为 10%，则两个方案第三年年末时的终值相差（　　）。

A. 105 元　　　　B. 165.50 元

C. 665.50 元　　　　D. 505 元

【答案】B

解析：A 方案即付年金终值

F = 500 × [（F/A，10%，3 + 1）－ 1]

　= 500 ×（4.641 － 1）

　= 1820.50

B 方案后付年金终值

F = 500 ×（F/A，10%，3）

　= 500 × 3.310

　= 1655

A、B 两个方案相差 165.50 元（1820.50 － 1655）

（7）假如企业按 12% 的年利率取得贷款 200000 元，要求在 5 年内每年年末等额偿还，每年的偿付额应为（　　）元。

A. 40000　　　　B. 52000

C. 55482　　　　D. 64000

【答案】C

解析：200000 = A ×（P/A，12%，5）= A × 3.6048

A = 200000 ÷ 3.6048 = 55482

解析：本题考点是资金时间价值计算基本公式。

（8）某公司拟于5年后一次还清所欠债务100000元，假定银行利息率为10%，5年10%的年金终值系数为6.1051，5年10%的年金现值系数为3.7908，则应从现在起每年末等额存入银行的偿债基金为（　　）元。

A. 16379.75　　B. 26379.66

C. 379080　　D. 610510

【答案】A

解析：本题属于已知终值求年金，A＝100000/6.1051＝16379.75（元）。

（9）某企业拟建立一项基金，每年初投入100000元，若利率为10%，五年后该项资本本利和将为（　　）元。

A. 671600　　B. 564100

C. 871600　　D. 610500

【答案】A

解析：本题考点是即付年金终值的计算

F＝100000×［（F/A，10%，5＋1）－1］

＝100000×［7.716－1］

＝671600

（10）从第一期起，在一定时期内每期期初等额收付的系列款项是（　　）。

A. 先付年金　　B. 后付年金

C. 递延年金　　D. 普通年金

【答案】A

解析：从第一期起，在一定时期内每期期初等额收付的系列款项是即付年金，又称先付年金。

（11）已知（F/A，10%，9）＝13.579，（F/A，10%，11）＝18.531。则10年，10%的先付年金终值系数为（　　）。

A. 17.531　　B. 15.937

C. 14.579　　D. 12.579

【答案】A

解析：即付年金终值系数与普通年金终值系数相比期数加1，系数减1，所以10年，10%的即付年金终值系数＝18.531－1＝17.531。

（12）某企业拟建立一项基金，每年年初投入100000万元，若利率为10%，五年后该项基金本利和为（　　）元。

A. 671560　　B. 564100

C. 871600　　D. 610500

【答案】A

解析：本题的考点是预付年金终值的计算

FA＝100000×［（F/A，10%，5＋1）－1］＝100000×（7.7156－1）＝671560（元）

（13）下列各项年金中，只有现值没有终值的年金是（　　）。

A. 普通年金　　B. 递延年金

C. 永续年金　　D. 先付年金

【答案】C

解析：永续年金是指无限期等额收付的特种年金，可视为普通年金的特殊形式，即期限趋于无穷的普通年金。由于永续年金持续期无限，没有终止的时间，因此没有终值，只有现值。

（14）有一项年金，前2年无流入，后5年每年年初流入300万元，假设年利率为10%，其现值为（　　）万元。

A. 987.29　　B. 854.11

C. 1033.92　　D. 523.21

【答案】C

解析：此题是计算递延年金现值。

P＝300×（P/A，10%，5）×（P/F，10%，1）

＝300×3.791×0.9091

＝1033.92（万元）。

（15）有一项年金，前三年年初无流入，后五年每年年初流入500万元，假设年利率为每年10%，其现值为（　　）万元。（计算结果保留整数）

A. 1995　　B. 1566

C. 18136　　D. 1423

【答案】B

解析：本题的考点是递延年金现值的计算，本题的递延期m为2期，即第一期末和第二期末没有收支，连续收支期为5期。

PA＝500×［（P/A，10%，7）－（P/A，10%，2）］＝500×（4.8684－1.73555）＝1566（万元）

或：500×（P/A，10%，5）×（P/F，10%，2）＝500×3.7908×0.8264＝1566（万元）

（16）某校准备设立永久性奖学金，每年计划颁发36000元奖金，若年复利率为12%，该校现在应向银行存入（　　）元本金。

A. 450000　　B. 300000

C. 350000　　D. 360000

【答案】B

解析：本题是计算永续年金现值：P＝36000/12%＝300000（元）。

（17）某人退休时有现金10万元，拟选择一项回报比较稳定的投资，希望每个季度能收入2000元补贴生活。那么，该项投资的实行利率应为（　　）。

A. 2%　　B. 8%

C. 8.24%　　D. 10.04%

【答案】C

解析：本题为按季度的永续年金问题，由于永续年金现值P＝A/i，所以i＝A/P，季度报酬率＝2000/100000＝2%，实行利率＝（1＋2%）4－1＝8.24%。

（18）在复利条件下，已知现值、年金和贴现率，求计算期数，应先计算（　　）。

A. 年金终值系数　　B. 年金现值系数

C. 复利终值系数　　D. 复利现值系数

【答案】B

解析：已知现值p、现值A和贴现率i，求计息期数n。

应先求年金现值系数，然后用内插法把计息期数求出。

（19）一项500万元的借款，借款期5年，年利率为8%，如果每半年复利一次，年实际利率会高出名义利率（　　）。

A. 4%　　B. 0.24%

C. 0.16%　　D. 0.8%

【答案】C

解析：已知M＝2，r＝8%

根据实际利率和名义利率之间关系式：

i ＝（1＋r/M）M－1

＝（1＋8%/2）2－1＝0.16%

实际利率高出名义利率0.16%＝8.16%－8%。

（20）有甲、乙两台设备可供选用，甲设备的年使用费比乙设备低2000元，但价格高于乙设备8000元。若资本成本（利率）为10%，甲设备的使用期应长于（　　）年，选用甲设备才是有利的。

A. 4　　B. 5

C. 4.6　　D. 5.4

【答案】D

解析：已知P＝8000，A＝2000，i＝10%

P＝2000×（P/A，10%，n）

8000 = 2000 ×（P/A，10%，n）

（P/A，10%，n）= 8000/2000 = 4

查普通年金现值表，利用插补法可知：

n = 5.4

（21）某公司向银行借入 12000 元，借款期为 3 年，每年的还本付息额为 4600 元，则借款利率为（　　）。

A. 6.87%　　　　B. 7.33%

C. 7.48%　　　　D. 8.51%

【答案】B

解析：本题的考点是利用插值法求利息率。根据题意，PA = 12000，A = 4600，n = 3

12000 = 4600 ×（P/A，i，3）

（P/A，i，3）= 2.6087

查 n = 3 的年金现值系数，在 n = 3 一行上找不到恰好为 2.6087 的值，于是找其临界值，分别为：

当 i_1 为 7% 时，年金现值系数为 2.6243；

当 i_2 为 8% 时，年金现值系数为 2.5771；

（i − 7%）/（8% − 7%）=（2.6087 − 2.6243）/（2.5771 − 2.62430）

i = 7.33%

2. 多项选择题

（1）计算普通年金现值所必需的资料有（　　）。

A. 年金　　　　B. 终值

C. 期数　　　　D. 利率

【答案】ACD

（2）有一笔递延年金，前两年没有现金流入，后四年每年年初流入 100 万元，折现率为 10%，则关于其现值的计算表达式正确的有（　　）。

A. 100 ×（P/F，10%，2）+ 100 ×（P/F，10%，3）+ 100 ×（P/F，10%，4）+ 100 ×（P/F，10%，5）

B. 100 × [（P/A，10%，6）−（P/A，10%，2）]

C. 100 × [（P/A，10%，3）+ 1] ×（P/F，10%，2）

D. 100 × [（F/A，10%，5）− 1] ×（P/F，10%，6）

【答案】ACD

解析：本题中从第 3 年初开始每年有 100 万元流入，直到第 6 年初。

选项 A 的表达式是根据“递延年金现值 = 各项流入的复利现值之和”得出

的，“100×（P/F，10%，2）”表示的是第3年初的100的复利现值，“100×（P/F，10%，3）”表示的是第4年初的100的复利现值，“100×（P/F，10%，4）”表示的是第5年初的100的复利现值，“100×（P/F，10%，5）”表示的是第6年初的100的复利现值。

选项B，本题中共计有4个100，因此，n=4；但是注意，第1笔流入发生在第3年初，相当于第2年末，而如果是普通年金则第1笔流入发生在第1年末，所以，本题的递延期m=2-1=1，因此，m+n=1+4=5，所以，选项B的正确表达式应该是100×[（P/A，10%，5）-（P/A，10%，1）]。选项C和选项D是把这4笔现金流入当作预付年金考虑的，100×[（P/A，10%，3）+1]表示的是预付年金现值，表示的是第3年初的现值，因此，计算递延年金现值（即第1年初的现值）时还应该再折现2期，所以，选项C的表达式正确；100×[（F/A，10%，5）-1]表示的是预付年金的终值，即第6年末的终值，因此，计算递延年金现值（即第1年初的现值）时还应该再复利折现6期，即选项D的表达式正确。

（3）递延年金具有的特点有（　　）。

A. 年金的第一次收付发生在若干次之后

B. 没有终值

C. 年金的现值与递延期无关

D. 年金的终值与递延期无关

【答案】AD

解析：递延年金是指第一次收付发生在第二期或第二期以后的年金，递延年金终值是指最后一次收付时的本利和，其计算方式与普通年金终值相同，只不过只考虑连续收支期罢了。

（4）某公司向银行借入12000元，借款期限为3年，每年的还本付息额为4600元，则借款利率为（　　）。

A. 小于6%　　　　B. 大于8%

C. 大于7%　　　　D. 小于8%

【答案】CD

解析：本题的考点是利用插补法求利息率。根据题意，P=12000，A=4600，N=3。

12000=4600（P/A，i，3）

（P/A，i，3）=2.609

查N=3的年金现值系数，在N=3一列上找不到恰好为2.609的值，于是找其临界值，分别为：当i1=7%时，年金现值系数=2.6243，当i2=8%时，年金

现值系数 =2.5771。

3. 综合计算题

(1) 某公司想使用一栋办公楼，现有两种方案可供选择。

方案一：永久租用办公楼一栋，每年年初支付租金 10 万元，一直到无穷。

方案二：一次性购买，支付 120 万元。

目前存款利率为 10%，问从年金角度考虑，哪一种方案更优？

解：

方案一：

$P = 10 \times (1 + 10\%) \div 10\% = 110$

方案二：

$P = 120$

所以方案一更优。

(2) 某公司拟购置一处房产，房主提出三种付款方案：

1) 从现在起，每年年初支付 20 万元，连续支付 10 次，共 200 万元；

2) 从第 5 年开始，每年末支付 25 万元，连续支付 10 次，共 250 万元；

3) 从第 5 年开始，每年初支付 24 万元，连续支付 10 次，共 240 万元。

假设该公司的资金成本率（即最低报酬率）为 10%，你认为该公司应选择哪个方案？

【答案】

方案 1：

$P_0 = 20 \times (P/A, 10\%, 9) \times (1 + 10\%)$

或 $= 20 + 20 \times (P/A, 10\%, 9)$

$= 20 + 20 \times 5.759 = 135.18$（万元）

方案 2：

$P_4 = 25 \times (P/A, 10\%, 10)$

$= 25 \times 6.145$

$= 153.63$（万元）

$P_0 = 153.63 \times (P/F, 10\%, 4)$

$= 153.63 \times 0.683$

$= 104.93$（万元）

方案 3：

$P_3 = 24 \times [(P/A, 10\%, 13) - (P/A, 10\%, 3)]$

$= 24 \times (7.103 - 2.487)$

$= 87.792$

=110.78

该公司应该选择第2种方案。

(3) 采用融资租赁方式于2015年1月1日从租赁公司租入一台设备，设备款为50000元，租期为5年，到期后设备归企业所有。部分资金时间价值系数如表3-2所示：

表3-2 资金时间价值系数

i	10%	14%	16%
(F/A, i, 4)	4.641	4.9211	5.0665
(P/A, i, 4)	3.1699	2.9137	2.7982
(F/A, i, 5)	6.1051	6.6101	6.8771
(P/A, 1, 5)	3.7908	3.4331	3.2743
(F/A, i, 6)	7.7156	8.5355	8.9775
(P/A, 1, 6)	4.3553	3.8887	3.6847

要求：

1) 双方商定，如果采取每年年末支付等额租金方式付款，则租赁利息率为16%，计算采取每年年末等额支付租金方式下的每年租金额；

2) 根据第一问的计算结果计算，如果利率为10%，企业所支付的五年租金终值；

3) 如果采取每年年初等额支付租金方式付款，当租赁利息率为14%，计算此支付方式下每年租金额；

4) 根据第三问的计算结果计算，如果利率为10%，企业所支付的5年租金的终值；

5) 根据第二问和第四问，比较上述两种租金支付方式下的终值大小，说明哪种租金支付方式对企业更为有利（以上计算结果均保留整数）。

【答案】

1) 每年年末支付等额租金方式下的每年等额租金额=50000/（P/A，16%，5）≈15270（元）

2) 每年年末支付等额租金方式下的5年租金终值=50000/（F/A，10%，5）≈93225（元）

3) 每年年初支付等额租金方式下的每年等额租金额=50000/［（P/A，14%，4）+1］≈12776（元）

或：每年年初支付等额租金方式下的每年等额租金额=50000/［（P/A，

14%，5）×（1+10%）]≈12776（元）

4）每年年初支付等额租金方式下的5年租金终值=12776×（F/A，10%，5）×（1+10%）≈85799（元）

或：每年年初支付等额租金方式下的5年租金终值=12776×[（F/A，10%，5+1）-1]≈85799（元）

因为每年年初支付等额租金方式下的5年租金终值小于每年年末支付等额租金方式下的5年租金终值，所以应当选择每年年初支付等额租金的方式。

（4）某人在2013年1月1日存入银行1000元，年利率为10%。要求计算：

1）每年复利一次，2016年1月1日存款账户余额是多少？

2）每季度复利一次，2016年1月1日存款账户余额是多少？

3）若分别在2013年、2014年、2015年和2016年1月1日存入250元，仍按10%利率，每年复利一次，求2016年1月1日余额？

4）假定分4年存入相等金额，为了达到第一问所得的账户余额，每期应存入多少金额？

【答案】

1）2013年1月1日存入金额1000元为现值，2016年1月1日账户余额为3年后终值。计算过程如下：

F=P×（F/P，10%，3）=1000×1.331=1331（元）

2）F=1000×（1+10%）3×4=1344.89（元）

3）分别在2013年、2014年、2015年和2016年1月1日存入250元，求2016年1月1日余额，这是计算到期日的本利和，可以看成是3年的预付年金终值再加上一期A，或可以看成是4年的普通年金终值。计算过程如下：

FA=250×[（F/A，10%，3+1）-1]+250=250×（F/A，10%，4）
=250×4.461
=1160.25（元）

4）因为FA=1331，i=10%，n=4

则：FA=A×（F/A，i，n）

1331=A×（F/A，10%，4）

1331=A×4.641

A=1331/4.641=286.79（元）

三、学生讨论集萃

（1）既然资金时间价值是无风险、无通胀的社会平均利润率，那怎么会受到通货膨胀、风险的影响？

不是资金时间价值受通货膨胀、风险的影响，而是资金成本受这些因素的影响。

（2）普通年金以外的年金现（终）值的计算。

预付年金现（终）值的计算可以将每年初的年金折算到年末，再按普通年金方式计算其现（终）值，也可以采取将每年初认定为上年末的方式，分段计算其现（终）值。递延年金可以采用分段计算现（终）值的办法，也可以采取补齐递延年份的年金，再在现值中剔除的办法。永续年金的现值是年限无穷大的年金现值。

（3）资金具有时间价值，那么未来的资金价值应该高于现在资金的价值。

不对，现在的单位价值到未来就要增加时间价值了，所以比未来单位价值大。

（4）货币不投资，也会因为币值升值而升值，这与时间价值来自剩余价值的理论矛盾。

资金时间价值更应该抽象为购买力价值，跟具体的货币要剥离。币值升值是与货币发行密切相关的经济现象，它是暂时现象，而货币时间价值是永恒的，因此，币值升值不能代替货币的时间价值。

（5）为什么高风险公司也有存续时间很长的。

高风险投资本身就说明蕴含着高回报，只是这种高回报的概率较低，其中，成功的投资就可以长时间生存。另外，高风险投资的公司可以通过多元投资，避开把“鸡蛋放一个篮子”的风险，实现了堤内损失堤外补，也可以实现长期生存。

（6）社会上一度盛传信用卡欠款几十元，被要求赔偿几千、几万元怎么回事。

复利的神奇作用。以当期全部应还款项作为逾期还款罚息的计算基数，即“全额罚息”，逾期还款利息，日息5‰，从消费之日开始计算，按月计收，相当于年化利率 $(5/10000\times30+1)\hat{}12-1=19.56\%$；滞纳金，比例由中国人民银行统一规定，为最低还款额未还部分的5%，也按月计收。最低还款额 = 10% 消费余额 + 10% 取现余额 + 利息余额 + 其他应付费用余额 + 上期最低还款额未还部分。

四、教师讲授知识点

（一）资金时间价值的概念

资金在周转使用中由于时间因素而形成的差额价值，即资金在生产经营中带来的增值额。

（二）复利现值计算

$P=F\cdot(1+i)^{-n}$

其中，F 表示终值；P 表示现值；i 表示利率；n 表示计息期，$(1+i)^{-n}$表示复利现值系数，记为（P/F，i，n），可以用查表的方法获得。

（三）复利终值计算

$$F=P\cdot(1+i)^n$$

其中，F 表示终值；P 表示现值；i 表示利率；n 表示计息期，$(1+i)^n$ 表示复利终值系数，记为（F/P，i，n），可以用查表的方法获得。

相同利率，复利计息比单利计息负担重。

相同利率，在同样是采用复利制的条件下，计息期越短，利息负担越重。

（四）年金

年金是指一定期间内每期相等金额的收付款项。

年金根据每期收（付）款时点不同可分为：普通年金、预付年金、递延年金和永续年金四种形式。

1. 普通年金终值

$$P/A_{i,n}=A\cdot\frac{1-(1+i)^n-1}{i}$$

2. 普通年金现值

$$P/A_{i,n}=A\cdot\frac{1-(1+i)^{-n}}{i}$$

3. 预付年金现值

$$PVAD_{i,n}=A\cdot\frac{1-(1+i)^{-n}}{i}(1+i)\text{或}PVAD_{i,n}=A\cdot\frac{1-(1+i)^{-(n-1)}}{i}+A$$

4. 预付年金终值

$$FVAD_{i,n}=A\cdot\frac{(1+i)^n-1}{i}(1+i)\text{或}FVAD_{i,n}=A\cdot\frac{(1+i)^{(n+1)}-1}{i}-A$$

五、拓展知识反馈

计算余额宝下一周每日年化收益率和一周年化收益率。并比较 100 万元现金存余额宝与存活期的差别。用 Excel 计算整理如表 3-3 所示。

表 3-3　2016 年 9 月余额宝年化收益率计算表

方法一						
日期	万元收益	万元七日平均收益	七日年化收益率（%）	百万宝收益	百万活期收益	倍数
2016/8/31	0.6239	—	—	—	—	—
2016/9/1	0.622	—	—	—	—	—

续表

日期	万元收益	万元七日平均收益	七日年化收益率（%）	百万宝收益	百万活期收益	倍数
2016/9/2	0.6452	—	—	—	—	—
2016/9/3	0.6264	—	—	—	—	—
2016/9/4	0.6264	—	—	—	—	—
2016/9/5	0.6529	—	—	—	—	—
2016/9/6	0.6194	0.6309	2.329	61.94	9.59	6.5
2016/9/7	0.6162	0.6298	2.325	61.62	9.59	6.4
2016/9/8	0.6304	0.6310	2.330	63.04	9.59	6.6
2016/9/9	0.6216	0.6276	2.317	62.16	9.59	6.5
2016/9/10	0.6111	0.6254	2.309	61.11	9.59	6.4
2016/9/11	0.611	0.6232	2.301	61.1	9.59	6.4

方法二

日期	万元收益	日年化收益率（%）	七日平均年化收益率（%）	百万宝收益	百万活期收益	倍数
2016/8/31	0.6239	0.0230		—	—	—
2016/9/1	0.622	0.0230		—	—	—
2016/9/2	0.6452	0.0238		—	—	—
2016/9/3	0.6264	0.0231		—	—	—
2016/9/4	0.6264	0.0231		—	—	—
2016/9/5	0.6529	0.0241		—	—	—
2016/9/6	0.6194	0.0229	2.329	61.94	9.59	6.5
2016/9/7	0.6162	0.0227	2.325	61.62	9.59	6.4
2016/9/8	0.6304	0.0233	2.330	63.04	9.59	6.6
2016/9/9	0.6216	0.0229	2.317	62.16	9.59	6.5
2016/9/10	0.6111	0.0226	2.309	61.11	9.59	6.4
2016/9/11	0.611	0.0226	2.301	61.1	9.59	6.4

注：1. 方法一，首先计算万元七日平均收益，即对截至当天的七日万元收益进行算术平均；然后计算七日年化收益率（1＋万元七日平均收益/10000）^365－1，即日收益率复利365次。

2. 方法二，首先计算每日年化收益率（1＋万元日收益/10000）^365－1，再对截至当天的日年化收益率进行算术平均，计算结果与方法一是一致的。

3. 余额宝的收益率大约为活期收益率的6.5倍。

第三节 “财务评价”教学设计

一、教学目的、重点、难点

教学目的：财务指标分析的主要内容包括偿债能力分析、营运能力分析、盈利水平分析等。偿债能力是企业对各种到期债务的偿债能力，包括短期偿债能力和长期偿债能力；营运能力是企业的强弱对企业获利能力和偿债能力有决定性影响；盈利水平主要分析企业获取利润的能力，同时还必须关注企业的可持续发展，关注企业规模和积累的增长。

教学重点：偿债能力分析、营运能力分析、盈利水平分析。

教学难点：杜邦分析法。

二、题库设计

（一）课堂讨论

1. 思考题

（1）企业的财务分析与评价方法有哪些？

（2）什么是财务分析与评价的连环替代法？与统计指数分析法有何异同？

（3）什么是杜邦体系分析法？其基本思路是什么？

2. 单项选择题

（1）下列说法中正确的是（　　）。

A. 速动比率很低的企业，其流动负债到期一定不能偿还

B. 产权比率越低越能够发挥负债的财务杠杆效应

C. 采用因素分析法时，当有若干因素对分析对象发生影响作用时，应假定其他各个因素都无变化

D. 固定资产周转率计算公式分母上使用的是平均固定资产原值

（2）某企业本年的主营业务成本是 30 万元，存货周转率是 5 次，期末存货是 4 万元，则期初存货是（　　）万元。

A. 8　　　　B. 7

C. 6　　　　D. 5

（3）下列各项中（　　）会影响到企业的产权比率。

A. 以无形资产进行对外投资（按照账面价值结转）

B. 企业对外发行股票

C. 收回前期应收账款

D. 发放股票股利

（4）下列说法中错误的是（　　）。

A. 杜邦分析体系的核心指标是净资产收益率

B. 净资产收益率 = 总资产净利率 × 权益乘数

C. 净资产收益率 = 主营业务净利率 × 总资产周转率 × 权益乘数

D. 权益乘数 = 1 - 资产负债率

（5）某公司某年实现净利润 200 万元，支付优先股股利 10 万元，年末普通股股数为 100 万股，年度内普通股股数没有变化，则该公司的每股收益为（　　）。

A. 2　　B. 4

C. 1.9　　D. 2.1

（6）某企业年末会计报表上，流动负债为 80 万元，流动比率为 160%，主营业务收入净额为 260 万元，年初流动资产为 100 万元，则企业的流动资产周转率为（　　）次。

A. 2.6　　B. 2.28

C. 3　　D. 2.5

（7）下列各项中属于效率比率指标的是（　　）。

A. 速动比率　　B. 销售利润率

C. 权益乘数　　D. 流动负债占负债总额的比率

（8）（　　）是指将两期或连续数期财务报告中相同指标进行对比，以说明企业财务状况或经营成果的变动趋势的一种方法。

A. 比率分析法　　B. 连环替代法

C. 因素分析法　　D. 趋势分析法

（9）所有者在进行企业的财务分析时最关注的是（　　）。

A. 企业的支付能力　　B. 企业的发展能力

C. 投资的回报率　　D. 企业社会贡献的多少

（10）某企业净利润为 500 万元，所得税费用为 234 万元，利息支出为 300 万元，年初和年末所有者权益分别为 3000 万元和 3250 万元，则净资产收益率为（　　）。

A. 16.67%　　B. 15.38%

C. 16.00%　　D. 33.09%

3. 多项选择题

（1）影响净资产收益率的因素有（　　）。

A. 资产结构　　B. 资金结构
C. 总资产净利率　　D. 主营业务净利率
(2) 应收账款的周转速度快说明（　　）。
A. 收账迅速　　B. 短期偿债能力强
C. 应收账款占用资金多　　D. 可以减少收账费用
(3) 下列各项中（　　）能反映企业的长期偿债能力。
A. 资产负债率　　B. 流动比率
C. 已获利息倍数　　D. 速动比率
(4) 如果企业的流动比率很高可能是由于（　　）情况引起的。
A. 存货周转期过长　　B. 现金闲置
C. 流动负债过多　　D. 应收账款周转过快
(5) 采用因素分析法应当注意的问题包括（　　）。
A. 因素分解的关联性　　B. 因素替代的顺序性
C. 顺序替代的连环性　　D. 计算结果的假定性
(6) 下列各项中属于相关比率指标的是（　　）。
A. 流动资产占总资产的比率　　B. 流动比率
C. 速动比率　　D. 成本利润率
(7) 财务分析与评价的内容包括（　　）。
A. 偿债能力分析　　B. 营运能力分析
C. 盈利能力分析　　D. 发展能力分析
(8) 财务综合分析的方法主要有（　　）。
A. 杜邦财务分析法　　B. 沃尔比重评分法
C. 趋势分析法　　D. 因素分析法
(9) 反映企业短期偿债能力的指标是（　　）。
A. 流动比率　　B. 速动比率
C. 资产负债率　　D. 现金比率
(10) 反映企业盈利能力的指标有（　　）。
A. 成本费用利润率　　B. 净资产收益率
C. 资本保值增值率　　D. 资本积累率

4. 综合计算题

(1) 某公司流动资产由速动资产和存货构成，年初存货为 145 万元，年初应收账款为 125 万元，年末流动比率为 300%，年末速动比率为 150%，存货周转天数为 90 天，年末流动资产余额为 270 万元。一年按 360 天计算。

要求：

1）计算该公司流动负债年末余额。

2）计算该公司存货年末余额和年平均余额。

3）计算该公司本年主营业务成本。

（2）某公司2009年初所有者权益为2500万元，股本为500万元（每股面值1元），2009年实现净利润1000万元，留存收益比率为70%，公司无优先股，年度内没有发行普通股，普通股当前的每股市价为8元/股。

要求：

1）计算公司的每股净资产。

2）计算该公司的每股收益、每股股利以及市盈率。

3）计算公司的净资产收益率。

（3）某企业2008年主营业务收入为68万元，主营业务净利率10%，按照主营业务收入计算的存货周转率为5次，期初存货余额为8万元；期初应收账款余额为10.2万元，期末应收账款余额为8.8万元，速动比率为170%，流动比率为210%，固定资产总额是40万元，该企业期初资产总额为50万元。该公司流动资产由速动资产和存货组成，资产总额由固定资产和流动资产组成。

要求：（计算结果保留两位小数）

1）计算应收账款周转率。

2）计算总资产周转率。

3）计算总资产净利率。

（4）已知某公司2008年会计报表的有关资料如表3－4所示。

表3－4 某公司2008年会计报表 单位：万元

资产负债表项目	年初数	年末数
资产	13000	15000
负债	8000	8800
所有者权益	5000	6200
利润表项目	上年数	本年数
主营业务收入净额	（略）	35000
净利润	（略）	700

已知该公司2007年按照平均数计算的资产负债率是75%，总资产周转率是2次，主营业务净利率是1.8%。

要求：

1）计算杜邦财务分析体系中的下列指标（时点指标按平均数计算）：

A. 净资产收益率　　　　　　　　　B. 主营业务净利率

C. 总资产周转率（保留三位小数）　D. 权益乘数

2）使用连环替代法分析主营业务净利率、总资产周转率、权益乘数对净资产收益率的影响数额。

（5）已知东方公司2008年初所有者权益总额为1500万元，2008年的资本积累率为12%，年初、年末的权益乘数分别是2.5和2，负债的平均利率是10%，全年固定成本总额为900万元，本年利润总额为900万元，优先股股利为60万元，每年的融资租赁租金为20万元，企业所得税税率为40%。

要求计算：

1）2008年末所有者权益总额。

2）2008年初、年末的资产总额和负债总额。

3）2008年末的产权比率。

4）2008年的总资产报酬率。

5）2008年的已获利息倍数。

6）2008年的经营杠杆系数、财务杠杆系数。

（6）凤洋工厂2009年12月31日资产负债表中有关项目余额如表3－5所示。

表3－5　凤洋工作2009年资产负债表　　　　单位：万元

资产项目	年初数	年末数	权益项目	年初数	年末数
货币资金	5	7	流动负债合计	30	32
交易性金融资产——证券	2	1	长期负债合计	20	22
应收账款	14	16	实收资本	40	40
存货	30	34	所有者权益合计	60	66
流动资产合计	65	70			
无形资产	7	5			
资产总计	110	120	负债及所有者权益合计	110	120

凤洋工厂该年度编制利润表的有关资料如下：

凤洋工厂某年度主营业务收入、成本、税附分别为170万元、103万元、12万元，其他业务收入、成本、税附分别为10万元、6万元、1万元。发生销售费用7万元，管理费用12万元，财务费用6万元。债券投资净收益2万元，营业外收入1万元，营业外支出9万元，所得税费用按利润总额的25%计算。另外，本年度该厂计入固定资产成本的利息费用0.7万元，主营业务收入中赊销收入

占65%。

风洋工厂确定的永久性资产84万元。其中，永久性流动资产36.5万元。

风洋工厂该年度流动负债中短期借款平均余额20万元，每季末按年利率12.06%付息一次（其余流动负债均不付息），该厂长期负债资金成本率为8.10%，年利率为30%（实收资本没有筹资费），附加资本成本率16%。

风洋工厂该年度现金流量表上“经营活动产生的现金净流量”为48万元。

风洋工厂该年度社会贡献率为76%，社会积累率为54%。

要求：

1）根据上述资料编制该公司的利润表如表3-6所示。

表3-6 利润表 单位：万元

项目	金额
一、营业收入	
减：营业成本	
营业税金及附加	
销售费用	
管理费用	
财务费用	
加：投资收益	
二、营业利润	
加：营业外收入	
减：营业外支出	
三、利润总额	
所得税	
四、净利润	

2）根据上述资料完成表3-7。

表3-7 财务比率分析表

项目	指标值
一、偿债能力分析	
（一）短期偿债能力分析	
1. 流动比率	
2. 速动比率	
3. 现金流动负债率	

续表

项目	指标值
（二）长期偿债能力分析	
1. 资产负债率	
2. 所有者权益比率	
3. 已获利息倍数	
二、营运能力分析	
（一）总资产周转情况指标	
1. 总资产周转率（次）	
2. 总资产周转天数（天）	
（二）流动资产周转分析	
1. 流动资产周转率（次）	
2. 流动资产周转天数（天）	
（三）存货周转率	
1. 存货周转率（次）	
2. 存货周转天数 = 360 ÷ 存货周转率	
（四）应收账款周转率	
1. 应收账款周转率（次）	
2. 应收账款周转天数（平均应收账款回收期）	
（五）固定资产周转分析	
固定资产周转率（次）	
三、盈利能力指标	
1. 销售毛利率	
2. 销售净利率	
3. 投资报酬率	
4. 所有者权益报酬率	

3）根据上述资料在 Excel 上进行：

①进行杜邦指标分析；②财务指标综合分析，计算出该企业综合经济效益实际总分。

（二）课外作业

1. 单项选择题

（1）财务分析的首要内容应当是（　　）。

A. 会计报表解读　　B. 盈利及偿债能力分析

C. 营运及发展能力分析　　　　　　D. 财务综合分析

【答案】A

（2）关注收益稳定性及经营安全性的信息主体是（　　）。

A. 股东及潜在投资者　　　　　　B. 债权人

C. 内部管理者　　　　　　　　D. 政府

【答案】B

（3）企业进行综合财务分析的根本目标是（　　）。

A. 综合分析企业的偿债能力

B. 综合分析企业的盈利能力

C. 综合分析企业偿债能力、营运能力、盈利能力、成长能力、综合经营管理及其内在联系与影响

D. 综合分析企业的成长能力

【答案】C

（4）企业所有者作为投资人，关心其资本的保值和增值状况，因此较为重视企业的（　　）。

A. 偿债能力　　　　　　　　B. 营运能力

C. 盈利能力　　　　　　　　D. 发展能力

【答案】C

（5）债权人在进行企业财务分析时，最为关心的是（　　）。

A. 企业盈利能力　　　　　　B. 企业偿债能力

C. 企业发展能力　　　　　　D. 企业营运能力

【答案】B

（6）用因素分析法进行成本分析时，确定影响某指标的因素后，按其相互关系进行排序的规则是（　　）。

A. 先绝对值，后相对值；先实物量，后价值量

B. 先相对值，后绝对值；先实物量，后价值量

C. 先实物量，后价值量；先绝对值，后相对值

D. 先价值量，后实物量；先绝对值，后相对值

【答案】C

（7）在财务分析中，将通过对比两期或连续数期财务报告中的相同指标，以说明企业财务状况或经营成果变动趋势的方法称为趋势分析法（　　）。

A. 对　　　　　　　　　　　B. 错

【答案】A

（8）因素分析法是依据分析指标与其影响因素的关系，从数量上确定各因

素对分析指标影响方向和影响程度的一种方法，但其计算结果具有一定的假定性（　　）。

A. 对　　　　B. 错

【答案】A

（9）在财务分析中，企业经营者应对企业财务状况进行全面的综合分析，并关注企业财务风险和经营风险（　　）。

A. 对　　　　B. 错

【答案】A

（10）通常与因素分析法密不可分的是（　　）。

A. 指标计算　　　　B. 指标分析

C. 指标分解　　　　D. 指标预测

【答案】C

（11）影响企业短期偿债能力的主要因素是（　　）。

A. 盈利能力　　　　B. 销售收入

C. 资产的结构　　　　D. 资产的变现能力

【答案】D

（12）下列可用于短期偿债能力分析的是（　　）。

A. 资产负债比率　　　　B. 所有者权益比率

C. 流动比率　　　　D. 权益乘数

【答案】C

（13）某企业采用备抵法核算坏账，按照规定程序核销坏账 10000 元，假设该企业原来的流动比率为 2.5，速动比率为 1.5，核销坏账后（　　）。

A. 流动比率和速动比率都增加　　　　B. 流动比率和速动比率都降低

C. 流动比率和速动比率都不变　　　　D. 流动比率降低、速动比率增加

【答案】C

（14）较高的现金比率一方面会使企业资产的流动性较强，另一方面也会带来（　　）。

A. 存货购进的减少　　　　B. 销售机会的丧失

C. 利息的增加　　　　D. 机会成本的增加

【答案】D

（15）在计算速动比率时，要把存货从流动资产中剔除的原因，不包括（　　）。

A. 可能存在部分存货已经损坏但尚未处理的情况

B. 部分存货已抵押给债权人

C. 可能存在成本与合理市价相差悬殊的存货估价问题

D. 存货属于非流动资产

【答案】D

(16) 影响速动比率可信性的最主要因素是（ ）。

A. 存货的变现能力　　B. 短期证券的变现能力

C. 产品的变现能力　　D. 应收账款的变现能力

【答案】D

(17) 如果企业速动比率很小，下列结论成立的是（ ）。

A. 企业流动资产占用过多　　B. 企业短期偿债能力很强

C. 企业短期偿债风险很大　　D. 企业资产流动性很强

【答案】C

(18) 企业增加速动资产，一般会（ ）。

A. 降低企业的机会成本　　B. 提高企业的机会成本

C. 增加企业的财务风险　　D. 提高流动资产的收益率

【答案】B

(19) 甲企业年初流动比率为2.2，速动比率为1，年末流动比率为2.5，速动比率为0.5，发生这种变化的原因是（ ）。

A. 当年存货增加　　B. 应收账款增加

C. 应付账款增加　　D. 应收账款周转加快

【答案】A

(20) 计算已获利息倍数时分母的利息费用，指的是计入财务费用的各项利息（ ）。

A. 对　　B. 错

【答案】B

(21) 在资金需求量一定的情况下，提高（ ）意味着企业对短期借入资金依赖性的降低，从而减轻企业的当期偿债压力。

A. 资产负债比率　　B. 长期负债比率

C. 营运资金与长期负债比率　　D. 利息保障倍数

【答案】B

(22) 下列选项中，会导致资产负债率发生变化的是（ ）。

A. 收回应收账款　　B. 用现金购买债券

C. 接受所有者投资转入的固定资产　　D. 以固定资产对外投资

【答案】C

(23) 资产负债率指标的主要作用是（ ）。

A. 分析企业偿还债务的物质保证程度

B. 揭示企业财务状况的稳定程度

C. 分析企业主权资本对偿债风险的承受能力

D. 揭示企业全部资产的流动性

【答案】A

（24）若资产增加幅度低于销售收入净额增长幅度，则会引起资产周转率增大，表明企业的营运能力有所提高（　　）。

A. 对　　B. 错

【答案】A

（25）一般来讲，存货周转速度越快，存货流动性越强，会增强企业的短期偿债能力及盈利能力（　　）。

A. 对　　B. 错

【答案】A

（26）一般而言，平均收现期越短，应收账款周转率则（　　）。

A. 不变　　B. 越低

C. 越高　　D. 波动越大

【答案】C

（27）在基本条件不变的情况下，下列经济业务可能导致总资产报酬率下降的是（　　）。

A. 用银行存款支付一笔销售费用　　B. 用银行存款购入一台设备

C. 将可转换债券转换为普通股　　D. 用银行存款归还银行借款

【答案】A

（28）下列指标中，能够较为直观地反映企业主营业务对利润创造的贡献是（　　）。

A. 销售毛利率　　B. 销售净利率

C. 总资产收益率　　D. 净资产收益率

【答案】A

（29）下列选项中，不能提高净资产收益率的途径是（　　）。

A. 加强负债管理，降低负债比率

B. 加强成本管理，降低成本费用

C. 加强销售管理，提高销售利润率

D. 加强资产管理，提高资产周转率

【答案】A

（30）某企业2012年和2013年的营业净利率分别为7%和8%，资产周转率

分别为2和1.5，两年的资产负债率相同，与2012年相比，2013年的净资产收益率变动趋势为（　　）。

A. 上升　　B. 下降

C. 不变　　D. 无法确定

【答案】B

（31）从股东的立场看，在总资产报酬率高于借款利息时，负债比率越小越好，否则反之（　　）。

A. 对　　B. 错

【答案】B

（32）某一企业的每股净资产越高，投资者所承担的投资风险越高，企业发展潜力与其股票的投资价值越大（　　）。

A. 对　　B. 错

【答案】B

（33）与市盈率指标计算无关的参数是（　　）。

A. 每股市价　　B. 年末发行在外普通股股数

C. 年末净利润　　D. 年末普通股股本

【答案】D

（34）只要资本积累率越高，就足以说明企业发展的后劲越足（　　）。

A. 正确　　B. 错误

C. 不确定

【答案】B

（35）某公司每股净资产为2，市净率为4，每股收益为0.5，则市盈率等于（　　）。

A. 20　　B. 16

C. 8　　D. 4

【答案】B

（36）某公司2013年初所有者权益为1.25亿元，年末所有者权益为1.50亿元，该公司当年的资本率是（　　）。

A. 16.67%　　B. 20.00%

C. 25.00%　　D. 120.00%

【答案】B

（37）下列关于资本保值增值率计算正确的是（　　）。

A. 本年所有者权益增长额/年初所有者权益×100%

B. 期末所有者权益/期初所有者权益×100%

C.（本年实收资本增长额+本年资本公积的增长额）/（年初实收资本+年初资本公积）×100%

D.（年末实收资本+年末资本公积）/（年初实收资本+年初资本公积）×100%

【答案】B

（38）乙公司2014年初发行在外普通股股数10000万股，2014年3月1日新发行4500万股，12月1日回购1500万股，2014年实现净利润5000万元，则基本每股收益为（　　）元。

A. 0.2　　B. 0.37

C. 0.38　　D. 0.42

【答案】B

（39）市盈率是反映股票投资价值的重要指标，该指标数值越大，表明投资者越看好该股票的投资预期（　　）。

A. 对　　B. 错

【答案】A

（40）在杜邦分析体系中，假设其他情况相同，下列说法中错误的是（　　）。

A. 权益乘数大则财务风险大　　B. 权益乘数大则股东权益报酬率大

C. 权益乘数=1/（1－资产负债率）　　D. 权益乘数大则资产净利率大

【答案】D

（41）杜邦分析体系的源头和核心指标是（　　）。

A. 权益净利率　　B. 资产净利率

C. 权益乘数　　D. 总资产收益率

【答案】A

（42）杜邦分析体系中不涉及（　　）。

A. 偿债能力分析　　B. 资产管理能力分析

C. 盈利能力分析　　D. 发展能力分析

【答案】B

（43）下列权益乘数表述不正确的是（　　）。

A. 权益乘数=股东权益/总资产

B. 权益乘数=1/（1－资产负债率）

C. 权益乘数=总资产/股东权益

D. 权益乘数=1+产权比率

【答案】A

（44）产权比率为4/5，则权益乘数为5/4（　　）。

A. 正确　　B. 错误

C. 不确定

【答案】B

（45）负债比率越高，则权益乘数越低，财务风险越大（　　）。

A. 正确　　B. 错误

C. 不确定

【答案】B

（46）沃尔评分法中，最常见的财务比率标准值是（　　）。

A. 企业的历史水平　　B. 竞争对手的水平

C. 国外先进企业的水平　　D. 同行业的平均水平

【答案】D

（47）沃尔评分法中反映偿债能力指标时，最好选择（　　）。

A. 资产负债率　　B. 产权比率

C. 权益乘数　　D. 股权比率

【答案】A

（48）一般认为在现代综合评价体系中，企业财务评价的内容最关注的首先是（　　）。

A. 偿债能力　　B. 营运能力

C. 盈利能力　　D. 成长能力

【答案】C

（49）沃尔评分法中的相对比率都等于实际数除以标准数（　　）。

A. 正确　　B. 错误

C. 不确定

【答案】B

（50）在现代的沃尔评分法中，总资产报酬率的评分值为18分，标准比率为5.5%，行业最高比率为15.8%，最高评分为30分，最低评分为10分，A企业的总资产报酬率的实际值为10%，则A企业的该项得分为（　　）分。

A. 23.23　　B. 24.37

C. 25.23　　D. 26.37

【答案】B

2. 多项选择题

（1）因素分析法是依据分析指标与影响因素的关系，从数量上确定各因素对分析指标的影响方向和影响程度的一种方法，使用因素分析法需要注意的问题包括（　　）。

A. 构成经济指标的因素

B. 因素替代的连环性

C. 确定替代因素时，必须有根据各因素的依存关系，遵循一定的顺序并依次替代，不可随意加以颠倒

D. 各因素变动的影响数要绝对准确

【答案】ABC

（2）比率分析法是通过计算各种比率指标来确定财务活动变动程度的方法，比率指标的类型主要有（　　）。

A. 构成比率　　B. 效率比率

C. 相关比率　　D. 动态比率

【答案】ABC

（3）下列项目中属于采用比率分析法时应当注意的问题有（　　）。

A. 对比项目的相关性　　B. 对比口径的一致性

C. 衡量标准的科学性　　D. 因素替代的顺序性

【答案】ABC

（4）财务分析的局限性主要表现为（　　）。

A. 分析主体的局限性　　B. 资料来源的局限性

C. 分析方法的局限性　　D. 分析指标的局限性

【答案】BCD

（5）流动比率指标存在的主要缺陷包括（　　）。

A. 该指标是一个静态指标　　B. 未考虑流动资产的结构

C. 未考虑流动负债的结构　　D. 易受人为控制

E. 易受企业所处行业的性质影响

【答案】ABCD

（6）通过资产负债表分析可以达到的目的有（　　）。

A. 评价企业利润的质量　　B. 分析债务的期限结构和数量

C. 预测企业未来的现金流量　　D. 分析资产的结构

E. 判断所有者的资本保值增值情况

【答案】BDE

（7）下列财务比率中，比率越高，直接说明企业长期偿债能力越强的有（　　）。

A. 总资产收益率　　B. 净资产收益率

C. 资产负债率　　D. 利息保障倍数

E. 所有者权益比率

【答案】DE

（8）下列各项中，影响长期偿债能力的因素包括（　　）。

A. 盈利能力　　B. 资本结构

C. 长期资产的保值程度　　D. 经常性的经营租赁

E. 资产的流动性

【答案】ABC

（9）在分析总资产周转率指标时，为真正了解企业资产周转快慢的原因，应结合分析（　　）。

A. 流动资产周转率　　B. 固定资产周转率

C. 存货周转率　　D. 应收账款周转率

E. 营运资本结构

【答案】ABCD

（10）在分析总资产周转率指标时，为真正了解企业资产周转快慢的原因，应结合分析（　　）。

A. 流动资产周转率　　B. 固定资产周转率

C. 存货周转率　　D. 应收账款周转率

E. 营运资本结构

【答案】ABCD

（11）在分析总资产周转率指标时，为真正了解企业资产周转快慢的原因，应结合分析（　　）。

A. 流动资产周转率　　B. 固定资产周转率

C. 存货周转率　　D. 应收账款周转率

E. 营运资本结构

【答案】ABCD

（12）一般而言，存货周转次数增加，其所反映的信息有（　　）。

A. 盈利能力下降　　B. 存货周转期延长

C. 存货流动性增强　　D. 资产管理效率提升

【答案】CD

（13）在其他条件不变的情况下，会引起总资产周转率指标上升的经济业务有（　　）。

A. 用现金偿还负债人　　B. 借入一笔短期借款

C. 用银行存款购入一台设备　　D. 用银行存款支付应交税金

【答案】AD

(14) 下列关于应收账款周转率的说法，正确的有（　　）。

A. 公式的分子既可以是赊销收入也可以是所有的主营业务收入

B. 公式的分母既包括应收账款也包括应收票据

C. 公式的分母应当为扣除坏账准备后的净额

D. 公式的分子应使用平均占用额以保证和分母口径上的一致

E. 应收账款周转率受季节性影响较大，应注意调整

【答案】ABCE

(15) 提高应收账款周转率有助于（　　）。

A. 加快资金周转　　B. 提高生产能力

C. 增强短期偿债能力　　D. 减少坏账损失

E. 提高存货周转率

【答案】ACD

(16) 下列经济业务中，会影响企业应收账款周转率的有（　　）。

A. 赊销产成品　　B. 现销产成品

C. 期末收回应收账款　　D. 发生销售退回

E. 发生现金折扣

【答案】ACDE

(17) 分析某公司5年期财务报表发现：固定资产周转率和流动比率逐年下降，至第5年末这两个指标均小于1。则下列各项中，最有可能说明该公司这种财务与经营状况的有（　　）。

A. 主营业务收入逐年下降　　B. 短期偿债能力逐年下降

C. 应付账款增幅逐年增加　　D. 存货资产增幅逐年减少

E. 固定资产投资逐年超过主营业务收入

【答案】ABDE

(18) 通过盈利能力分析可以获取的信息包括（　　）。

A. 分析企业赚取利润的能力　　B. 分析企业的偿债能力

C. 评价内部管理者的业绩　　D. 评价企业面临的风险

E. 分析利润的质量

【答案】ACD

(19) 下列选项中，正确的有（　　）。

A. 每股收益是反映股份公司盈利能力大小的一个非常重要的指标

B. 每股收益可以和同行业进行直接比较

C. 每股收益可以直接进行纵向比较

D. 每股收益由于对发行在外流通股计算口径不同，可以分为基本每股收益

和稀释每股收益

E. 企业存在具有稀释性的潜在普通股的情况下，应该根据具有稀释性潜在普通股的影响，计算稀释的每股收益

【答案】ACDE

(20) 计算下列各项指标时，其分母需要采用平均数的有（　　）。

A. 基本每股收益　　B. 应收账款周围转次数

C. 总资产报酬率　　D. 每股净资产

【答案】ABC

(21) 从杜邦分析体系可知，提高净资产收益率的途径在于（　　）。

A. 加强负债管理，降低负债比率

B. 加强成本管理，降低成本费用

C. 加强销售管理，提高销售净利率

D. 加强资产管理，提高资产周转率

【答案】BCD

(22) 下列关于杜邦体系的说法，正确的有（　　）。

A. 杜邦分析体系通过建立新指标进行全面分析

B. 杜邦分析体系是通过相关财务比率的内在联系构建的综合分析体系

C. 杜邦分析体系的核心指标是权益净利率

D. 对杜邦分析体系进行比较分析不仅可以发现差异，分析差异的原因，还能消除差异

E. 杜邦分析体系一般用于大中型企业的综合分析

【答案】ABCE

(23) 下列分析方法中，属于财务综合分析方法的有（　　）。

A. 趋势分析法　　B. 杜邦分析法

C. 沃尔分析法　　D. 因素分析法

【答案】BC

3. 综合计算题

(1) 某施工项目经理部在某工程施工过程中，将标准层的商品混凝土的实际成本、计划成本情况进行比较，数据见表3-8：

表3-8　商品混凝土目标成本与实际成本对比

项目	单位	计划	实际	差额
产量	立方米	300	310	+10
单价	元	800	820	+20

续表

项目	单位	计划	实际	差额
损耗率	%	4	3	-1
成本	元	249600	261826	12226

要求：用因素分析法分析成本增加的原因。

【答案】

1）分析对象为浇筑某层商品混凝土的成本，实际成本与计划成本的差额为12226元。

该指标是由产量、单价、损耗率三个因素组成。

2）以计划成本249600元（=300×800×1.04）为分析替代的基础。

第一次替代产量因素：以310替代300，310×800×1.04=257920（元）

第二次替代单价因素：以820替代800，并保留上次替代后的值，310×820×1.04=264368（元）

第三次替代损耗率因素：以1.03替代1.04，并保留上两次替代后的值，310×820×1.03=261826（元）

3）计算差额：

第一次替代与目标数的差额=257920-249600=8320（元）

第二次替代与第一次替代的差额=264368-257920=6448（元）

第三次替代与第二次替代的差额=261826-264368=-2542（元）

4）产量增加使成本增加了8320元，单价提高使成本增加了6448元，而损耗率下降使成本减少了2542元。

5）各因素的影响程度之和=8320+6448-2542=12226元，与实际成本和目标成本的总差额相等。

（2）某企业2014年的资产负债表见表3-9：

表3-9　某企业2014年资产负债表　　单位：万元

资产	年初	年末	负债及所有者权益	年初	年末
货币资金	130	130	流动负债合计	220	218
应收账款净额	135	150	长期负债合计	290	372
存货	160	170	负债合计	510	590
流动资产合计	425	450	所有者权益合计	715	720
长期投资	100	100			
固定资产原价	1100	1200			

续表

资产	年初	年末	负债及所有者权益	年初	年末
减：累计折旧	400	440			
固定资产净值	700	760			
非流动资产合计	800	860			
合计	1225	1310	合计	1225	1310

2014 年销售收入净额 1500 万元，销售净利率 20%，假定该企业流动资产包括速动资产与存货。要求：

1）计算该企业 2014 年末的流动比率、速动比率、现金比率。

2）计算该企业 2014 年末的资产负债率、产权比率、权益乘数。

3）计算该企业 2014 年应收账款周转率、流动资产周转率、总资产周转率。

4）计算该企业 2014 年净资产收益率、资本保值增值率、资本积累率、总资产增长率。

【答案】

1）2014 年末流动比率 =450/218 =2.06

速动比率 = （450 -170）/218 =1.28

现金比率 =130/218 =0.60

2）资产负债率 =590/1310 =45.04%

产权比率 =590/720 =0.82

权益乘数 =1/（1 -45.04%） =1.82

3）2014 年应收账款周转率 =1500/［（135 +150）/2］ =10.53（次）

流动资产周转率 =1500/［（425 +450）/2］ =3.43（次）

总资产周转率 =1500/［（1225 +1310）/2］ =1.18（次）

4）净资产收益率 =1500 ×20%/［（715 +720）/2］ =41.81%

资本保值增值率 =720/715 ×100% =100.7%

资本积累率 = （720 -715）/715 ×100% =0.7%

总资产增长率 = （1310 -1225）/1225 ×100% =6.94%

（3）某企业近两年的营运状况见表 3 -10。

表 3 -10 某企业 2012 ~2013 年的营运状况

项目	2012 年	2013 年
总资产（万元）	1500	1600
销售收入（万元）	3900	3500

续表

项目	2012 年	2013 年
流动比率	1.2	1.26
存货周转率（次）	7.8	6
平均收现期（天）	20	26
销售毛利率（%）	17	15
销售净利率（%）	5	3
总资产周转率（次）	2.6	2.3
总资产净利率（%）	13	6.9

要求：

1）利用杜邦分析体系全面分析该企业运用资产获利能力的变化及其原因。

2）采用因素分析法确定各因素对总资产净利率的影响程度。

3）根据分析结果提出改进的措施。

【答案】

1）杜邦分析：

①该企业总资产净利率从 13% 下降到 6.9%，说明其资产的获利能力在下降，原因是总资产周转率和销售净利率都下降。

②总资产周转率从 2.6 次下降到 2.3 次，是由于平均收现期延长和存货周转率下降的原因。

③销售净利率从 5% 下降到 3%，具体原因计算分析如下：

2012 年的销售毛利 =3900 ×17% =663（万元）

销售净利润 =3900 ×5% =195（万元）

2013 年的销售毛利 =3500 ×15% =525（万元）

销售净利润 =3500 ×3% =105（万元）

由于“销售净利率 = 净利润 ÷ 销售额”，2013 年的销售额从 3900 万元下降到 3500 万元，所以，销售净利率下降的直接原因是净利润的下降引起的，而净利润下降的间接原因是销售毛利率的下降引起的。

2）总资产净利率 = 销售净利率 × 总资产周转率

总资产净利率的变动数 =6.9% −13% = −6.1%

销售净利率降低对总资产净利率的影响 =（3% −5%）×2.6 = −5.2%

总资产周转率降低对总资产净利率的影响 =3% ×（2.3 −2.6）= −0.9%

总影响 = −5.2% −0.9% = −6.1%

3）该企业应该扩大销售、减少存货，提高存货的周转率；扩大销售，减少应收账款，提高应收账款周转率，缩短平均收现期；降低进货成本，提高销售毛利率。

三、学生讨论集萃

（一）杜邦分析法中的两种主要的财务指标关系

1. 权益净利率 = 资产净利率 × 权益乘数

资产净利率 = 销售净利率 × 资产周转率

销售净利率 = 净利润/销售净额，资产周转率 = 销售净额/资产平均总额

净利润 = 销售收入净额 − 成本总额 + 其他利润 − 所得税

成本总额 = 产品销售成本 + 产品销售费用 + 产品销售税金 + 管理费用 + 财务费用

2. 权益乘数 =1/（1 − 资产负债率）

（二）杜邦分析法的基本思路

（1）权益净利率是一个综合性最强的财务分析指标，是杜邦分析系统的核心。

（2）资产净利率是影响权益净利率的最重要指标，具有很强的综合性，而资产净利率又取决于销售净利率和总资产周转率的高低。总资产周转率是反映总资产的周转速度。对资产周转率的分析，需要对影响资产周转的各因素进行分析，以判明影响公司资产周转的主要问题出在哪里。销售净利率反映销售收入的收益水平。扩大销售收入，降低成本费用是提高企业销售利润率的根本途径，而扩大销售，同时也是提高资产周转率的必要条件和途径。

（3）权益乘数表示企业的负债程度，反映了公司利用财务杠杆进行经营活动的程度。资产负债率高，权益乘数就大，说明公司负债程度高，公司会有较多的杠杆利益，但风险也高；反之，资产负债率低，权益乘数就小，说明公司负债程度低，公司会有较少的杠杆利益，但所承担的风险相应也低。

（三）杜邦分析法的特点

杜邦模型最显著的特点是将若干个用以评价企业经营效率和财务状况的比率按其内在联系有机地结合起来，形成一个完整的指标体系，并最终通过权益收益率来综合反映。采用这一方法，可使财务比率分析的层次更清晰、条理更突出，为报表分析者全面仔细地了解企业的经营和盈利状况提供方便。

杜邦分析法有助于企业管理层更加清晰地看到权益资本收益率的决定因素，以及销售净利润率与总资产周转率、债务比率之间的相互关联关系，给管理层提供了一张明晰的考察公司资产管理效率和是否最大化股东投资回报的路线图。

（四）杜邦分析法的局限性

从企业绩效评价的角度来看，杜邦分析法只包括财务方面的信息，不能全面

反映企业的实力，有很大的局限性，在实际运用中需要加以注意，必须结合企业的其他信息加以分析。主要表现在：

（1）对短期财务结果过分重视，有可能助长公司管理层的短期行为，忽略企业长期的价值创造。

（2）财务指标反映的是企业过去的经营业绩，衡量工业时代的企业能够满足要求。但在目前的信息时代，顾客、供应商、雇员、技术创新等因素对企业经营业绩的影响越来越大，而杜邦分析法在这些方面是无能为力的。

（3）在目前的市场环境中，企业的无形知识资产对提高企业长期竞争力至关重要，杜邦分析法却不能解决无形资产的估值问题。

四、教师讲授知识点

（一）短期偿债能力指标

短期偿债能力指标是财务分析与评价的一个重要方面，短期偿债能力不足无法满足债权人的要求，可能引起破产或造成经营混乱。

1. 流动比率

流动比率是流动资产与流动负债的比率，表明企业每一元的流动负债有多少流动资产作为偿还保证。反映企业用短期内变现的流动资产偿还到期流动负债的能力。

其计算公式为：流动比率 = 流动资产 ÷ 流动负债

2. 速动比率

速动比率是企业速动资产与流动负债的比值。速动资产包括流动资产减去变现能力差的存货、预付账款、一年期的非流动资产和其他流动等之后的余额。该指标比流动比率能够更加准确，可靠地评价企业资产的流动性及其偿还短期负债的能力。

计算公式为：速动资产 = 货币资金 + 交易性金融资产 + 应收账款 + 应收票据

而：速动比率 = 速动资产 ÷ 流动负债

3. 现金流动负债比率

现金流动负债比率是指一定时期的现金净流量同流动负债的比率，可以从现金流量的角度来反映企业当期偿还短期负债的能力。

计算公式为：现金流动负债比率 = 经营现金净流量 ÷ 流动负债

（二）长期偿债能力指标

长期偿债能力指标反映的是企业支付长期债务的能力，该指标与企业的盈利能力，资金结构有十分密切的关系。

1. 资产负债率

资产负债率又称负债比率，指企业负债总额对资产总额的比率。它表明在企

业总资产中，债权人提供资金所占的比重，以及企业资产对债权人权益的保障程度。

其计算公式为：

资产负债率（或负债比率）＝负债总额÷资产总额

2. 所有者权益比率

所有者权益比率是指负债总额与所有者权益的比率，是企业财务结构稳健与否的重要指标，也称资本负债率。它反映企业所有者权益对债权人权益的保证程度。

计算公式如下：

所有者权益比率＝所有者权益总额÷资产总额

这一比率反映了企业的所有资金中，企业所有者提供了多少。这一比率越高说明所有者投入的资金在全部资金中所占的比重越大，则企业偿债能力越强，财务风险越小。

3. 或有负债比率

或有负债比率是指企业或有负债总额对所有者权益总额的比率，反映企业所有者权益应对可能发生的或有负债的保障程度。

其计算公式为：或有负债比率＝或有负债余额÷所有者权益总额

一般情况下，或有负债比率越低，表明企业的长期偿债能力越强。所有者对或有负债的保障程度越高；或有负债比率越低，表明企业承担的相关风险越大。

4. 已获利息倍数

已获利息倍数也叫利息周转倍数，是指企业在一定时期内息税前利润与利息支出的比率，反映了获利能力对债务偿付的保证程度。其中，息税前利润是指利润总额与利息支出的合计数，利息支出指实际支出的借款利息、债权利息等。

其计算公式为：

已获利息倍数（利息周转倍数）＝息税前利润÷利息费用

（三）总资产周转率

该分析指标综合反映企业全部资产经营质量和利用效率，体现了企业经营期间全部资产从投入到产出周而复始的流转速度。

（1）总资产周转率（次）＝营业收入净额÷平均资产

其中，平均资产＝（期初资产＋期末资产）÷2

（2）总资产周转率（天）＝360/总资产周转率（次）

（四）流动资产周转率

该指标从企业资产的利用效率进行分析，从企业全部资产中流动性最强的资产角度出发，该指标越高，表明企业流动资产周转速度越快，相当于扩大了流动资产投入，而使企业在某种程度上增强了营运能力；反之，会造成资金浪费，削弱了企业的营运能力。

（1）流动资产周转率（次）=营业收入净额÷平均流动资产总额

平均流动资产总额=（年初流动资产总额+年末流动资产总额）÷2

（2）流动资产周转期（天）=360÷流动资产周转率

=（平均流动资产×360）÷营业收入净额

（五）存货周转率

存货周转率是由销货成本和存货平均占用额进行对比所确定的指标，有存货周转次数和存货周转天数两种表示方法。计算公式如下：

（1）存货周转率（次）=销货成本÷存货平均占用额

（2）存货周转期（天）=360÷存货周转率=（平均存货×360）÷营业成本

（六）应收账款周转率

应收账款周转率是利用赊销收入净额与应收账款平均占用额进行对比所确定的一个指标。计算公式如下：

（1）应收账款周转率（次）=营业收入净额÷平均应收账款

（2）应收账款周转期（天）=360÷应收账款周转率

=（平均应收账款×360）÷营业收入净额

（七）固定资产周转率

固定资产周转率是企业的销售收入与资产总额进行对比所确定的一个比率。计算公式如下：

固定资产周转率（次）=销售收入净额÷平均固定资产净值总额

其中，平均固定资产=（期初固定资产净值+期末固定资产净值）÷2

（八）销售利润率

销售利润率也叫销售毛利率，使企业一定时期内销售利润与销售收入的对比。计算公式如下：

销售利润率=（销售收入-销售成本）/销售收入

（九）销售净利率

销售净利率反映了净利和销售收入之间对比的关系，这一指标越高，说明盈利能力越强。计算公式如下：

销售净利率=税后净利/销售收入

（十）总资产报酬率

总资产报酬率又叫投资报酬率。是企业一定时期内获得的报酬总额与平均资产总额的比率。它是反映企业资产综合利用效果的指标，也是财务管理的一个重

要的指标。这一指标越高，说明盈利能力越强。计算公式如下：

总资产报酬率 = 息税前利润总额/平均资产总额

其中，息税前利润总额 = 利润总额 + 利息支出

= 净利润 + 所得税 + 利息支出

（十一）所有者权益报酬率

所有者权益报酬率也称净资产收益率，是企业一定时期净利润与平均净资产的比率。它反映自有资金投资收益水平的高低，是企业获利能力的核心指标。计算公式如下：

所有者权益报酬率（净资产收益率）= 税后净利/平均净资产

平均净资产 =（所有者权益期初数 + 所有者权益期末数）/2

（十二）资本金报酬率

资本金报酬率又称资本收益率，是企业一定时期净利润与平均资本比率，反映企业实际获得投资额的回报水平。计算公式如下：

资本金报酬率 = 净利/平均资本金总额

（十三）每股盈余

每股收益反映企业普通股股东持有每一股份所能享有的企业利润和承担的亏损。是衡量上市公司获利能力时最常用的财务分析指标。每股收益越高，说明公司的获利能力越强。计算公式如下：

普通股每股盈余 =（税后净利 - 优先股股利）/公司普通股股数

（十四）市盈率

市盈率是上市公司普通股每股市价相当于每股收益的倍数，反映投资者上市公司每元净利润愿意支付的价格。可以用来估计股票的投资报酬和风险。

计算公式如下：

市盈率 = 普通股每股股价/普通股每股收益

五、拓展知识反馈

比特币及其对财务的影响。

比特币的本质其实就是一堆复杂算法所生成的特解。而挖矿的过程就是通过庞大的计算量不断地去寻求这个方程组的特解，这个方程组被设计成了只有2100万个特解，所以比特币的上限就是2100万。

首先，要挖掘比特币可以下载专用的比特币运算工具；其次，注册各种合作网站，把注册来的用户名和密码填入计算程序中，再点击运算就正式开始。完成Bitcoin客户端安装后，可以直接获得一个Bitcoin地址，当别人付钱时，只需要自己把地址贴给别人，就能通过同样的客户端进行付款。在安装好比特币客户端

后，它将会分配一个私有密钥和一个公开密钥。需要备份你包含私有密钥的钱包数据，才能保证财产不丢失。如果不幸完全格式化硬盘，个人的比特币将会完全丢失。

1. 比特币的优点

（1）完全去除中心化，没有发行机构，也就不可能操纵发行数量。其发行与流通是通过开源的 P2P 算法实现。

（2）匿名、免税、免监管。

（3）健壮性。比特币完全依赖 P2P 网络，无发行中心，所以外部无法关闭它。比特币价格可能波动、崩盘，多国政府可能宣布它非法，但比特币和比特币庞大的 P2P 网络不会消失。

（4）无国界、跨境。跨国汇款，会经过层层外汇管制机构，而且交易记录会被多方记录在案。但如果用比特币交易，直接输入数字地址，点一下鼠标，等待 P2P 网络确认交易后，大量资金就过去了。不经过任何管控机构，也不会留下任何跨境交易记录。

（5）山寨者难以生存。由于比特币算法是完全开源的，谁都可以下载到源码，修改些参数，重新编译下，就能创造一种新的 P2P 货币。但这些山寨货币很脆弱，极易遭到 51% 攻击。任何个人或组织，只要控制一种 P2P 货币网络 51% 的运算能力，就可以随意操纵交易、币值，这会对 P2P 货币构成毁灭性打击。很多山寨币就是死在了这一环节上。而比特币网络已经足够健壮，想要控制比特币网络 51% 的运算力，所需要的 CPU/GPU 数量将是一个天文数字。

2. 比特币的缺点

（1）交易平台的脆弱性。尽管比特币网络很健壮，但比特币交易平台很脆弱。交易平台通常是一个网站，而网站会遭到黑客攻击，或遭到主管部门的关闭。

（2）交易确认时间长。当比特币钱包初次安装时，会消耗大量时间下载历史交易数据块。而当比特币交易时，为了确认数据准确性，会消耗一些时间，与 P2P 网络进行交互，得到全网确认后，交易才算完成。

（3）价格波动极大。由于大量炒家介入，导致比特币兑换现金的价格如过山车一般起伏。使比特币更适合投机，而不是匿名交易。

大众对原理不理解，以及传统金融从业人员的抵制。活跃网民了解 P2P 网络的原理，知道比特币无法人为操纵和控制。但大众并不理解，很多人甚至无法分清比特币和 Q 币的区别。“没有发行者”是比特币的优点，但在传统金融从业人员看来，“没有发行者”的货币毫无价值。

3. 比特币对财务的影响

比特币不能作为官方认可的货币，所以不能履行货币的基本职能，既不能作

为交易的媒介，也不能作为价值尺度。目前只能算作一种投资品，类似于古玩、字画等，只能在认可的人群中进行流动、转让。

但是比特币现象值得财务界重视，自货币进入信用纸币阶段以来，由于各国货币政策的过度使用，周期性地造成全球性的金融危机，破坏国际金融秩序，阻碍了世界经济发展，已经被人们广为诟病。如果能把人类智慧成果的稀缺性“货币化”，是不是能够克服金银充当货币时由于自然的稀缺性而产生的“硬制约”作用，是一个很有意义的课题。如此，比特币现象对于财务学研究是有参考价值的。

第四章 “财务筹资”对分翻转教学设计

筹资是企业财务的起点，本章包括筹资预测、筹资成本分析和资本结构决策三部分，它们相辅相成，紧密联系。筹资并不是越多越好，而是合适最好，因为资本是有成本的，如果资本闲置就会产生浪费，影响净资产收益率，不符合公司所有者的预期目标。不同筹资方式各有优缺点，成本也不同，任何公司都不可能只有一种资本形式，这就需要根据资本成本和物质特征进行组合筹资，即资本结构决策。

第一节 “筹资预测”教学设计

筹资预测首先要明确资金渠道和筹集方式，各种渠道的资金性质不同，有的可以作为投资人，即筹集到权益资本；有的只能作为债权人，即筹集债务资本。不同渠道资金使用的筹资方式亦有区别，权益资金最原始的方式是直接投资，后来出现了公司形式经营主体，可以通过发行股票筹集社会资本。债务资本最直接的筹措方式是向银行借款，当公司出现后，产生了发行债券筹资的方式，向社会借款。筹资预测更直接的任务是预测资本需要量，具体有两类方法，一类是根据历史经验，对过去影响资本规模的因素进行估计推算，即因素分析法；另一类是假定资本规模与业务量之间存在某种函数关系，根据历史数据，估计这种函数关系，从而进行资本需要量预测，包括销售百分比法、直线回归法、高低点法。

一、教学目的、重点、难点

教学目的：企业筹资是指企业根据其生产经营、对外投资以及调整资本结构等方面的需要，通过资本市场和一定的筹资渠道，采取适当的筹资方式有效获取

所需资金的一种行为。包括权益资金筹集与负债资金筹集。其中，权益资金包括吸收直接投资、发行股票及利用留存收益等方式。负债资金包括长期借款、发行债券、融资租赁以及短期借款、商业信用、短期融资券等。

教学重点：资本渠道、筹资方式及资本预测方法，包括因素分析法、销售百分比法、直线回归法、高低点法。

教学难点：资本预测方法，特别是直线回归法的参数估计。

二、题库设计

1. 思考题

（1）当公司出于不同目的筹资时，应如何选择恰当的筹资方式，并如何将筹资方式与筹资渠道相配合？

（2）权益资金与负债资金相比较，各有哪些优缺点？

（3）为什么说融资租赁也是一种筹资方式？与经营租赁相比，它具有什么特点？

（4）短期借款的利息支付方式有哪些？它们分别会对企业产生什么样的影响？

（5）什么是补偿性余额？它对银行短期借款利率有什么影响？

（6）利用商业信用筹资有什么优缺点？

2. 单项选择题

（1）下列各项资金，可以利用商业信用方式筹措的是（　　）。

A. 国家财政资金　　B. 银行信贷资金

C. 其他企业资金　　D. 企业自留资金

（2）采用销售百分比法预测资金需求量时，下列项目中被视为不随销售收入的变动而变动的是（　　）。

A. 现金　　B. 应付账款

C. 存货　　D. 公司债券

（3）相对于股票筹资而言，银行借款的缺点是（　　）。

A. 筹资速度慢　　B. 筹资成本高

C. 筹资限制少　　D. 筹资风险大

（4）不能作为融资手段的租赁方式是（　　）。

A. 经营租赁　　B. 售后回租

C. 直接租赁　　D. 杠杆租赁

（5）某企业周转信贷额为 1000 万元，承诺费率为 0.4%，借款企业在年度内已使用了 500 万元，则其应向银行支付承诺费（　　）元。

A. 10000　　B. 20000

C. 40000　　D. 2000

（6）贴现法借款的实际利率（　　）。

A. 大于名义利率　　B. 等于名义利率

C. 小于名义利率　　D. 大于或等于名义利率

（7）在财务管理中，将资金划分为变动资金与不变资金两部分，并据以预测企业未来资金需求量的方法称为（　　）。

A. 定额预测法　　B. 比率预测法

C. 资金习性预测法　　D. 成本习性预测法

（8）出租人既出租某项资产，又以该项资产为担保借入资金的租赁方式是（　　）。

A. 经营租赁　　B. 售后回租

C. 直接租赁　　D. 杠杆租赁

（9）与股票筹资相比，债券筹资的缺点是（　　）。

A. 筹资风险大　　B. 筹资成本高

C. 限制条件少　　D. 分散经营控制权

3. 多项选择题

（1）普通股股东所拥有的权利包括（　　）。

A. 收益分配权　　B. 优先认股权

C. 转让股份权　　D. 公司管理权

（2）相对权益资金的筹资方式而言，长期借款筹资的缺点主要有（　　）。

A. 筹资风险较大　　B. 筹资成本较高

C. 筹资数额有限　　D. 筹资速度较慢

（3）可以筹措长期资金的筹资方式有（　　）。

A. 商业信用　　B. 吸收直接投资

C. 发行债券　　D. 融资租赁

（4）普通股与优先股的共同特征主要有（　　）。

A. 需支付固定股息　　B. 股息从净利润中支付

C. 同属公司股本　　D. 可参与公司重大决策

（5）补偿性余额的约束使借款企业所受的影响有（　　）。

A. 减少了可用资金　　B. 提高了筹资成本

C. 减少了应付利息　　D. 增加了应付利息

（6）企业资金需求量的预测方法有（　　）。

A. 定性预测法　　B. 销售百分比法

C. 资金习性预测法　　　　D. 因素分析法

（7）影响债券发行价格的因素有（　　）。

A. 债券面值　　　　B. 票面利率

C. 市场利率　　　　D. 债券期限

（8）利用债券筹资的优点有（　　）。

A. 筹资成本低　　　　B. 保证控制权

C. 发挥财务杠杆作用　　　　D. 筹资限制条件少

4. 判断题

（1）补偿性余额的约束有助于降低银行贷款风险，但同时也减少了企业实际可动用的借款额，提高了借款的实际利率。（　　）

（2）从出租人的角度来看，杠杆租赁与售后租回或直接租赁并无区别。（　　）

（3）通过发行股票筹资，可以不付利息，因此其成本比借款筹资的成本低。（　　）

（4）在债券面值和票面利率一定的情况下，市场利率越高，则债券的发行价格越低。（　　）

（5）接受投资的企业与投资企业体现的是债务与债权关系。（　　）

（6）优先股股息和债券利息都要定期支付，均应作为财务费用，在所得税前列支。（　　）

（7）企业采用借入资金方式筹资比采用自有资金方式筹资付出的资金成本低，但承担的风险大。（　　）

（8）信贷额度是银行从法律上承诺向企业提供不超过某一最高限额的贷款协定。（　　）

5. 综合计算题

（1）某企业按年利率4.5%向银行借款200万元，银行要求保留10%的补偿性余额。要求：计算该项贷款的实际利率。

（2）某公司拟从A企业购买一台设备，A企业提供的设备报价如下：10天内付款，价格为97万元；11～30天内付款，价格为98.5万元；31～60天内付款，价格为98.7万元；61～90天内付款，价格为100万元。假设当期的银行短期借款利率为10%，每年按360天计算。要求：计算不同时间放弃现金折扣的成本，并选择对该公司最有利的付款日期。

（3）某企业2009年的实际销售收入为15000000元，销售净利率为2.25%，留存收益比率为60%。其该年度的资产负债表（简表）如表4－1所示。

表 4－1　资产负债表

2009 年 12 月 31 日　　单位：元

资产	金额	负债及所有者权益	金额
货币资金	75000	应付账款	2640000
应收账款	2400000	预收款项	105000
存货	2610000	短期借款	500000
固定资产净值	285000	长期负债	55000
无形资产	10000	实收资本	250000
		留存收益	1830000
资产总额	5380000	负债及所有者权益总额	5380000

若预计 2010 年销售收入为 18000000 元，为了满足生产的需要，预计 2010 年需要新增添设备一台，价值 100000 元，若销售净利率与留存收益率不变，要求：采用销售百分比法在 Excel 中建立相关模型测算该企业 2010 年需从外部追加多少资金。

（4）某企业历史上现金占用与其销售收入之间的关系如表 4－2 所示。

表 4－2　现金占用与销售收入　　单位：元

年份	销售收入	资金占用
2005	120000	80000
2006	140000	90000
2007	136000	88000
2008	160000	100000
2009	158000	110000

若该企业预计其 2010 年的销售收入为 190000 元时，要求：运用回归直线法在 Excel 中建立相关模型预测其资金需求量。

（5）乐鑫公司产销量和资金变化情况如表 4－3 所示。2010 年预计销售量为 200 万件，试运用高低点法在 Excel 中建立相关模型预测该公司 2010 年的资金需求量。

（6）某企业采用融资租赁方式从租赁公司租入设备一台，价款 100 万元，租期 6 年，到期后设备归企业所有。双方商定的折现率为 14%。

要求：在 Excel 中建立相关模型，计算该公司每年年初及年末应支付的等额租金。

表 4－3 产销量及资金变化情况

年份	产销量（xi）（万件）	资金占用（yi）（万元）
2005	150	95
2006	160	100
2007	180	110
2008	140	90
2009	170	105

三、学生讨论集粹

1. 认股权证是什么

（1）认股权证是一种约定该证券的持有人可以在规定的某段期间内，有权利（而非义务）按约定价格向发行人购买标的的股票的权利凭证。

（2）股票期权是指一个公司授予其员工在一定的期限内（如 10 年），按照固定的期权价格购买一定份额的公司股票的权利。其本质，股票期权就是一种受益权，即享受期权项下的股票因价格上涨而带来的利益的权利。

（3）优先认股权是普通股股东的优惠权，实际上是一种短期的看涨，拥有优先认股权的老股东可以按低于股票市价的特定价格购买公司新发行的一定数量的股票。其做法是给每个股东一份证书，写明他有权购买新股票的数量，数量多少根据股东现有股数乘以规定比例求得。一般来说，新股票的定价低于股票市价，从而使优先认股权具有价值。股东可以行使该权利，也可以转让他人。优先认股这种权利可以分为两类：一类是当股东在转让股份时，其他股东有优先购买的权利；另一类是当公司增资发行新股票时，公司现有股东有优先根据其持有的股票在已发行股票中所占比例购买相应新股票的权利。

2. 销售百分比法中敏感性项目怎么划分

敏感性项目即经营性项目，在生产经营活动过程中随着产销量变化而变化的项目，例如，现金、应收账款、存货、应付账款、应付费用等。

3. 优先股息为什么要在税后支付

因为它仍然是股东分配利润，按照权责对等的原则股利必须放在税后。

4. 售后租回租赁的目的是什么

通过售后回租，企业将固定资产转化成为流动资产，在未增加负债的基础上改善了企业的资产结构、增加了流动比率、改善了财务状况。一方面，当进行售后回租时，销售资产的收益不能在当期全部确认，而是作为递延收益分摊到各期，这就令会计收益比实际收益低，降低了计税基础，使税收相应减少，即使资产转让的收益在以后会计期内递延会增加后期收益金额，但推迟了纳税时间，也是一种节税的途径，总体上对企业来说是有利的。另一方面，如果销售资产形成损失，资产转让收益为负数，企业应将此损失直接计入当期损益，减少企业利润，相应减少税收，从而取得纳税上的财务利益。开发商可以把物业拆零销售，不仅可以免去寻找实力雄厚的投资商购买物业整体的成本，还可以降低投资门槛，充分聚集利用市场上的游散资金，为散户投资者提供一个有利可图的投资机会。把售后回租作为房地产市场上的销售方式，适合有能力保证交付固定租金回报的开发商，只有努力经营获得超过租金回报的利润，才能保证企业的生存和发展，把售后回租作为促销方式，并运用好。

四、教师讲授知识点

1. 企业筹资渠道

（1）国家财政资金。

（2）银行信贷资金。

（3）其他金融机构资金。

（4）其他企业资金。

（5）居民个人资金。

（6）企业自留资金。

（7）外商投资资金。

2. 企业筹资方式

（1）吸收直接投资。

（2）发行股票。

（3）利用留存收益。

（4）向银行借款。

（5）发行公司债券。

（6）利用商业信用。

（7）融资租赁。

3. 企业筹资原则

（1）规模适当原则。

（2）筹措及时原则。

（3）来源合理原则。

（4）方式经济原则。

4. 资本金

资本金是指企业在工商行政管理部门登记的注册资金，是投资者用以进行企

业生产经营、承担民事责任而投入的资金。资本金在不同类型的企业中表现形式有所不同，股份有限公司的资本金被称为股本，股份有限公司以外的一般企业的资本金被称为实收资本。

五、拓展知识反馈

阿里巴巴为什么在美国上市

马云坚持合伙人制度，因为只有合伙人制度才能保证马云及其团队对公司的完全掌控。但是，中国香港证券监管部门坚持维护“同股同权”的原则，马云的合伙人制度不被认可。港交所不认同阿里巴巴的管理结构，不能为马云及其合伙人提供董事会控制权，这导致了阿里巴巴只能在美国以 VIE 权力架构上市。

马云只是 CEO，雅虎持有阿里巴巴集团 40% 的股份，但没有完全投票权！首先是杨致远（雅虎创始人），其次是孙正义（日本软银董事长）占比 34%。马云的股份只有 10%。马云认为，影响一个企业的不是资本的多少，而是胆略、勇气、智慧和实力。即资本听命于人。2009 年 7 月 24 日，阿里巴巴董事会授权管理层通过进行股权结构调整来合法获取支付牌照，但授权以协议控制（VIE 可变利益主体）为前提，即调整股权后成立的支付宝内资公司只是持牌公司，与支付宝有关的实际收入、利润、技术和知识产权等，将通过一系列协议安排再转移至阿里巴巴集团。因此，阿里巴巴集团可以合并支付宝的报表，而雅虎可合并阿里巴巴集团的报表。在协议控制结构下，支付宝从阿里巴巴集团旗下全资子公司 Alipay，转至马云和谢世煌全资拥有的浙江阿里巴巴电子商务有限公司（以下简称浙江阿里巴巴）。工商资料显示，转让分两次进行，一次在 2009 年 6 月 1 日，另一次发生在 2010 年 8 月 6 日，两次转让的总价为 3 亿元。矛盾发生在股权转让之后。2011 年第一季度，马云以协议控制不能获取第三方支付牌照及危害国家经济安全为由，在股东反对、董事会未通过的情况下，单方面决定断掉支付宝与阿里巴巴集团之间的协议控制关系。

市场普遍认为，国内创业板和中小板设置了过高的财务门槛，将大批企业挡在大门之外。如创业板要求“最近两年连续盈利，最近两年净利润累计不少于 1000 万元且持续增长；或最近一年盈利且净利润不少于 500 万元，最近一年营业收入不少于 5000 万元”，中小板要求“最近三个会计年度净利润均为正数且累计超过 3000 万元”，相比之下，美国纳斯达克的门槛较低，基本没有历史利润的要求，很适合尚未盈利但空间巨大的企业去实现“美国梦”。

第二节 “资本成本”教学设计

资本成本是资金时间价值的体现，但是资本成本不仅包括资金时间价值，它还包括筹资活动本身的费用，只不过筹资费用通常在筹资时一次性支付，而资金时间价值是资本存续期内一直发生。因此，不同资金渠道、不同筹资方式，筹资成本也不相同。

一、教学目的、重点、难点

教学目的：资本成本主要包括个别资本成本、综合资本成本和边际资本成本。不同的筹资方式，资本成本不同。债务资本具有抵税效用，因此，债务资本成本需要考虑所得税的影响。权益资本的计算方法很多，在不同的计算模式下，资本成本不同。

教学重点：资本成本的内涵和原理公式，个别资本成本的计算及其相互关系，包括银行借款、公司债券、商业信用、普通股、优先股、留存收益等成本的计算。

教学难点：个别资本成本计算，特别是普通股成本的计算，包括股利折现模型、资本资产定价模型和风险溢价模型。

二、题库设计

（一）课后作业

1. 单项选择题

（1）下列关于资本成本的说法不正确的是（　　）。

A. 资本成本是指企业使用资本时所付出的代价

B. 资本成本是企业的投资者投资于具有相同风险和期限的其他证券所能获得的期望报酬率

C. 通常情况下资本成本仅指筹集和使用长期资金的成本

D. 任何投资项目的报酬率必须高于其资本成本

（2）下列关于加权平均资本的说法不正确的是（　　）。

A. 账面价值权数反映的是过去的资本结构

B. 以市场价值为权数，有利于财务决策

C. 按目标价值权数计算的加权平均资本成本更适合企业筹措新资金

D. 按市场价值权数计算的加权平均资本成本更适合企业筹措新资金

2. 多项选择题

（1）下列关于债务资本和权益资本的说法正确的有（　　）。

A. 债务资本的投资者的风险较小

B. 企业对债务资本负担较低的成本，但财务风险较大

C. 自有资本的投资者要求获得较高的报酬

D. 短期负债没有资本成本

（2）下列关于决定资本成本高低的因素的说法正确的有（　　）。

A. 总体经济环境变化的影响，反映在无风险报酬率上

B. 证券市场条件影响证券投资的风险

C. 经营风险表现在资产报酬率的变动上，财务风险表现在普通股报酬率的变动上

D. 企业的筹资规模越大，则资本成本越高

3. 综合计算题

（1）某公司共有长期资金 2000 万元，其中长期借款 200 万元，筹资费率为 1%，期限为 5 年，贷款年利率为 8%，每年付息一次；公司债券 500 万元，面值为 1000 元/张，期限也是 5 年，息票利率为 6%，半年付息一次，发行价格为 900 元，发行费率为 2%；优先股 300 万元，年股息为 2 元（按季度支付，即每季度 0.5 元），目前市价为 15 元，筹资费率为 3%；普通股（股本和资本公积）600 万元，留存收益 400 万元，普通股筹资费率为 4%，无风险利率为 4%，市场组合的风险报酬率为 10%，如果市场组合的期望报酬率增加 1 个百分比，则该股票的期望报酬率增加 1.5 个百分比。假设所得税税率为 25%。

要求：

1）计算长期借款的税后资本成本。

2）计算公司债券的税后年资本成本。

3）计算优先股的年资本成本。

4）利用资本资产定价模型计算普通股和留存收益的资本成本。

5）计算加权平均资本成本。

（2）某企业（适用的所得税税率为 25%）有一个投资机会，项目初始投资 200 万元，项目筹集的债务资本为 120 万元（债务资本成本为 8%），权益资本为 80 万元，权益资本成本率不详，但有甲乙两家可比企业，甲企业的权益资本成本率为 12%，乙企业的权益资本成本率为 10%。

要求：计算该项目的税后加权平均资本成本。

（3）某公司预计明年产生的税前利润为 100 万元，此后税前利润每年按 2%

的比率增长。公司的股权资本成本为20%，债务资本成本为8%，公司所得税税率为25%。打算维持2/3的目标债务与股权比率，要求计算企业价值。

（4）东方公司2009年1月溢价发行105万元（面值100万元）的公司债券，票面利率为11%，偿还期限3年，发行费率2%，所得税率为30%。试计算债券资本成本。

（二）课外作业

1. 单项选择题

（1）下列说法不正确的是（　　）。

A. 资本成本是一种机会成本

B. 通货膨胀影响资本成本

C. 证券的流动性影响资本成本

D. 融资规模不影响资本成本

【答案】D

（2）某企业向银行借款1000万元，为期10年，利率10%，借款费用率忽略不计，适用的所得税税率为25%，该借款的资本成本为（　　）万元。

A. 0. 069　　B. 0. 096

C. 0. 75　　D. 0. 765

【答案】C

（3）某公司筹资100万元，约定年利率6%，筹资费用2%，则公司资本成本率为（　　）。

A. 6%　　B. 7%

C. 6. 12%　　D. 5. 88%

【答案】C

（4）条件同上题，若借款费用率为2%，则该借款的资本成本率为（　　）。

A. 0. 069　　B. 0. 096

C. 0. 75　　D. 0. 765

【答案】D

（5）公司增发的普通股的市价为12元/股，筹资费率为市价6%，最近刚发放的股利为每股6元，已知该股票的资本成本率为11%，则该股票的股利年增长率为（　　）。

A. 5%　　B. 5. 39%

C. 5. 68%　　D. 10. 34%

【答案】B

解析：11% = ［0. 6 ×（1 + g）/12 ×（1 − 6%）］ + gg = 5. 39%

(6) 某公司股票预计第一年股利为每股2元，股利年增长率为2%，据目前的市价计算出的股票资本成本为12%，则该股票目前的市价为（　　）元。

A. 20.4　　B. 20

C. 30　　D. 40

【答案】B

(7) 若国库券收益率为3%，市场平均报酬率为10%，而某股票的β系数为1.2，那么该股票的资本成本为（　　）。

A. 11.4%　　B. 13%

C. 18%　　D. 6%

【答案】A

(8) 同上例，该股票的风险收益率为（　　）。

A. 7%　　B. 8.4%

C. 10%　　D. 10.6%

【答案】B

(9) 同上例，若该公司股票的资本成本率为17%，则该股票的β系数为（　　）。

A. 1.5　　B. 2.4

C. 2　　D. 3

【答案】C

(10) 某公司平价发行普通股股票600万元，筹资费率5%，上年按面值确定的股利率14%，预计股利每年增长5%，所得税率25%，该公司年末留存60万元未分配利润用作发展，则该笔留存收益的资本成本为（　　）。

A. 14.74%　　B. 19.7%

C. 19%　　D. 20.47%

【答案】B

2. 多项选择题

(1) 关于资本成本率的说法正确的是（　　）。

A. 任何投资项目的投资收益率必须高于资本成本

B. 是最低可接受的收益率

C. 是投资项目的取舍收益率

D. 等于各项资本来源的成本加权计算的平均数

【答案】ABCD

(2) 下列说法正确的是（　　）。

A. 资本成本最低时，企业价值最大

B. 资本成本越高，企业风险越低

C. 只有投资收益率高于资本成本时，该项投资才是可行的

D. 降低资本成本，可以提高企业经济效益

【答案】ACD

(3) 资本成本按来源可分为（　　）。

A. 个别资本成本　　B. 债务资本成本

C. 权益资本成本　　D. 短期资本成本

【答案】BC

(4) 资本成本按计算方法分为（　　）。

A. 个别资本成本　　B. 综合资本成本

C. 边际资本成本　　D. 优先股成本

【答案】ABC

(5) 下列属于个别资本成本的有（　　）。

A. 债务资本成本　　B. 债券资本成本

C. 银行借款成本　　D. 普通股成本

【答案】BCD

(6) 长期债券资本成本属于（　　）。

A. 债务资本成本　　B. 长期资本成本

C. 个别资本成本　　D. 权益资本成本

【答案】ABC

(7) 在计算个别资金成本时，无须考虑所得税影响的是（　　）。

A. 债券成本　　B. 银行借款成本

C. 普通股成本　　D. 优先股成本

【答案】CD

(8) 下列属于资本取得成本的是（　　）。

A. 手续费　　B. 资信评估费

C. 股息　　D. 利息

【答案】AB

(9) 下列属于资本使用成本的是（　　）。

A. 律师费　　B. 优先股红利

C. 借款利息　　D. 印刷费

【答案】BC

(10) 影响资本成本率的因素有（　　）。

A. 筹资总额　　B. 筹资费用

C. 使用成本　　D. 企业性质

【答案】ABC

（11）下列各项，属于债券资本成本的是（　　）。

A. 债券发行费用　　B. 债券评级费用

C. 证券公司佣金　　D. 债券利息

【答案】ABCD

（12）影响债券资本成本率的因素有（　　）。

A. 面值　　B. 市场利率

C. 票面利率　　D. 付息期

【答案】BD

（13）下列因素单项变动能降低普通股资本成本率上升的是（　　）。

A. 股利增长　　B. 股票价格上升

C. 筹资费率上升　　D. 股利下降

【答案】CD

（14）普通股成本中的风险溢价模型中，下列说法正确的是（　　）。

A. 风险溢价是相对于债券成本要求的溢价

B. 风险溢价是相对于国库券收益率要求的溢价

C. 该模型说明了股东承担的风险要高于债权人

D. 该模型说明公司采用股票筹资，将要承受更高的收益压力

【答案】ACD

（15）下列关于优先股股息说法正确的是（　　）。

A. 优先股股息是在所得税税前支付　　B. 优先股股息是在增值税税后支付

C. 优先股股息相对固定　　D. 优先股每股股息比普通股每股红利多

【答案】BC

（16）下列关于优先股筹资说法正确的是（　　）。

A. 优先股股东具有优先投票表决权

B. 优先股股息具有优先分配权

C. 只要公司存续，优先股股息类同永续年金

D. 优先股股东不能参与剩余收益的分配

【答案】BC

（17）下列关于优先股资本成本说法正确的是（　　）。

A. 只要股息固定，优先股资本成本与面值无关

B. 优先股发行费用可以忽略不计

C. 通常情况下，优先股资本成本高于普通股资本成本

D. 优先股的发行价越高，资本成本越低

【答案】AD

（18）关于留存收益，下列说法正确的是（　　）。

A. 它不存在成本问题

B. 它的成本计算不考虑筹资费用

C. 它相当于股东追加筹资要求的报酬率

D. 在企业实务中一般不予考虑

【答案】BC

（19）下列留存收益资本成本计算方法中，与普通股资本成本计算结果一致的是（　　）。

A. 股利折现零增长模型

B. 股利折现固定增长模型

C. 资本资产定价模型

D. 风险溢价模型

【答案】CD

（20）下列留存收益计算方法中，小于普通股资本成本的方法是（　　）。

A. 股利折现零增长模型

B. 股利折现固定增长模型

C. 资本资产定价模型

D. 风险溢价模型

【答案】AB

（21）在计算下列各项资本成本时，需要考虑筹资费用的是（　　）。

A. 普通股

B. 债券

C. 长期借款

D. 留存收益

【答案】ABC

（22）下列说法不正确的是（　　）。

A. 留存收益成本 = 无风险利率 + 风险溢价

B. 税后债务资本成本 = 税前债务资本成本 ×（1 − 所得税率）

C. 当市场利率达到历史高点时，风险溢价通常较高

D. 按市场价值权数计算的加权平均资本成本更适用于企业筹措新资金

【答案】ABCD

（23）在市场经济环境中，决定企业资本成本高低的主要因素包括（　　）。

A. 总体经济环境

B. 证券市场条件

C. 企业内部的经营和融资状况

D. 项目融资规模

【答案】ABCD

（24）下列说法正确的是（　　）。

A. 总体经济环境变化对资本成本的影响体现在无风险报酬率上

B. 如果通货膨胀水平发生变化，资本成本会发生变化

C. 如果证券的市场流动性好，则其资本成本相对会低一些

D. 如果企业的经营风险和财务风险小，则资本成本会低一些

【答案】ABCD

（25）计算留存收益成本的方法包括（ ）。

A. 股利增长模型法（如果有股票筹资费用，则需要考虑）

B. 股利增长模型法（如果有股票筹资费用，不需要考虑）

C. 资本资产定价模型法

D. 风险溢价法

【答案】BCD

（26）在计算综合资本成本时，权数的确定可以选择（ ）。

A. 账面价值权数　　B. 市场价值权数

C. 目标价值权数　　D. 清算价值权数

【答案】ABCD

（27）下列关于固定成本说法正确的是（ ）。

A. 在一定条件下，固定成本总额保持不变

B. 单位产品承担的固定成本随产量的增加而减少

C. 单位固定成本函数是反比例函数

D. 固定成本函数表现为平行于 X 轴的一条直线

【答案】ABC

（28）下列关于变动成本说法正确的是（ ）。

A. 在一定时期内，单位变动成本保持不变

B. 在一定时期内，变动成本总额都表现为产量的正比函数

C. 单位变动成本意味着每增加一个单位的产品所要增加的成本

D. 单位商品销售价格只有在大于商品单位变动成本时，才有可能盈利

【答案】ABCD

（29）下列属于固定成本的是（ ）。

A. 折旧费用　　B. 计件工资

C. 行政管理人员工资　　D. 车间管理人员工资

【答案】ACD

（30）下列属于变动成本的是（ ）。

A. 包装费　　B. 计时工资

C. 广告费　　D. 车间管理人员工资

【答案】AB

3. 判断题

(1)资本成本越高，财务风险越小。(　　)

【答案】×

(2)资本成本与资本结构无关。(　　)

【答案】×

(3)资本成本率是投资决策的底线。(　　)

【答案】√

(4)资本成本是用相对数表示，即用资费用加上筹集费用之和除以筹集额的商。(　　)

【答案】×

(5)资本成本一般都是一次性支付。(　　)

【答案】×

(6)资本成本包括使用成本和取得成本。(　　)

【答案】√

(7)资本成本可以用绝对数表示，也可以用相对数表示(　　)。

【答案】√

(8)筹资总额一定的情况下，筹资费用越高，资本成本率越高(　　)。

【答案】×

(9)不同的筹资方式，资本成本率不同(　　)。

【答案】×

(10)长期借款没有筹资费用。(　　)

【答案】×

(11)借款利息具有抵税效用。(　　)

【答案】√

(12)股利零成长模型是假设股利分配为零。(　　)

【答案】×

(13)股利零成长模型中的普通股筹资额 = 发行股份 × 每股面值。(　　)

【答案】×

(14)因为股利是税后支付的，所以股利折现零成长模型不考虑所得税。(　　)

【答案】√

(15)债券资本成本就是利息费用。(　　)

【答案】×

(16)债券可以溢价发行，所以债券的利息不能抵税。(　　)

【答案】×

（17）普通股股利折现零成长模型是股利固定增长模型的特例。（　　）

【答案】√

（18）股利固定增长模型中的股利是指基期的股利。（　　）

【答案】×

（19）股利固定增长模型中的股利是指预测期第一期的股利。（　　）

【答案】√

（20）普通股成本中的风险溢价模型中，溢价是相对于无风险收益的额外收益。（　　）

【答案】×

（21）优先股股息有抵税效用。（　　）

【答案】×

（22）留存收益资本成本总是和普通股资本成本相等。（　　）

【答案】×

（23）在考察综合资本成本时不考虑所得税。（　　）

【答案】×

（24）边际资金成本是实现目标资本结构的资本成本。（　　）

【答案】√

（25）边际资本成本是加权平均资本成本的一种形式。（　　）

【答案】√

（26）边际资金成本是指资金每增加一个单位而增加的成本，边际资金成本为0时，资金结构最佳。（　　）

【答案】×

（27）在任何情况下固定成本总额总是保持不变。（　　）

【答案】×

（28）变动成本总额总是随着产量的变化而成正比例变化。（　　）

【答案】√

（29）按成本形态，企业总成本可以分解为固定成本和变动成本。（　　）

【答案】√

（30）在变动成本法下，产品的生产成本等于变动性生产成本。（　　）

【答案】√

（31）在变动成本法下，产品的变动性生产成本等于变动性直接成本和变动性制造费用之和。（　　）

【答案】√

（32）在变动成本法下，产品的变动性成本等于变动性生产成本和变动性期间费用共同构成。（　　）

【答案】√

（33）在变动成本法下，产品的固定成本包括固定性生产成本和固定性期间费用。（　　）

【答案】√

（34）借款资本成本与付息期无关。（　　）

【答案】×

（35）在其他条件一定的情况下，借款付息期越短，资本成本越高。（　　）

【答案】√

（36）分期付息借款的实际利率高于名义利率。（　　）

【答案】√

（37）普通股成本的资本资产定价模型中，无风险收益率通常参照国库券的票面利率。（　　）

【答案】√

4. 综合计算题

（1）某公司长期借款100万元，年利率为10%，借款期限为3年，每年付息一次，到期一次还本。该公司适用的所得税税率为33%。要求：计算长期借款的成本。

【答案】10%×（1－33%）＝6.7%

（2）公司向银行借入资本50万元投资某项目，该项目的投资收益率为6.1%，每年付息一次，年利率8%，所得税率25%，借款费用忽略不计，则公司的借款投资是否可行？

【答案】8%×（1－25%）＝6%　6%＜6.1%，可行

（3）条件如上题，若公司每季度付息一次，则该项目是否可行？

【答案】实际利率＝（1＋2%）4－1＝8.24%资本成本率＝8.24%×（1－25%）＝6.18%

6.18%＞6.1%，项目不可行

（4）某公司发行100万元的优先股，面值为80万元，筹资费率为4%，每年支付的股利为12%，则优先股的资本成本为多少？

【答案】K＝80×12%/100×（1－4%）＝10%

（5）公司债券面值为100元/张，票面利率为8%，期限为10年，每年付息一次，到期还本，发行价为110元/张，发行费用为每张债券4元，则该债券的资本成本率为多少？

【答案】

1）不考虑货币的时间价值 K＝100×8%×（1－25%）/（110－4）＝5.67%

2）考虑货币的时间价值 110－4＝100×8%×（1－25%）×（P/A，K，10）＋100×（P/F，K，10）

3）试算：K＝6%时，发行价＝100；K＝5%时，发行价＝107.72，插值法，则 K＝5.22%

（6）东方公司拟发行普通股筹资，每股发行价格为5元，面值为1元，发行费率为5%，公司预计每年固定股利为每10股派6元，所得税率25%，则该普通股的资本成本率为多少？

【答案】K＝0.6/5×（1－5%）×100%＝12.63%

（7）某公司股票的资本收益率为11%，该股票的β系数为1.5，已知市场平均收益率为8%，则无风险收益率为多少？

【答案】11%＝R＋1.5×（8%－R），计算 R＝2%

（8）某公司债券资本成本率为6%，同期国库券到期收益率下是3%，普通股股东要求5%的风险溢价收益率，已知公司的投资收益率是9%，问公司能够满足普通股股东的要求？

【答案】普通股的资本成本率＝6%＋5%＝11%，超过了公司的投资收益率9%，不能满足普通股股东的要求。公司能承受的最高风险溢价是3%。

（9）公司拟发行债券融资，已知普通股资本成本率为10%，其中风险溢价为4%，则该公司债券的资本成本率应控制在什么水平？

【答案】10%＝R＋4%，计算 R＝6%，则公司债券的资本成本率应控制在6%

（10）如上例，若公司债券的面值是100元/张，发行价是110元/张，发行费率5%，每年付息一次，不考虑货币的时间价值，所得税率为25%，则该债券的票面利率最高是多少？

【答案】6%＝100×I×（1－25%）/110×（1－5%），计算 I＝8.36%

（11）A公司正在研究一项生产能力扩张计划的可行性，需要对资本成本进行估计，有关资料如下：

1）公司现有长期负债：面值1000元，票面利率6%，每年付息的不可赎回债券；该债券还有10年到期，当前市价为1127.96元，假设新发行长期债券时采用私募方式，不用考虑发行费用。

2）公司现有普通股：当前市价50元，最近一次支付的股利为4.19元/股，预期股利的永续增长率为5%，该股票的β系数为1.2，公司不准备发行新股。

3）资本市场：国债收益率为7%，市场平均风险溢价为6%。

4）公司所得税税率为25%。

要求：

1）用贴现模式计算债券的税后资本成本。

2）计算普通股资本成本，用股利增长模型和资本资产定价模型两种方法估计，以两者的平均值作为普通股资本成本。

3）假设目标资本结构40%的长期债券，60%的普通股，根据以上计算得出的长期债券资本成本和普通股资本成本估计公司的平均资本成本。

4）如果公司该项目的投资收益率为12%，该筹资方案是否可行?

【答案】

1）贴现模型计算的债券资本成本为：

1000×6%×(1－25%)×(P/A,K1，10)+1000×(P/F,K1，10)=1127.96

试算，K1=3%

2）股利增长模型：K2=［4.19×（1+5%）/50］+5%=13.8%

资本资产定价模型：K3=7%+1.2×6%=14.2%

普通股资本成本=（13.8%+14.2%）/2=14%

3）综合资本成本=3%×40%+14%×60%=9.6%

4）投资收益率12%大于综合资本成本率9.6%，筹资方案可行。

（12）东林股份公司拥有长期资金2000万元，其中债券800万元，普通股1200万元，该结构为公司目标资金结构。公司拟筹措新资，并维持公司目前的资金结构。随着筹资数额的增加，各种资金成本变化如表4－4所示：

表4－4　东林股份公司个别资本成本

资本种类	新筹资额（万元）	资本成本（%）
债券	500及以下 500以上	8 9
普通股	1200及以下 1200以上	12 13

要求：计算筹资突破点及相应各筹资范围的边际资金成本。

【答案】

筹资突破点（1）=500/40%=1250（万元）

突破点（2）=1200/60%=2000（万元）

边际资金成本=（0～1250万元）=40%×8%+60%×12%=10.4%

边际资金成本=（1250万～2000万元）=40%×9%+60%×12%=11.8%

边际资金成本 =（2000 万元以上）=40% ×9% +60% ×13% =11.4%。

三、学生讨论集粹

（一）有附加条件的银行借款成本如何计算

1. 附加补偿性余额条件的借款成本

附加补偿性余额条件后实际利率 i 比名义利率 r 大，关系如下：

$$i=\frac{I}{1-r}\times 100\% \tag{4-1}$$

将普通借款的利率替换为附加补偿性余额条件后的实际利率，即为附加补偿性余额条件的借款成本：

$$k=\frac{I\cdot(1-T)}{1-r}\times 100\% \tag{4-2}$$

2. 附加贴现法计息条件的借款成本

附加贴现法计息条件后名义利率 I 与实际利率 i 存在如下关系：

$$i=\frac{I}{1-I}\times 100\% \tag{4-3}$$

将普通借款的利率替换为贴现法计息条件后的实际利率，即为贴现法计息条件的借款成本：

$$k=\frac{I\cdot(1-T)}{1-I}\times 100\% \tag{4-4}$$

3. 附加上述两条件的借款成本

附加贴现法计息和补偿性余额条件后实际利率为：

$$i=\frac{I}{1-r-I}\times 100\% \tag{4-5}$$

将普通借款的利率替换为附加贴现法计息和补偿性余额条件后的实际利率，即为附加两条件的借款成本：

$$k=\frac{I\cdot(1-T)}{1-r-I}\times 100\% \tag{4-6}$$

（二）留存收益的成本如何计算和理解

留存收益属于股东的再投资，所要求的报酬率与普通股没有本质上的差别。因此，普通股的资本成本计算模型同样适用于留存收益，只是留存收益毕竟是企业内部的，不会发生筹资费用，即筹资费用为零，这是留存收益资本成本与普通股资本成本的唯一区别。这样一来，留存收益的资本成本计算相应也有三种模型，即股利折现模型、资本资产定价模型、风险溢价模型。其计算公式分别为：

1. 股利折现模型

$$K_1=\frac{D_0}{P_0}\times 100\% +g \tag{4-7}$$

式中，g 表示股利固定增长率，D_0 表示基期股利，P_0 表示普通股筹资额。

2. 资本资产定价模型

$$K_s = R_f + \beta(R_m - R_f) \tag{4-8}$$

式中，R_f 表示无风险报酬率，R_m 表示股票市场平均报酬率。

3. 风险溢价模型

$$K_s = K_c + R_p \tag{4-9}$$

式中，R_p 表示风险溢价收益率，K_c 表示债券成本率。

例：在股利增长的情况下，计算企业留存收益成本时需要考虑的因素包括（　　）。

A. 筹资费用　B. 普通股价格　C. 股利年增长率　D. 第一年发放的股利

【答案】BCD

解析：留存收益成本计算公式：D0（1 + G）/P0 + G，因此，通常是不考虑筹资费用的。

（三）在综合资本成本率的计算中，如何确定权数呢

通常情况下，以各项个别资本在企业总资本中所占比重为权数。这里存在着一个权数价值的选择问题，即各项个别资本成本按什么价值来确定权数。理论上可供选择的价值形式有以下三种。

1. 账面价值

即以各项个别资本的账面价值来确定权数。其优点是资料容易取得，可以直接从资产负债表中查到。其缺点是，当债券和股票的市价脱离账面价值较大时，会影响其准确性；同时，账面价值反映的是过去的资本结构，不适用于对未来的筹资决策。

2. 现行市价

即以各项个别资本的现行市价来确定权数。其优点是能够反映实际的资本成本。但现行市价处于经常变动之中，不易取得；而且现行市价反映的只是现时的资本结构，同样不适用于未来的筹资决策。

3. 目标价值

即以未来预计的目标市场价值来确定权数。对于公司筹措新资、反映期望的资本结构来说，目标价值是有益的，但目标价值的确定难免具有主观性。

四、教师讲授知识点

（一）资金成本的概念

资本成本是指企业为取得和使用资本而付出的代价，包括资本的取得成本和使用成本。其中，资本的使用成本是指企业因使用资本而向资本提供者支付的代

价，资本的取得成本，又称为筹资费用，是指企业在筹集资本过程中所发生的各种费用。

通常用资本成本率衡量，其基本计算公式为：

$$资本成本率 = \frac{资本使用成本}{筹资总额 - 筹资费用} \quad (4-10)$$

式中，资本使用成本是指利息、股息、红利等。

例1：下列关于资本成本的说法不正确的是（ ）。

A. 资本成本是指企业使用资本时所付出的代价

B. 资本成本是企业的投资者投资于具有相同风险和期限的其他证券所能获得的期望报酬率

C. 通常情况下资本成本仅指筹集和使用长期资金的成本

D. 任何投资项目的报酬率必须高于其资本成本

【答案】A

解析：此题BCD三项课本中没有涉及，所以只能用排除法。课本中定义的资本成本是包含两个部分的，即使用成本和取得成本，显然A是不正确的，故选A。其实B选项是机会成本的意思，C选项一般表述是：狭义的资本成本仅指筹集和使用长期资金的成本，也就是人们通常理解的含义。D选项是投资决策的依据，实际执行后可能有低于资本成本的现象，但是不可能一直低，如此则该项目一定会终止。

例2：下列关于加权平均资本成本的说法不正确的是（ ）。

A. 账面价值权数反映的是过去的资本结构

B. 以市场价值为权数，有利于财务决策

C. 按目标价值权数计算的加权平均资本成本更适合于企业筹措新资金

D. 按市场价值权数计算的加权平均资本成本更适合于企业筹措新资金

【答案】B

解析：此题B和D都是不正确的，但是答案有误，有同学在线上讨论时提出，但是A和C都是正确的，在教材中都有明确的表述。

（二）影响资金成本的因素

1. 总体经济环境决定了整个经济中资本的供给和需求及预期通货膨胀的水平

总体经济环境变化的影响，反映在无风险报酬率上。显然，如果整个社会经济中的资金需求和供给发生变动，或通货膨胀水平发生变化，投资者也会相应改变其所要求的收益率。具体来说，如果货币需求增加，而供给没有相应增加，投资人便会提高其投资收益率，企业的资本成本就会上升；反之，则会降低其要求的投资收益率，使资本成本下降。如果预期通货膨胀水平上升，货币购买力下降，投资者也会提出更高的收益率来补偿预期的投资损失，导致企业资本成本上升。

2. 证券市场条件影响证券投资的风险

证券市场条件包括证券的市场流动难易程度和价格波动程度。如果某种证券的市场流动性不好，投资者想买进或卖出证券相对困难，变现风险加大，要求的收益率就会提高；或虽然存在对某证券的需求，但其价格波动较大，投资的风险大，要求的收益率也会提高。

3. 企业内部的经营和融资状况是指经营风险和财务风险的大小

经营风险是企业投资决策的结果，表现在资产收益率的变动上；财务风险是企业筹资决策的结果，表现在普通股收益率的变动上。如果企业的经营风险和财务风险大，投资者便会有较高的收益率要求。

4. 融资规模是影响企业资本成本的另一个因素

企业的融资规模大，资本成本较高。可见，在市场经济环境中，多方面因素的综合作用决定着企业资本成本的高低，其中，主要包括，总体经济环境、证券市场条件、企业内部的经营和融资状况、项目融资规模。

五、拓展知识反馈

国务院关于印发注册资本登记制度改革方案的通知国发〔2014〕7号，对原有注册制度的修改及其价值取向是什么?

（一）对原有注册制度的修改

1. 放松市场主体准入管制，切实优化营商环境

（1）实行注册资本认缴登记制。放宽注册资本登记条件。不再限制公司设立时全体股东（发起人）的首次出资比例，不再限制公司全体股东（发起人）的货币出资金额占注册资本的比例，不再规定公司股东（发起人）缴足出资的期限。公司实收资本不再作为工商登记事项。当公司登记时，无须提交验资报告。

（2）改革年度检验验照制度。将企业年度检验制度改为企业年度报告公示制度。改革个体工商户验照制度，建立符合个体工商户特点的年度报告制度。

（3）简化住所（经营场所）登记手续。按照既方便市场主体准入，又有效保障经济社会秩序的原则，可以自行或授权下级人民政府做出具体规定。

（4）推行电子营业执照和全程电子化登记管理。大力推进以电子营业执照为支撑的网上申请、网上受理、网上审核、网上公示、网上发照等全程电子化登记管理方式，提高市场主体登记管理的信息化、便利化、规范化水平。

2. 严格市场主体监督管理，依法维护市场秩序

（1）构建市场主体信用信息公示体系。加强公示系统管理，建立服务保障机制，为相关单位和社会公众提供方便快捷服务。

（2）完善信用约束机制。进一步推进“黑名单”管理应用，完善以企业法定代表、负责人任职限制为主要内容的失信惩戒机制。建立联动响应机制，形成“一处违法，处处受限”的局面。建立健全境外追偿保障机制。

（3）强化司法救济和刑事惩治。明确政府对市场主体和市场活动监督管理的行政职责，区分民事争议与行政争议的界限。

（4）发挥社会组织的监督自律作用。扩大行业协会参与度，发挥行业协会的行业管理、监督、约束和职业道德建设等作用，引导市场主体履行出资义务和社会责任。

（5）强化企业自我管理。实行注册资本认缴登记制，涉及公司基础制度的调整，公司应健全自我管理办法和机制，完善内部治理结构，发挥独立董事、监事的监督作用，强化主体责任。

（6）加强市场主体经营行为监管。要加强对市场主体准入和退出行为的监管，大力推进反不正当竞争与反垄断执法，加强对各类商品交易市场的规范管理，维护公平竞争的市场秩序。

（7）加强市场主体住所（经营场所）管理。

3. 保障措施

（1）加强组织领导。

（2）加快信息化建设。充分利用信息化手段提升市场主体基础信息和信用信息的采集、整合、服务能力。要按照“物理分散、逻辑集中、差异屏蔽”的原则，加快建设统一规范的市场主体信用信息公示系统。工商行政管理机关要优化完善工商登记管理信息化系统。有关部门要积极推进政务服务创新，建立面向市场主体的部门协同办理政务事项的工作机制和技术环境，提高政务服务综合效能。

（3）完善法制保障。积极推进统一的商事登记立法，加快完善市场主体准入与监管的法律法规，建立市场主体信用信息公示和管理制度，防范市场风险，保障交易安全。

（4）注重宣传引导。引导社会正确认识注册资本认缴登记制的意义和股东出资责任、全面了解市场主体信用信息公示制度的作用，广泛参与诚信体系建设，在全社会形成理解改革、关心改革、支持改革的良好氛围，确保改革顺利推进。

（二）其价值取向

（1）优化营商环境，促进市场主体加快发展，激发各类市场主体创造活力，增强经济发展内生动力。

（2）鼓励投资创业，创新服务方式，提高登记效率。

（3）减少对市场主体自治事项的干预。

（4）促进社会诚信体系建设，维护宽松准入、公平竞争的市场秩序。

第三节 “资本结构”教学设计

资本结构有广义、狭义之分，广义资本结构泛指公司权益性资本与债务性资本的结构，权益性资本内股本（实收资本）、资本公积、留存收益结构，债务资本内部长期负债与短期负债结构，资产内长期性资产与运营资产结构等。狭义资本结构主要指权益性资本与债务资本结构。

一、教学目的、重点、难点

教学目的：经营杠杆效应是因为存在固定性的经营成本，财务杠杆效应是因为存在固定性财务费用，如果同时存在这两种固定性费用，就可以产生复合杠杆效应。杠杆效应既能发挥正效应，也能发挥负效应。所以要合理配置企业的资本结构，资本结构不是一成不变的，适度的负债经营有利于提高股东的收益，提高企业的价值。企业可以通过各种不同的筹资方式和资本经营，实现资本结构的动态管理。

教学重点：经营杠杆系数、财务杠杆系数、复合杠杆系数计算。

教学难点：每股利润无差别点资本结构决策方法。

二、题库设计

（一）课后作业

1. 思考题

（1）试根据定义推导经营杠杆系数、财务杠杆系数的计算公式。

（2）债务资本的抵税效用对公司理财有什么启示？

（3）试分析杠杆效应对公司理财活动的影响。

（4）在资本结构决策中，如何理解公司价值？

2. 单项选择题

（1）下列关于经营风险和经营杠杆的说法不正确的是（　　）。

A. 经营风险是指由于商品经营上的原因给公司的息税前利润或报酬率带来的不确定性

B. 产品价格也会影响经营风险

C. 经营杠杆效应不仅可以放大企业的息税前利润，也可以放大亏损

D. 经营杠杆系数是经营风险变化的来源，可以放大企业的经营风险

(2) 东港公司只生产 B 产品，销售单价为 40 元，2008 年销售量为 100 万件，单位变动成本为 20 元，年固定成本总额为 100 万元，利息费用为 40 万元，优先股股息为 120 万元，普通股股数为 500 万股，所得税税率为 25%，下列说法不正确的是（　　）。

A. 销售量为 100 万件时的财务杠杆系数为 1.12

B. 销售量为 100 万件时的总杠杆系数为 1.18

C. 2008 年的每股利润为 2.55 元

D. 销售量为 100 万件时的财务杠杆系数为 1.09

(3) 下列说法不正确的是（　　）。

A. 净利理论认为，股东权益资本为零时，企业价值最大

B. 经营利润理论认为，企业价值与资本结构无关

C. MM 理论认为，最佳资本结构是客观存在的，但不影响企业价值

D. 权衡理论实际上是一种改良的 MM 理论

(4) 下列说法不正确的是（　　）。

A. 短期债务资本的风险小于长期债务资本，所以短期债务资本的成本小于长期债务资本的成本

B. 通常投资者希望获得更多的收益，所以权益资本成本高于债务资本成本

C. 短期债务资本的偿还期限比长期债务资本的偿还期限更短，所以短期债务资本的风险更大，资本成本更高

D. 一般情况下，优先股资本成本是介于债务资本成本与普通股资本成本之间的

(5) 下列关于经营杠杆系数的说法，正确的有（　　）。

A. 在产销量的相关范围内，提高固定成本总额，能够降低企业的经营风险

B. 在相关范围内，产销量上升，经营风险加大

C. 在相关范围内，经营杠杆系数与产销量呈反方向变动

D. 对于某一特定企业而言，经营杠杆系数是固定的，不随产销量的变动而变动

(6) 某公司全部资本为 120 万元，负债比率为 40%，负债利率 10%，当销售额为 100 万元时，息税前利润为 20 万元，则该公司的财务杠杆系数为（　　）。

A. 1.25　　B. 1.32

C. 1.43　　D. 1.56

(7) 最佳资本结构是指企业在一定时期最适宜其有关条件下（　　）。

A. 企业价值最大的资本结构

B. 企业目标资本结构

C. 加权平均资金成本最低时的资本结构

D. 加权平均资金成本最低，企业价值最大的资本结构

(8) 以下哪种资本结构理论，认为负债越多则企业价值越大（　　）。

A. 净收益理论　　B. 传统理论

C. 营业收益理论　　D. 权衡理论

(9) 下列关于说法不正确的有（　　）。

A. 财务风险指的是可能丧失偿债能力的风险

B. 财务杠杆系数=普通股每股利润变动率/息税前利润变动率

C. 总杠杆系数是指每股利润变动率相当于产销量变动率的倍数

D. 公司总风险是指财务风险和经营风险之积

(10) 下列关于经营杠杆系数表述正确的是（　　）。

A. 在固定成本不变的情况下，经营杠杆系数说明了销售额变动所引起利息税前利润变动的幅度

B. 在固定成本不变的情况下，销售额越大，经营杠杆系数越大，经营风险就越小

C. 当销售额达到盈亏临界点时，经营杠杆系数趋近于无穷大

D. 企业一般可以通过增加销售金额、降低产品单位变动成本、降低固定成本比重等措施使经营风险降低

(11) 企业降低经营风险的途径一般有（　　）。

A. 增加销售量

B. 降低变动成本

C. 增加固定成本比例

D. 提高产品售价

(12) 对财务杠杆的论述，正确的是（　　）。

A. 在资本总额及负债比率不变的情况下，财务杠杆系数越高，每股盈余增长越快

B. 财务杠杆效益指利用债务筹资给企业自有资金带来的额外收益

C. 与财务风险无关

D. 财务杠杆系数越大，财务风险越大

(13) 总杠杆的作用在于（　　）。

A. 用来估计销售变动时息税前利润的影响

B. 用来估计销售额变动对每股利润造成的影响

C. 揭示经营杠杆与财务杠杆之间的相互关系

D. 揭示企业面临的风险对企业投资的影响

(14) 资金结构中的负债比例对企业有重要影响，表现在（　　）。

A. 负债比例影响财务杠杆作用的大小

B. 适度负债有利于降低企业资金成本

C. 负债有利于提高企业净利润

D. 负债比例反映企业财务风险的大小

(15) 在股利增长的情况下，计算企业留存收益成本时需要考虑的因素包括（　　）。

A. 筹资费用

B. 普通股价格

C. 股利年增长率

D. 第一年发放的股利

(16) 在通常情况下，适宜采用高负债比例的企业发展阶段是（　　）。

A. 初创阶段　　B. 破产清算阶段

C. 收缩阶段　　D. 发展成熟阶段

(17) 下列有关资金结构的表述正确的是（　　）。

A. 企业资金结构应同资产结构相适应

B. 资金结构变动不会引起资金总额的变动

C. 资金成本是市场经济条件下，资金所有权与使用全相分离的产物

D. 因素分析法是一种定性分析法

(18) 在企业价值分析法中，（　　）最大时的资本结构最优。

A. 债权价值　　B. 股权价值

C. 债权价值与股权价值之和　　D. 拍卖价值

3. 综合计算题

(1) 东方公司资本总额为 2000 万元，负债和权益筹资额的比例为 2∶3，债务利率为 12%，当前销售额为 1000 万元，息税前利润为 200 万元，经营杠杆系数为 2，试计算复合杠杆系数。

(2) 东方公司 2010 年制订融资计划，需要融资 1000 万元，其中优先股融资 400 万元，固定股利 8%，其余利用银行借款和发行普通股票融资，已知银行借款利率 100 万元以内，利率为 4%，100 万 ~ 500 万元，利率为 6%，500 万元以上 8%；发行普通股股票筹资费率为 4%，预计第一年股利为 2 元/股，以后股利每年按 3% 增加，已知发行价为 10 元/股，所得税税率为 25%，请根据已知条件确定公司银行借款和普通股的筹资金额。

（二）课外作业

1. 单项选择题

（1）下列关于税后利润说法正确的是（　　）。

A. 税后利润反映了一定时期内公司综合盈利水平

B. 税后利润是股东可以全额参与分配的利润

C. 税后利润如果为负数，就不用缴纳所得税费用

D. 税前利润是公司缴纳所得税的依据

【答案】A

（2）甲公司息税前利润为 240 万元，债务资本为 1000 万元，年利率为 10%，所得税率为 25%，则公司所得税为（　　）。

A. 35 万元　　B. 41.25 万元

C. 105 万元　　D. 80 万元

【答案】A

（3）如上例，公司税后利润为（　　）。

A. 105 万元　　B. 205 万元

C. 98.75 万元　　D. 160 万元

【答案】A

（4）乙公司息税前利润为 240 万元，全部是股东投资，市场利率为 10%，所得税率为 25%，则公司所得税为（　　）。

A. 60 万元　　B. 180 万元

C. 100 万元　　D. 120 万元

【答案】A

（5）如上例，乙公司税后利润为（　　）。

A. 180 万元　　B. 240 万元

C. 60 万元　　D. 160 万元

【答案】A

（6）财务杠杆的作用程度，通常用（　　）来衡量。

A. 财务风险　　B. 财务杠杆系数

C. 资本成本　　D. 资本结构

【答案】B

（7）关于总杠杆系数的说法不正确的是（　　）。

A. 能够起到财务杠杆和经营杠杆的综合作用

B. 能够表达企业边际贡献与税后利润的关系

C. 能够估计出销售变动对每股收益造成的影响

D. 总杠杆系数越大，企业经营风险越大

【答案】D

(8) 某公司年营业收入为 500 万元，变动成本率为 40%，经营杠杆系数为 1.5，财务杠杆系数为 2。如果固定成本增加 40 万元，那么，总杠杆系数将变为（　　）。

A. 15/4　　B. 3

C. 5　　D. 8

【答案】C

(9) 某公司经营杠杆系数为 1.5，财务杠杆系数为 1.8，该公司目前每股收益为 2 元，若使销售量增加 20%，则每股收益将增长为（　　）元。

A. 3.08　　B. 0.54

C. 1.08　　D. 5.4

【答案】A

(10) 认为负债比率越高，企业价值越大的是（　　）。

A. 净收益理论　　B. 营业收益理论

C. 传统理论　　D. 权衡理论

【答案】A

(11) 在最佳资本结构下（　　）。

A. 资本成本最低　　B. 每股收益最高

C. 经营风险最小　　D. 财务风险最低

【答案】A

2. 判断题

(1) 边际贡献是指增加销售一个单位商品能贡献给企业的利润。（　　）

【答案】√

(2) 边际贡献与固定成本没有关系。（　　）

【答案】√

(3) 商品的固定成本越高，边际贡献就越小。（　　）

【答案】×

(4) 息税前利润是指扣除利息费用和所得税费用之前的利润。（　　）

【答案】√

(5) 息税前利润反映了公司的经营盈利水平，该利润与资本结构没有关系。（　　）

【答案】√

(6) 在考察息税前利润时，没有扣除营业税等经营税费。（　　）

【答案】

(7) 税前利润 = 息税前利润 − 利息费用 − 所得税费用。( )

【答案】×

(8) 利息费用 = 债务资本 × 税前债务资本成本率。( )

【答案】√

(9) 税后利润 = 税前利润 − 所得税费用 = 息税前利润 − 利息费用 − 所得税费用 = 边际贡献 − 固定成本 − 利息费用 − 所得税费用。( )

【答案】√

(10) 每股收益中，可以按总股份数量来计算，也可以按总股份价值量计算。( )

【答案】√

(11) 比较每股收益，可以判断公司盈利能力，有助于投资者做出决策。( )

【答案】√

(12) 经营杠杆系数是衡量公司经营风险的。( )

【答案】√

(13) 经营杠杆系数越大，公司的经营风险越大，所以公司的经营风险是经营杠杆造成的。( )

【答案】×

(14) 财务杠杆是由于债务资本的存在而引起的。( )

【答案】√

(15) 考察财务杠杆系数与所得税费用无关。( )

【答案】×

(16) 当财务杠杆系数为 1，营业杠杆系数为 1 时，则复合杠杆系数应为 2。( )

【答案】×

(17) 企业价值分析法是因素分析法的一种，分债权价值和股权价值两个因素。( )

【答案】√

(18) 按照营业收益理论，负债越多则企业价值越大。( )

【答案】×

(19) 最优资金结构是使企业筹资能力最强，财务风险最小的资金结构。( )

【答案】×

（20）融资决策的关键问题是确定资本结构，至于融资总量则主要取决于投资需要。（　　）

【答案】√

（21）当预计息税前利润大于每股利润无差异点利润时，采取负债融资对企业有利，这样可降低资金成本。（　　）

【答案】√

3. 多项选择题

（1）下列关于边际贡献说法正确的是（　　）。

A. 单位商品的边际贡献随着售价的增加而增加

B. 商品的边际贡献总额与销量成正比变动

C. 根据边际效用递减原则，最终商品的边际贡献为零

D. 商品的边际贡献永远不会小于零

【答案】ABC

（2）下列关于息税前利润说法正确的是（　　）。

A. 息税前利润反映了公司经营管理盈利能力

B. 息税前利润水平会受到资本来源的影响

C. 在一定条件下，公司的固定成本越高，息税前利润越低

D. 其他条件不变，息税前利润会随着商品价格的上升而上涨

【答案】ACD

（3）比较甲乙两公司税后利润，甲公司比乙公司费用高 100 万元，税金少 25 万元，税后利润甲公司比乙公司少 75 万元，则下列说法正确的是（　　）。

A. 甲公司盈利能力低于乙公司

B. 利息具有抵税效用

C. 乙公司对潜在投资者更有吸引力

D. 乙公司对潜在债权人者更有吸引力

【答案】BD

（4）下列关于税前利润说法正确的是（　　）。

A. 在公司盈利能力一定的情况下，资本结构直接影响了公司税前利润

B. 在息税前利润一定的情况下，负债越多，税前利润就越少，说明股东的收益率越少

C. 税前利润说明，股东的收益直接受到债权人收益的影响

D. 息税前利润一定时，利息费用越多，税前利润越少，所以公司不能借债发展

【答案】AC

（5）下列说法中，正确的是（　　）。

A. 每股收益越高，说明公司盈利能力越好

B. 税后利润越高，每股收益就会越高

C. 计算每股收益时，仅针对普通股而言

D. 负债越多，股东的每股收益就会越高

【答案】AC

（6）下列说法中，正确的是（　　）。

A. 在固定成本不变的情况下，经营杠杆系数说明销售额增长（减少）所引起的息税前利润增长（减少）的程度

B. 当销售额达到盈亏临界点时，经营杠杆系数趋近于无穷大

C. 经营杠杆表明债务对投资者收益的影响

D. 经营杠杆系数表明息税前利润增长所引起的销售额的增长幅度

【答案】AB

（7）假定企业的成本、销量、利润保持线性关系，可变成本在销售收入中所占的比例不变，固定成本也保持稳定，则关于经营杠杆系数的说法不正确的是（　　）。

A. 边际贡献越大，经营杠杆系数越小

B. 边际贡献越大，经营杠杆系数越大

C. 销售额越小，经营杠杆系数越小

D. 销售额越大，经营杠杆系数越小

【答案】BC

（8）财务杠杆效应表明（　　）。

A. 每股收益的变动幅度总是超过息税前利润的变动幅度

B. 息税前利润以一定幅度增加，每股收益将以相等或更大的幅度增加

C. 息税前利润以一定幅度减少，每股收益将以相等或更大的幅度减少

D. 每股收益的变动，将引起息税前收益以相等或更大的幅度变动

【答案】BC

（9）下列有关杠杆的表述正确的是（　　）。

A. 经营杠杆表明销量变动对息税前利润变动的影响

B. 财务杠杆表明息税前利润变动对每股利润的影响

C. 复合杠杆表明销量变动对每股利润的影响

D. 经营杠杆系数、财务杠杆系数以及复合杠杆系数恒大于 1

【答案】ABC

（10）以下各种资本结构理论中，认为企业价值与资本结构相关的是（　　）。

A. 净收益理论　　B. 营业收益理论

C. 传统理论　　D. 权衡理论

【答案】ACD

(11) 影响企业资本结构的因素有（　　）。

A. 企业增长率　　B. 资本成本

C. 融资风险　　D. 获利能力

【答案】ABCD

(12) 最优资金结构满足（　　）。

A. 企业价值最大化　　B. 综合资金成本最低

C. 自有资金成本最低　　D. 加权平均资金成本最低

【答案】ABD

(13) 在资金结构决策方法中，属于定量分析方法的是（　　）。

A. EBIT－EPS 分析法　　B. 对比分析法

C. 企业价值分析法　　D. 比较资金成本法

【答案】ACD

(14) 利用每股收益无差别点进行企业资本结构分析时（　　）。

A. 考虑了风险因素

B. 当预计销售额高于每股收益无差别点时，负债筹资方式比普通股筹资方式好

C. 能提高每股收益的资本结构是合理的

D. 在每股收益无差别点上，每股收益不受融资方式影响

【答案】BCD

(15) 企业价值分析法中，股权价值可按（　　）确定。

A. 账面价值

B. 每股市价×股数

C. 市场价值

D. 若无市场价值，可按税后利润资本化来确定

【答案】BCD

(16) 企业价值分析法中，债权价值可按（　　）确定。

A. 市场价值　　B. 账面价值

C. 债权贴现价值　　D. 债券面值扣减利息费用后的净值

【答案】ABC

4. 综合计算题

(1) 某公司总资本为 1000 万元，其中债券 400 万元，普通股 600 万元。总

资本收益率12%，债券票面利率8%，所得税率25%，计算公司的税前利润。

【答案】息税前利润=1000×12%=120（万元）

利息费用=400×8%=32（万元）

税前利润=120-32=88（万元）

（2）如上例，若公司债券的税后资本成本为4.5%，则公司的税前利润是多少？

【答案】息税前利润=120（万元）

税后资本成本4.5%=税前资本成本×（1-25%）债券税前资本成本=6%

利息费用=400×6%=24（万元）

税前利润=120-24=96（万元）

（3）某公司总资本为1000万元，总资本息税前利润率为8%，若公司商品边际贡献总额为120万元，则公司的固定成本应为多少？

【答案】息税前利润=1000×8%=80（万元）

息税前利润=边际贡献总额-固定成本80=120-固定成本固定成本=40（万元）

（4）某公司商品销量为2000件，商品市场价格是100元/件，若要实现120000元贡献毛利，则该商品的单位变动成本应该控制在什么水平？

【答案】120000=2000×（100-b），b=40元/件单位成本应控制在40元及以下。

（5）某公司总资本1000万元，其中债务资本500万元，利率为8%，权益资本为500万元，每股面值为1元，公司实现年销售量10000件，单价2000元，已知公司固定成本总额为200万元，单位变动成本为1200元，所得税率25%，其他收入成本费用不考虑。

要求计算：①单位产品边际贡献；②边际贡献总额；③息税前利润；④税前利润；⑤税后利润；⑥每股收益；⑦总资本收益率；⑧权益资本收益率

【答案】

单位产品边际贡献=2000-1200=800（元/件）

边际贡献总额=10000×800=800（万元）

息税前利润=800-200=600（万元）

税前利润=600-500×8%=560（万元）

税后利润=560×（1-25%）=420（万元）

每股收益=420/500=0.84（元）

总资本收益率=600/1000×100%=60%

权益资本收益率=420/500×100%=84%

（6）某公司息税前利润600万元，固定成本为120万元，若公司销售额增长20%，则公司的息税前利润为多少？

【答案】DOL＝600/（600－120）＝1.25

销售额增长20%，则息税前利润增长1.25×20%＝25%

息税前利润＝600×（1＋25%）＝750（万元）

（7）某公司总资本800万元，其中债务资本300万元，权益资本500万元，债务资本利率为10%，资本息税前利润率为15%，计算公司财务杠杆系数。

【答案】息税前利润＝800×15%＝120万元，利息费用＝300×10%＝30（万元）

财务杠杆系数DFL＝120/（120－30）＝1.33

（8）如上例，若每股收益上涨20%，则息税前利润应为多少？

【答案】20%＝1.33×息税前利润增长率，息税前利润增长率＝15%

息税前利润＝120×（1＋15%）＝138（万元）

（9）某企业2014年资产总额为1000万元，资产负债率为40%，负债平均利息率5%，实现的销售收入为1000万元，全部的固定成本和利息费用为220万元，其他不计，变动成本率为30%，若预计2009年的销售收入提高50%，其他条件不变：

1）计算DOL，DFL，DCL；

2）预计2015年的每股利润增长率。

【答案】

1）年利息费用＝1000×40%×5%＝20（万元）

固定成本＝220－20＝200万元，边际贡献总额＝1000×（1－30%）＝700（万元）

息税前利润＝700－200＝500（万元）

DOL＝（1000－1000×30%）/（700－200）＝1.4

DFL＝500/（500－20）＝1.04

DCL＝1.4×1.04＝1.46

2）每股利润增长率＝1.46×50%＝73%

（10）某公司年销售额100万元，变动成本率70%，全部固定成本和费用20万元，总资产50万元，资产负债率40%，负债的平均利息率8%，假设所得税率为40%。该公司拟改变经营计划，追加投资40万元，每年固定成本增加5万元，可以使销售额增加20%，并使变动成本率下降至60%。该公司以提高权益净利率同时降低总杠杆系数作为改进经营计划的标准。

要求：

1）所需资金以追加实收资本取得，计算权益净利率、经营杠杆、财务杠杆和总杠杆，判断应否改变经营计划；

2）所需资金以10%的利率借入，计算权益净利率、经营杠杆、财务杠杆和总杠杆，判断应否改变经营计划。

【答案】

1）目前情况：

权益净利率＝［（100×30%－20）×（1－40%）］/［50×（1－40%）］×100%＝20%

经营杠杆系数DOL＝（100×30%）/［100×30%－（20－50×40%×8%）］＝30/11.6＝2.59

财务杠杆系数DFL＝11.6/（11.6－1.6）＝1.16

总杠杆系数DCL＝2.59×1.16＝3

或：总杠杆＝（100×30%）/（100×30%－20）＝3

2）追加实收资本方案：

权益净利率＝［100×120%×（1－60%）－（20＋5）］×（1－40%）/［50×（1－40%）＋40］×100%＝19.71%

经营杠杆系数：

DOL＝［120×（1－60%）］/［120×（1－60%）－（20＋5－1.6）］＝48/［48－23.4］＝1.95

财务杠杆系数：

DFL＝24.6/（24.6－1.6）＝1.07

总杠杆系数：

DCL＝1.95×1.07＝2.09

或：总杠杆＝（120×40%）/［120×40%－（20＋5）］＝2.09

由于与目前情况相比，权益净利率降低了，所以，不应改变经营计划。

3）借入资金方案：

权益净利率＝［100×120%×（1－60%）－（20＋5＋4）］×（1－40%）/［50×（1－40%）］×100%＝38%

经营杠杆系数＝（120×40%）/［120×40%－（20＋5－1.6）］＝1.95

财务杠杆系数＝24.6/［24.6－（4＋1.6）］＝1.29

总杠杆系数＝1.95×1.29＝2.52

或：总杠杆＝（120×40%）/［120×40%－（20＋5＋4）］＝2.53

由于与目前情况相比，权益净利率提高了并且总杠杆系数降低了。

因此，应当采纳借入资金的经营计划。

（11）某公司目前拥有资金2000万元，其中：长期借款800万元，年利率10%，普通股1200万元，上年支付的每股股利2元，预计股利增长率为5%，发行价格20元，目前价格也为20元，该公司计划筹集资金100万元，企业所得税率为33%，有两种筹资方案：

方案1：增加长期借款100万元，借款利率上升到12%，假设公司其他条件不变。

方案2：发行普通股40000股，普通股市价增加到每股25元。

要求：根据以上资料

1）计算该公司筹资前加权平均资金成本；

2）用比较资金成本法确定该公司最佳的资金结构（不能单纯比较追加方案的成本大小，要与原方案综合考虑）。

【答案】

1）目前资金结构为：长期借款40%，普通股60%

借款成本 =10%（1 −33%）=6.7%

普通股成本 =2×（1 +5%）/20 +5% =15.5%

加权平均资金成本 =6.7% ×40% +15.5% ×60% =11.98%

2）新借款成本 =12% ×（1 −33%）=8.04%

增加借款筹资方案的加权平均资金成本

=6.1% ×（800/2100）+15.5% ×（1200/2100）+8.04% ×（100/2100）

=11.56%

普通股资金成本 =［2×（1 +5%）］/25 +5% =13.4%

增加普通股筹资方案的加权平均资金成本

=6.7% ×（800/2100）+13.4% ×（1200 +100）/2100 =10.85%

该公司应选择普通股筹资

（12）某公司现有资本总额1000万元，全部为普通股股本，流通在外的普通股股数为20万股。为扩大经营规模，公司拟筹资500万元，现有两个方案可供选择：A：以每股市价50元发行普通股股票，B：发行利率为9%的公司债券。要求：

1）计算AB两个方案的每股收益无差异点（假设所得税率为33%）；

2）如果公司息税前利润为200万元，确定公司应选用的筹资方案。

【答案】

1）（EBIT −0）（1 −33%）/30 =（EBIT −45）（1 −33%）/20

EBIT =135（万元）

2）企业息税前利润为135万元，发行普通股和公司债券所带来的普通股每股净收益相等。如果企业息税前利润为 200 万元，由于发行公司债券可带来税负抵免的好处，公司应选择 B 方案。

（13）公司 2011 年初的负债及所有者权益总额为 9000 万元，其中，公司债券为 1655 万元（2010 年初按面值发行，票面年利率为 8%，每年末付息，三年后到期一次性还本）；普通股股本为 4000 万元（每股面值 2 元）；资本公积为 1345 万元；其余为留存收益 1000 万元，优先股股本 1000 万元，每年支付优先股息 100 万元。2011 年该公司为扩大生产规模，需要再筹集 1000 万元资金，有以下两个筹资方案可供选择：

方案 1：增发普通股，预计每股发行价格为 5 元。

方案 2：增发债券，按面值发行，票面年利率为 8%，每年末付息，三年后到期一次性还本。

预计 2011 年可实现息税前利润 2000 万元，适用的企业所得税税率为 30%，已知银行存款利率为 10%。

要求：

1）计算为了到期偿还 1655 万元的债券本金需要建立的偿债基金。

2）计算增发股票方案的下列指标。

①2011 年增发普通股股份数。

②2011 年全年债券利息。

3）计算增发债券方案下的 2011 年全年利息。

4）计算两种筹资方式下的偿债基金。

5）计算每股利润的无差别点，并据此进行筹资决策（不考虑风险）。

【答案】

1）为了到期偿还 1655 万元的债券本金需要建立的偿债基金

=1655/（P/A，10%，3）=1655/3.31=500（万元）

2）① 2011 年增发普通股股份数=1000/5=200（万股）

② 2011 年全年债券利息=1655×8%=132.4（万元）

3）增发债券方案下全年利息=（1655+1000）×8%=212.4（万元）

4）增发股票方案下需要建立的偿债基金=500（万元）

增加债券后需要建立的偿债基金=500+1000/3.31=802.11（万元）

5）根据题意，列方程：

即：7×（EBIT−132.4）−6000=7.7×（EBIT−212.4）−902.11×11

7×EBIT−926.8−6000=7.7×EBIT−1635.48−9923.21

0.7×EBIT=4631.89

每股利润无差别点的息税前利润 EBIT=6616.99（万元）

因为预计息税前利润2000万元小于每股利润无差别点的息税前利润，并且不考虑风险，所以应当通过增加发行普通股的方式筹集所需资金。

（14）某公司税前利润为240万元，股票市场平局收益率为10%，公司股票β系数为1.5，所得税率为25%，市场无风险利率为6%，则公司股权价值为多少？

【答案】

普通股资本成本率＝6%＋1.5×（10%－6%）＝12%

公司税后利润＝240×（1－25%）＝180（万元）

公司股权价值＝180/12%＝1500（万元）

（15）某公司2005年息税前盈余为500万元，资金全部由普通股资本组成，所得税率为30%。该公司认为目前的资本结构不合理，准备用发行债券购回部分股票的办法予以调整。经过咨询调查，目前的债券利率（平价发行，不考虑手续费）和权益资本的成本情况如表4－5所示：

表4－5 债券利率和权益资本的成本

债券的市场价值（万元）	债券利率（%）	权益资本成本（%）
500	5	15
1000	6	16

1）假定债券的市场价值等于其面值，要求：分别计算各种资本结构时公司的市场价值（精确到整数位）；

2）确定最佳资本结构（假设资本结构的改变不会影响息税前利润，并符合股票市场价值公式的条件）；

3）最佳资本结构时的加权平均资本成本（百分位取整数）。

【答案】

1）当债券的市场价值为500万元时：

年利息＝500×5%＝25（万元）

股票的市场价值＝（500－25）×（1－30%）/15%＝2217（万元）

公司的市场价值＝500＋2217＝2717（万元）

当债券的市场价值为1000万元时：

年利息＝1000×6%＝60（万元）

股票的市场价值＝（500－60）×（1－30%）/16%＝1925（万元）

公司的市场价值＝1000＋1925＝2925（万元）

2）通过分析可知：债务为1000万元时的资本结构为最佳资本结构

3）资本成本率＝6%×（1－30%）×1000/2925＋16%×1925/2925＝12%

三、学生讨论集萃

（一）为什么财务分析主要用EBIT而不用会计利润

息税前利润（EBIT）是指除了利息费用和所得税以外，其他的所有成本费用均已从销售收入中扣除而计算出来的利润。

息税前利润 = 销售量×销售单价（p）－销售量×单位变动成本（b）－固定成本（F）

= 边际贡献总额－固定成本

可见，EBIT与会计净利润相比，前者不考虑资本的来源渠道的影响，也不考虑所得税的影响。之所以这样，是因为资本来源（筹资）正是财务决策的对象，正是通过比较EBIT与各种来源渠道的资本成本才能做出筹资决策。所得税是财务决策不可控因素，所以也应从考核指标中剔除。

（二）为什么美国资本市场以债权融资为主，而我国以股权融资为主

美国是高度发达的市场经济国家，其资本市场运行较为规范，相关法律规章制度较为健全，故而企业的外源性融资主要依靠证券市场来完成，且债权融资又优于股权融资。每年美国的债权融资占到证券融资中的60%以上。

我国资本市场是一个新兴的市场，企业对银行的依赖程度远高于外国企业，而且在我国由于受国内环境等自身原因的影响，先发展股票市场，而包括债券市场在内的其他市场都发展得很不够。2002年，企业债券融资总额为325亿元，股票融资总额为962亿元，股票融资与企业债券融资比为3∶1左右。而股票市场最发达的美国，在2002年通过公司债券融资获得的资金要比通过股票融资所获得的资金高15倍，即16∶1。

我国的企业债券并不等于公司债券，这两者间在发行主体、发行程序、发行用途、债券利率、债券品种上都有很大的差别。长期以来，我国只有企业债券而没有公司债券。发展公司债券还需要在以下四个方面下功夫：

（1）完善我国信用体系。建立权威的信用评级机构。

（2）进一步突破企业债券的体制束缚。扩大发债的主体，要逐步向股份有限公司和有限责任公司开放，取消对公司债券品种的限制，改革发债程序、取消审批制，等等。

（3）公司债券的投资主体应该定位于机构投资者。一直以来，我国居民的投资渠道非常单一，由于债券的利率高于银行存款的利率，所以债券市场成立以来一直就受到个人投资者的关注，可是由于普遍缺乏债券投资的专业理论和风险识别能力，加之信息的不对称，使之很容易出现兑付风险。管理部门不得不对债券的发行实行严格管制，这也就是中国公司债券难以发展的原因之一。

（4）建立多层次的公司债券市场。适时放松公司债券的直接交易，形成无形的交易市场，并建立公司债券市场的退位机制和债权收购机制，稳定市场的发展。

（三）为什么所得税越高对举债越有利

由于债务利息可以在所得税前扣除，债务可以获得减税利益。所得税税率越高，债务越多越有利。相反所得税税率越低，举债减税利益不明显。

例如，某企业 EBIT100 万元，假如总投入 400 万元，投资回报率 100/400 = 25%，如果所得税率分别为 25% 和 33%，比较负债 50% 和不负债两种情况下（利率 10%），两种税率下的资本净利润率。

不负债的情况，即 400 万元全部为企业资本，其税后净利分别为：100 ×（1 - 25%）= 75 万元、100 ×（1 - 33%）= 67 万元；资本净利润率分别为：75/400 × 100% = 18.75% 和 67/400 × 100% = 16.75%。

负债 50% 的情况，即 200 万元为企业资本，200 万元为负债筹资，则利息为 200 × 10% = 20 万元，税后净利分别为：（100 - 20）×（1 - 25%）= 60.00 万元和（100 - 20）×（1 - 33%）= 53.60 万元；资本净利润率分别为：60/200 × 100% = 30.00% 和 56/200 × 100% = 26.80%。

可见，负债可以提高资本净利润率，并且随着所得税率的提高，负债的利息抵税作用越明显，在所得税率 25% 的时候，抵税：60 -（75 - 20）= 6 万元（或 20 × 25%）；而在税率 33% 时，抵税：53.6 -（67 - 20）= 6.6 万元（或 20 × 33%）。

（四）为什么普通股东风险大于债券持有人的风险

与债券比较，普通股的基本特点是其投资收益（股息和分红）不是在购买时约定，而是事后根据股票发行公司的经营业绩来确定。公司的经营业绩好，普通股的收益就高；反之，若经营业绩差，普通股的收益就低，甚至可能连本也赔掉。而债券是事先约定了利息率，并且约定了利息支付时间，收益比较有保障。

普通股的剩余资产索取权排位最后，即排在债券的剩余索取权之后，因此，要承担整个市场风险如市场利率、通货膨胀等风险，同时还要承担公司的特别风险如破产风险等，故其风险大于债券。

按照资本保全的原则，普通股是公司的资本金，不返还的，要和公司共存亡；而债券到期可以收回，不用承担公司长期风险。

综上所述，普通股的股利和分配可能大起大落，股本通常不能收回，要承担公司寿命期内的全部风险，因此，普通股东所担的风险比债券持有人大。也正因为如此，权益资本成本大于负债资本成本。

（五）每股利润无差别点是什么？如何利用其作筹资决策

每股利润无差别点是指两种资本结构下每股利润相等时的息税前利润点，也称息前税前利润平衡点或筹资无差别点。计算公式为：

$$EPS_1 = \frac{(EBIT_1 - I_1) \times (1 - T) - P_1}{N_1} \quad (4-11)$$

$$EPS_2 = \frac{(EBIT_2 - I_2) \times (1 - T) - P_2}{N_2} \quad (4-12)$$

式中，EPS 表示每股利润，EBIT 表示息税前利润，P 表示优先股股息，T 表示所得税税率；N 表示普通股股数或股本，1、2 分别指方案 1、方案 2。

当 $EPS_1 = EPS_2$ 时，计算出的 EBIT 即为每股利润无差别点的息税前利润。

在进行筹资决策时，当预期息前税前利润（$EBIT_i$）大于该差别点时，选择资本结构中债务高的筹资方案为最优方案，因为，债务高的方案财务标杆系数就大，能够将 EBIT 的增长更大幅度地回馈给普通股东。反之，则选择资本结构中债务低的筹资方案为最优方案。

（六）β 系数是什么？怎么运用

β 系数也称为贝塔系数（Beta Coefficient），是一种风险指数，用来衡量个别股票或股票基金相对于整个股市的价格波动情况。其真实含义就是个别资产及其组合（个股波动），相对于整体资产（大盘波动）的偏离程度。其绝对值越大，显示其收益变化幅度相对于大盘的变化幅度越大；绝对值越小，显示其变化幅度相对于大盘越小。根据投资理论，全体市场本身的 β 系数为 1，若投资组合的收益波动大于全体市场的波动幅度，则 β 系数大于 1。反之，若投资组合收益的波动小于全体市场的波动幅度，则 β 系数就小于 1。β 系数越大之证券，通常是投机性较强的证券。

一般来说，β 系数的用途有以下五个：

（1）计算资本成本，做出投资决策。

（2）计算资本成本，制定业绩考核及激励标准。

（3）计算资本成本，进行资产估值（Beta 是现金流贴现模型的基础）。

（4）确定单个资产或组合的系统风险，用于资产组合的投资管理，特别是股指期货或其他金融衍生品的避险（或投机）。

（5）贝塔系数在证券市场上的应用。

贝塔系数反映了个股对市场（或大盘）变化的敏感性，可根据市场走势预测选择不同的贝塔系数的证券从而获得额外收益，特别适合作波段操作使用。当有很大把握预测一个大牛市或大盘某个不涨阶段的到来时，应该选择那些高贝塔系数的证券，它将成倍地放大市场收益率，为你带来高额的收益；相反在一个熊市到来或大盘某个下跌阶段到来时，你应该调整投资结构以抵御市场风险，避免损失，办法是选择那些低贝塔系数的证券。

（七）资本结构理论之间的相互关系

1. 净利理论

这种理论认为，债务资本成本总是小于权益资本成本，企业利用债务资本，可以加大财务杠杆效应，降低总资本成本，并且会提高企业价值。该理论的缺陷是，没有考虑财务风险对资本成本和企业价值的影响。

2. 经营利润理论

也称“净营业收益理论”，是1952年美国经济学家大卫·杜兰特（David Durand）在《企业债务和股东权益成本：趋势和计量问题》一文中提出的。该理论认为，无论企业财务杠杆如何变动，综合资本成本和企业价值都是固定的。因为负债增大，股东承担的风险也增大，权益资本要求的报酬率随之上升，那么负债比重上升对降低综合资本成本的好处恰好被上升的权益资本成本所抵消。按照这种理论推论，不存在最佳资本结构，筹资决策也就无关紧要。该理论的缺陷是，过分夸大了财务风险的作用，忽略了资本成本与资本结构之间的内在联系。

3. 传统理论

传统理论也称为折衷理论，是一种介于“净利理论”和“净营业收益理论”之间的理论。其基本思路是：负债成本一般小于权益成本，但权益成本会随负债比率的提高而上升，因为负债比率提高，风险增大。结果是，由于使用债务，企业综合资本成本会适度降低。但过了一定的点后，权益成本的增加完全抵消并超过使用债务带来的好处，企业综合的资本成本开始上升。所以存在一个最优的资本结构，就是在债务资本的边际成本等于权益资本的边际成本那一点上。

4. MM 理论

最初的MM理论，即由美国的Modigliani和Miller（MM）教授于1958年6月发表于《美国经济评论》的《资本结构、公司财务与资本》一文中所阐述的基本思想。该理论认为，在不考虑公司所得税，且企业经营风险相同而只有资本结构不同时，公司的资本结构与公司的市场价值无关，不存在最佳资本结构问题。修正的MM理论（含税条件下的资本结构理论），是MM于1963年共同发表的另一篇与资本结构有关的论文中的基本思想。他们发现，在考虑公司所得税的情况下，由于负债的利息是可以抵免所得税支出的，可以降低综合资本成本，增加企业的价值。因此，公司只要通过财务杠杆利益的不断增加，而不断降低其资本成本，负债越多，杠杆作用越明显，公司价值越大。当债务资本在资本结构中趋近100%时，才是最佳的资本结构，此时企业价值达到最大，最初的MM理论和修正的MM理论是资本结构理论中关于债务配置的两个极端看法。

5. 权衡理论

权衡理论（Trade－offtheory），就是强调在平衡债务利息的抵税收益与财务困境成本的基础上，实现企业价值最大化时的最佳资本结构。此时所确定的债务比率是债务抵税收益的边际价值等于增加的财务困境成本的现值。一般情形下，发生财务困境的可能性与企业收益现金流的波动程度有关。现金流与资产价值稳定程度低的企业，因违约无法履行偿债义务而发生财务困境的可能性相对较高，而现金流稳定可靠、资本密集型的企业，例如，公用事业公司，就能利用较高比率的债务融资，且债务违约的可能性很小。企业财务困境成本的大小取决于这些成本来源的相对重要性以及行业特征。如果高科技企业陷入财务困境，由于潜在客户与核心员工的流失以及缺乏容易清算的有形资产，致使财务困境成本可能会很高。相反，不动产密集性高的企业财务困境成本可能较低，因为企业价值大多来自相对容易出售和变现的资产。权衡理论有助于解释有关企业债务的难解之谜。财务困境成本的存在有助于解释为什么有的企业负债水平很低而没有充分利用债务抵税收益。财务困境成本的大小和现金流的波动性有助于解释不同行业之间的企业杠杆水平的差异。

四、教师讲授知识点

（一）杠杆效应

1. 经营杠杆效应

经营杠杆效应，也称为营业杠杆效应、营运杠杆效应，是指企业经营成本中因存在固定成本，而使息税前利润变动幅度超过销售收入变动幅度的现象。

通常用经营杠杆系数（DOL）来反映经营杠杆的作用程度，其计算公式为：

$$DOL=\frac{\text{息税前利润变动率}}{\text{销售量变动率}} \tag{4-13}$$

上述公式可化简为：

$$DOL=\frac{EBIT+F}{EBIT} \tag{4-14}$$

在式（4－14）中，EBIT为息税前利润，F为固定成本。

经营杠杆系数表明：当销售量以一定的比例变动时，息税前利润以DOL倍数的幅度变动。即当销售量以一定的比例上升时，息税前利润以DOL倍数的比例增加；而当销售量以一定的比例下降时，息税前利润以DOL倍数的比例下降。

经营杠杆系数可以反映企业的经营风险，经营杠杆本身不是经营风险的根源，影响经营风险的因素很多，如产品单价、销售量、固定成本、变动成本、市场需求等。经营杠杆系数越高，杠杆效应越明显，企业的经营风险也越大。

2. 财务杠杆效应

财务杠杆效应是指企业总资本中因债务利息、优先股股息等固定性资本成本的存在而使得每股利润的变动幅度超过息税前利润变动幅度的现象。通常用财务杠杆系数（DFL）来衡量财务杠杆效应，计算公式为：

$$DFL = \frac{每股利润变动率}{息税前利润变动率} \tag{4-15}$$

或

$$DFL = \frac{EBIT}{EBIT - I - P/(1-T)} \tag{4-16}$$

在式（4－16）中，EBIT 表示息税前利润，I 表示利息费用，T 表示所得税率，P 表示优先股股息。

财务杠杆系数表明：当息税前利润以一定的幅度变动时，每股利润以更大的幅度变动。即息税前利润以一定的比例增长时，每股利润以 DFL 倍数的幅度增长；而当息税前利润以一定的比例下降时，每股利润以 DFL 倍数的幅度下降。

例 1：某公司全部资本为 120 万元，负债比率为 40%，负债利率为 10%，当销售额为 100 万元时，息税前利润为 20 万元，则该公司的财务杠杆系数为：

A. 1.25　　B. 1.32　　C. 1.43　　D. 1.56

【答案】B

解析：根据财务杠杆系数化简的计算式为 DFL＝E/(E－I)＝20/(20－120×40%×10%)＝1.32。

例 2：东港公司只生产 B 产品，销售单价为 40 元，2008 年销售量为 100 万件，单位变动成本为 20 元，年固定成本总额为 100 万元，利息费用为 40 万元，优先股股息为 120 万元，普通股股数为 500 万股，所得税税率为 25%，下列说法不正确的是：

A. 销售量为 100 万件时的财务杠杆系数为 1.12

B. 销售量为 100 万件时的总杠杆系数为 1.18

C. 2008 年的每股利润为 2.55 元

D. 销售量为 100 万件时的财务杠杆系数为 1.09

【答案】D

解析：财务杠杆系数：[(40－20)×100－100]/[(40－20)×100－100]－40－120/(1－25%)＝1.12；可见应该选 A。进一步分析：经营杠杆系数是[(40－20)×100]/[(40－20)×100－100]＝1.05；总杠杆系数：1.12×1.05＝1.18；2008 年的每股利润：{[(40－20)×100－100]－40×(1－25%)－120}/500＝2.55 元/股。所以 BCD 都是正确的。

（二）资本结构

最优资本结构是指在一定时期最适宜的条件下，综合资本成本最低而企业价值最大时的资本结构，资本结构的决策方法。

1. 比较资本成本法

这种方法就是通过确定和比较企业的各种可能的筹资组合方案的综合资本成本，选择综合资本成本最低的方案。该方案下的资本结构即为最优资本结构。

2. 每股利润无差别点分析法

当预期息前税前利润大于该差别点时，选择资本结构中债务高的筹资方案为最优方案。反之，则选择资本结构中债务低的筹资方案为最优方案。

3. 企业价值分析法

企业的市场价值等于债务资本市场价值和权益资本市场价值之和。在资本完全证券化的情况下，市场价值比较容易获得，直接以资本市场该债券和股票的价值来确定，即：

$$企业价值 = 债券价值 + 股票价值 \tag{4-17}$$

然而，在资本市场不发达，难以获得有效的市场价值情况下，确定债务资本和权益资本的市场价值就成为一个难题。通常，为简化起见，假设债务资本的市场价值等于面值，权益资本（普通股）的市场价值可用税后利润资本化来计量，即：

$$权益资本价值 = \frac{税后利润}{普通股成本率} \tag{4-18}$$

例 1：资金结构中的负债比例对企业有重要影响，表现在：

A. 负债比例影响财务杠杆作用的大小

B. 适度负债有利于降低企业资金成本

C. 负债有利于提高企业净利润

D. 负债比例反映企业财务风险的大小

【答案】ABD

解析：提高负债比例跟企业净利润的关系是不确定的，如果债务利息低于资本成本，则可以增加企业净利润，反之则会降低企业净利润。原答案没有 A 选项，可能是选 A 偏少的原因。

例 2：吸收一定比例的负债资金，可能产生的结果有：

A. 降低企业资本成本　　B. 加大企业经营风险

C. 加大企业财务风险　　D. 提高每股利润

【答案】AC

解析：题目选项 B 原来是加大企业公司风险，显然这无法与课本内容相契合，改为加大企业经营风险后，比较明确，是错误的。如果负债成本高于投资收益率，则负债越多，每股利润越低，所以选 D 肯定是不正确的。

例 3：企业降低经营风险的途径一般有：

A. 增加销售量　　B. 降低变动成本

C. 增加固定成本比例　　　　　　　　D. 提高产品售价

【答案】ABD

解析：C 选项显然是说反了，其他三项都是通过提高 EBIT 降低经营杠杆。

例 4：下列关于决定资本成本高低因素的说法正确的有：

A. 总体经济环境变化的影响，反映在无风险报酬率上

B. 证券市场条件影响证券投资的风险

C. 经营风险表现在资产报酬率的变动上，财务风险表现在普通股报酬率的变动上

D. 企业的筹资规模越大，则资本成本越高

【答案】ABCD

解析：问题主要出在原给的参考答案没有 D 选项，后来加上的。

例 5：在股利增长的情况下，计算企业留存收益成本时需要考虑的因素包括：

A. 筹资费用　　　　　　　　　　B. 普通股价格

C. 股利年增长率　　　　　　　　D. 第一年发放的股利

【答案】BCD

解析：留存收益成本计算公式：D0（1 + G）/P0 + G，因此通常是不考虑筹资费用的。

五、拓展知识反馈

1. 负债经营的“利”

（1）负债有利于降低企业加权平均资金成本。对投资者来说，债权收益率固定除非企业资不抵债破产清算外，一般都能到期收回本金，其风险要比股权投资小。相应地，要求报酬率也低而且债务筹资费用也较股权筹资为低。因此，在一定的限度内增加债务就可降低企业加权平均资金成本；减少债务则会使企业加权平均资金成本上升。

（2）负债可以为企业带来财务杠杆的作用。负债经营者对债权人支付的利息是一项与企业盈利水平高低无关的固定支出，在企业的总资产收益率发生变动时，则会给企业所有者收益带来大幅度的波动。这种效应在财务管理中被称为财务杠杆效应。负债对每股收益的杠杆作用程度可以通过计算财务杠杆系数来表示。

（3）负债具有节税利益。按现行财务制度规定，负债利息要计入财务费用并且在所得税前扣除，故可产生节税作用。

（4）负债可使企业节俭财富。企业在正常的生产经营中都有一定的自由现

金流量（即满足企业正常生产经营需要及企业扩充投资需要后企业仍然闲置的资金）。当自由现金流量大时会导致非金钱利益的流出如高消费等；或是经营者为了营造经营帝国，就会去投资。如果盲目投资会造成资产损失；如果企业在举借债务的情况下就不会发生上述情况，且会充分利用企业的资金从而达到节俭财富的作用。

（5）负债具有传递信号的作用。当企业发展前景比较好时，一般都选择负债方式筹集资金，以便在财务杠杆的作用下，大幅度地增加每股盈余，提高企业市场价值。反之，当企业前景黯淡或投资项目风险较大时，则选择发行股票筹集资金。因此，在企业资金结构中负债比率的上升是一个积极信号，它表明管理者对企业未来的收益有较高期望有利于企业价值的提高。因此，负债具有传递信号的作用。

（6）负债经营有利于企业控制权的保持。在企业筹集资金时，如果以发行股票方式筹集资本势必带来股权分散影响现有股东对企业的控制权，而负债筹集在增加企业资金来源的同时又不影响企业控制权，有利于现有股东对企业的控制。尽管负债能够带来如此多的好处，但也不是负债越多越好，负债的增加也会给企业带来弊端。

2. 负债经营的“弊”

（1）负债经营会加大企业的财务风险。财务风险是指由于财务杠杆的作用增加了破产的机会或普通股盈余大幅度变动的机会所带来的风险。企业为取得财务杠杆利益而增加债务，必然增加利息等固定费用的负担。另外，由于财务杠杆的作用，在息税前盈余下降时，普通股每股盈余下降得会更快。当企业面临经济发展低潮或其他原因带来的经营困境时，由于固定额度利息的负担在资金利润率下降时，投资者收益率将会以更快的速度下降。

（2）负债经营会加大企业的成本开支。由于负债经营使企业资产负债率增大，对债权人保证程度降低，企业投资者也因企业风险增大而要求更高报酬率，作为可能产生风险的一种补偿，会使企业发行股票债券等借款筹资成本大大提高，难度加大。

（3）负债经营使企业现金流出量增大。企业需要大量的资金来源以满足固定的利息支付和到期偿还本金的要求使企业的现金流出量加大，因此，加大了财务负担。

（4）负债经营可能会使面临无力偿付债务的风险。对于负债经营企业负有到期偿还本金和利息的法律责任。如果企业利用负债筹集到的资金进行的投资项目不能获得预期的收益率，或企业整体生产经营和财务状况恶化，或企业短期资金运作不当等这些因素，不仅会造成企业利润额大幅下降，而且会使企业面临无

力偿债的风险。其结果可能导致企业资金紧张，被迫低价拍卖或抵押资产。

可见，负债具有双重作用。适当利用负债对企业的发展具有积极的作用，但当企业负债比率过高时，会带来较大的财务风险，甚至会使企业面临无力偿债的风险。为此，企业必须增强风险意识按需举债量力而行并对负债进行适时监测。

第五章 “财务投资”对分翻转教学设计

投资是财务决策最重要的内容，20 世纪以来，人类物质财富极大丰富，资本稀缺度极大缓解，有统计显示，20 世纪破产的企业，基本都与投资不善相关。21 世纪人类似乎进入了资本饱和状态，各种网络贷款如雨后春笋般冒出来，资本已经高度渗透到社会各个角落，各种“烧钱大战”粉墨登场，创新成了资本追逐的对象。正因如此，所以投资决策就显得特别重要。

第一节 “项目投资”教学设计

项目投资属于直接投资，不仅是财务投资决策的主体，也是最复杂、风险最大的投资行为，所以项目投资决策是财务投资决策的主要内容。由于项目投资规模大/周期长的特性，所以项目投资决策指标不能使用传统的会计利润，而必须使用现金流量，项目投资不仅要静态观察，而且更重要的是进行动态分析。

一、教学目的、重点、难点

教学目的：项目投资是投放资本于特定的生产能力建设项目，以期获取未来经济利益的经济活动。项目投资具有投资周期长、投资变现难、投资金额多、投资回报高等特点。因而要求充分调查市场，慎重确定投资方向；科学评价项目，全面论证投资效益；足额筹措资金，确保及时执行投资；及时反馈进程，努力控制投资风险。项目投资评价的依据通常使用现金流量指标。现金流量是指企业在投资一个项目时所引起的现金支出和现金收入的数量。按照现金流动的时间顺序将现金流量分为初始现金流量、营业现金流量和终结现金流量三个部分。

教学重点：营业现金流量计算方法；项目投资评价方法。

教学难点：现金流量二重分析。

二、题库设计

（一）课堂讨论

1. 思考题

（1）项目投资有何特点？它与其他资产管理相比有何特殊要求？

（2）在项目投资评价中为什么使用现金流量，而未使用利润这个通用的会计指标？

（3）试述“现金流量二重分析表”的主要特征。

（4）运用现金流量二重分析决策模型进行投资项目决策的基本原理和关键步骤是什么？

2. 综合计算题

（1）江城公司拟购入一台设备以扩充生产能力。需投资100万元，使用寿命五年，采用直线法计提折旧，5年后设备无残值，5年中每年销售收入为80万元，每年付现成本30万元，设备当年投入使用，使用时需垫支流动资金30万元。假定企业所得税率为25%。

要求：计算该项目投资的现金流量。

（2）本通汽车公司拟投资36000万元购置一条生产线，建设期1年，投产时垫支流动资金9000万元，使用寿命15年，采用年数总和法计提折旧，期满有5%的残值，投产后每年增加销售收入30000万元，付现成本前五年每年12000万元，以后随着设备陈旧，将逐年增加修理费1200万元。假定所得税税率为25%。

要求：用“现金流量二重分析表”分析该项目的现金流量。

（3）文苑超市项目预计需要原始投资125万元，其中固定资产投资100万元，开办费投资5万元，流动资产投资20万元，建设期1年，建设期资本化利息10万元，固定资产投资和开办费投资于建设期起点投入，流动资金于完工时投入。该超市寿命期10年，按直线法计提折旧，期满有10万元净残值，开办费于投产当年一次摊销完毕，从经营期第一年起连续五年归还借款利息11万元，流动资金于终结点一次收回，投产后每年净利润25万元，假定资金成本率为10%。

要求：运用现金流量二重分析决策模型计算该项目净现值并进行投资决策。

（4）好好汽车用品专卖店预计总投资240万元，其中第一年投入140万元，第二年投入100万元，第三年开始投入使用，使用寿命为四年，项目期满有残值5%，按直线法计提折旧，在项目投入使用时需垫支流动资金40万元。该项目每年带来营业收入 220 万元，支付现金成本 110 万元。企业所得税税率为 25%，资金成本为 10%。

要求：运用现金流量二重分析决策模型算该项目净现值、净现值率和内部报酬率，并评价该项目是否可行。

（5）澳森公司为了扩大生产能力，正考虑用一台新设备代替另一台旧设备，新、旧设备的生产能力相同，相关数据如表 5－1 所示。假定公司资金成本率为 8%，所得税税率为 25%，采用年数总和法计提折旧。

要求：

1）建立现金流量二重分析表并编辑各现金流量项目的函数计算式。

2）建立现金流量二重分析决策模型并编辑各评价指标的函数计算式。

3）将表 5－1 中的相关信息录入现金流量二重分析表的基本情况栏中。

4）根据现金流量二重分析决策模型的评价结论，对该设备更新方案进行决策评价。

表 5－1　新、旧设备相关数据　　单位：元

	旧设备	新设备
原始价值	18000	20000
预计使用年限	10	8
已经使用年限	6	0
最终残值	1000	2000
付现成本	3500	2000
变现价值	10000	20000
垫支流动资金	1000	1200

（二）课外作业

1. 单项选择题

（1）投资决策评价方法中，对于互斥方案来说，最好的评价方法是（　　）。

A. 净现值法　　B. 获利指数法　　C. 内部报酬率法　D. 平均报酬率法

【答案】A

（2）某企业欲购进一套新设备，要支付 400 万元，该设备的使用寿命为 4 年，无残值，采用直线法计提折旧。预计每年可产生税前净利 140 万元，如果所得税税率为 40%，则回收期为（　　）。

A. 4. 5 年　　B. 2. 9 年　　C. 2. 2 年　　D. 3. 2 年

【答案】C

（3）某投资项目原始投资为 12 万元，当年完工投产，有效期三年，每年可获得现金流量 4.6 万元，则该项目内部报酬率为（　　）。

A. 6.68%　　B. 7.33%　　C. 7.68%　　D. 8.32%

【答案】B

（4）当贴现率与内部报酬率相等时（　　）。

A. 净现值小于零　　B. 净现值等于零

C. 净现值大于零　　D. 净现值不一定

【答案】B

（5）当一项长期投资的净现值大于零时，下列说法不正确的是（　　）。

A. 该方案不可投资

B. 该方案未来报酬的总现值大于初始投资的现值

C. 该方案获利指数大于 1

D. 该方案的内部报酬率大于其资本成本

【答案】A

（6）某投资方案贴现率为 18%，净现值为 -3.17 万元，贴现率为 16% 时，净现值为 12 万元，则该方案的内部报酬率为（　　）。

A. 14.68%　　B. 16.68%　　C. 17.32%　　D. 18.32%

【答案】C

（7）某投资方案的年营业收入为 10000 元，年营业成本为 6000 元，年折旧额为 1000 元，所得税税率为 33%，该方案每年的营业现金流量为（　　）。

A. 1680 元　　B. 2680 元　　C. 3680 元　　D. 4320 元

【答案】C

（8）下列不属于终结现金流量范畴的是（　　）。

A. 固定资产折旧　　B. 固定资产残值收入

C. 垫支流动资金的收回　　D. 停止使用的土地的变价收入

【答案】A

2. 多项选择题

（1）项目投资按照投资目的不同分类（　　）。

A. 更新改造项目投资　　B. 实物资产投资

C. 无形资产投资　　D. 扩大生产能力项目投资

【答案】AD

（2）项目投资按其投资对象可分为（　　）。

A. 实物资产投资　　B. 无形资产投资

C. 更新改造项目投资　　D. 单项投资

【答案】AB

(3) 项目投资按照投资范围可分为（　　）。

A. 单项投资　　B. 无形资产投资

C. 整体投资　　D. 扩大生产能力项目投资

【答案】AC

(4) 项目投资具有哪些特点（　　）。

A. 投资金额多　　B. 投资周期长

C. 投资变现难　　D. 投资回报高

E. 投资回报低

【答案】ABCD

(5) 初始现金流量是指开始投资时发生的现金流量。初始现金流量一般包括以下几项内容（　　）。

A. 固定资产投资　　B. 无形资产投资

C. 垫支在流动资产上的资金　　D. 处理原固定资产的变价收入

【答案】ABCD

(6) 营业现金流量是指投资项目投入生产经营后，在其寿命周期内由于生产经营所产生的现金流量，营业现金流量一般包括（　　）。

A. 营业收入　　B. 付现成本　　C. 折旧　　D. 企业所得税

【答案】ABD

(7) 终结现金流量主要包括哪些内容（　　）。

A. 固定资产使用期满时的残值收入

B. 无形资产投资

C. 付现成本

D. 垫支在流动资产上的资金收回

【答案】AD

(8) 营业现金流量等于（　　）。

A. 营业收入 - 付现成本 - 所得税

B. 营业收入 - 付现成本 - 折旧

C. 税后净利 + 折旧

D. 收入 ×（1 - 税率）- 付现成本 ×（1 - 税率）+ 折旧 × 税率

【答案】ACD

3. 判断题

(1) 原有固定资产的变价收入是指固定资产更新时原有固定资产变卖所得的现金收入，是长期投资决策中初始现金流量的构成部分。（　　）

【答案】√

（2）每年净现金流量既等于每年营业收入与付现成本和所得税之差，又等于净利与折旧之和。（　　）

【答案】√

（3）现金流量是按照收付实现制计算的，而在做出投资决策时，应该以权责发生时计算出营业利润为评价项目经济效益的基础。（　　）

【答案】×

（4）净利润的计算比现金流量的计算有更大的主观随意性，作为决策的主要依据不太可靠。（　　）

【答案】√

（5）投资回收期既考虑了整个回收期内的现金流量，又考虑了货币的时间价值。（　　）

【答案】√

（6）进行长期投资决策时，如果某一决策方案净现值较小，那么该方案内部报酬率也相对较低。（　　）

【答案】√

（7）由于获利指数是用相对数来表示的，所以获利指数法优于净现值法。（　　）

【答案】×

（8）固定资产投资方案的内部报酬率并不一定只有一个。（　　）

【答案】√

（9）初始现金流量与营业现金流量之和就是终结现金流量。（　　）

【答案】×

（10）非贴现现金流量指示主要包括投资回收期、平均报酬率和获利指数。（　　）

【答案】×

4. 综合计算题

（1）某公司因业务发展需要，准备购入一套设备，现有甲、乙两个方案可供选择，其中甲方案需投资 20 万元，使用寿命为五年，采用直线法计提折旧，五年后设备无残值。五年中每年销售收入为 8 万元，每年的付现成本为 3 万元。乙方案需投资 24 万元，也采用直线法计提折旧，使用寿命也为 5 年，5 年后有残值收入 4 万元。5 年中每年的销售收入为 10 万元，付现成本的第一年为 4 万元，以后随着设备不断陈旧，将逐年增加日常修理费 2000 元，另需垫支运营资金 3 万元。假设所得税税率为 40%。

要求：

1）试计算两个方案的现金流量。

2）如果该公司资本成本为10%，试用净现值法对两个方案做出取舍。

【答案】

A 方案每年折旧额 =200000/5 =40000（元）

B 方案每年折旧额 =（240000 -40000）/5 =40000（元）

编制两个方案的营业现金流量计算表和全部现金流量表如表5 -2 所示。

表5 -2　两方案现金流量表　　单位：元

年限		1	2	3	4	5
A 方案	销售收入	80000	80000	80000	80000	80000
	付现成本	30000	30000	30000	30000	30000
	折旧	40000	40000	40000	40000	40000
	税前利润	10000	10000	10000	10000	10000
	所得税	4000	4000	4000	4000	4000
	税后净利	6000	6000	6000	6000	6000
	现金流量	46000	46000	46000	46000	46000
B 方案	销售收入	100000	100000	100000	100000	100000
	付现成本	40000	42000	44000	46000	48000
	折旧	40000	40000	40000	40000	40000
	税前利润	20000	18000	16000	14000	12000
	所得税	8000	7200	6400	5600	4800
	税后净利	12000	10800	9600	8400	7200
	现金流量	52000	50800	49600	48400	47200

投资项目的现金流量计算表

年限		0	1	2	3	4	5
A 方案	固定资产投资	-200000					
	营业现金流量		46000	46000	46000	46000	46000
	现金流量合计	-200000	46000	46000	46000	46000	46000
B 方案	固定资产投资	-240000					
	营运资金垫支	-30000					
	营业现金流量		52000	50800	49600	48400	47200
	固定资产残值						40000
	营运资金回收						30000
	现金流量合计	-270000	52000	50800	49600	48400	117200

A 方案的净现值为：

Npv（A）=46000×（P/A，10%，5）－200000

=46000×3.791－20000

=－25614（元）

Npv（B）=52000×（P/F，10%，1）+50800×（P/F，10%，2）+49600×（P/F，10%，3）+48400×（P/F，10%，4）+117200×（P/F，10%，5）－270000

=52000×0.909+50800×0.826+49600×0.751+48400×0.683+117200×0.621－270000

=－37683.2（元）

A 方案净现值大于 B 方案，因此，A 方案为最优方案。

（2）E 公司某项目的投资期为两年，每年投资 200 万元。第三年开始投产，投产开始时垫支流动资金 50 万元，于项目结束时收回。项目有效期为六年，净残值 40 万元，按直线法折旧。每年营业收入 400 万元，付现成本 280 万元。公司所得税税率 30%，资金成本 10%。

要求：计算每年的营业现金流量；列出项目的现金流量计算表；计算项目的净现值、获利指数和内部报酬率，并判断项目是否可行。

参考答案：

1）项目计算期：2+6=8（年）

固定资产原值：400（万元）

年折旧额：（400－40）/6=60（万元）

每年利润：400－280－60=60（万元）

税后利润：60×（1－30%）=42（万元）

每年的净现金流量 NCF0=－200（万元），NCF1=－200（万元），NCF2=－50（万元），NCF3－NCF7=42+60=102（万元），NCF8=102+50+40=192（万元）

2）项目净现值（按 10% 计算的净现值）

Npv=－200－200×（P/F，10%，1）－50×（P/F，10%，2）+102×（P/A，10%，5）×（P/F，10%，2）+192×（P/F，10%，8）

=－200－200×0.909－50×0.826+102×3.791×0.826+192×0.467

=－14.033

内含报酬率按 9% 计算 Npv=－200－200×（P/F，9%，1）－50×（P/F，9%，2）+102×（P/A，9%，5）×（P/F，9%，2）+192×（P/F，9%，8）=4.97

Irr=9%+（4.97－0）/（4.97－（－14.03））×（10%－9%）=9.26%

3）该项目内含收益率为9.26%，低于资金成本10%，所以该项目不合适

（3）公司原有设备一套，原始成本为150万元，预计使用十年，已使用五年，预计残值为原值的10%，该公司用直线法计提折旧，现该公司拟购买新设备替换原设备，以提高生产率，降低成本。新设备的购置成本为200万元，使用年限为五年，同样用直线法计提折旧，预计残值为购置成本的10%，使用新设备后公司每年的销售额可以从1500万元上升到1650万元，每年付现成本将从1100万元上升到1150万元，公司如购置新设备，将旧设备出售可得收入100万元，该企业的所得税税率为25%，资本成本为10%。

要求：通过计算说明该设备应否更新。

【答案】

1）继续使用旧设备：

旧设备年折旧＝150×（1－10%）/10＝13.5（万元）

营业现金流量＝(收入－付现成本－折旧)×(1－税率)＋折旧
＝收入×(1－税率)－付现成率×(1－税率)＋折旧×税率
＝1500×(1－25%)－1100×(1－25%)＋13.5×33%
＝272.5（万元）

终结现金流量＝150×10%＝15（万元）

继续使用旧设备净现值＝272.5×(P/A，10%，5)＋15×(P/F，10%，5)
＝272.5×3.7908＋15×0.6209
＝1032.993＋9.3135
＝1042.31（万元）

2）更新设备：

旧设备账面净值＝150－13.5×5＝82.5（万元），变现值100万元

旧设备变价净现金流量＝［100－（100－82.5）×25%］＝72.775（万元）

注意：变现收入是营业外收入，提前报废的损失是营业外支出，两者的差额应纳所得税。

新设备年折旧＝200×（1－10%）/5＝36（万元）

初始现金流量＝－200＋72.775＝－127.225（万元）

营业现金流量＝1650×（1－25%）－11.50×（1－25%）＋36×25%
＝346.9（万元）

终结现金流量＝200×10%＝20（万元）

采用新设备净现值＝346.9×(P/A，10%，5)＋20×(P/F，10%，5)－127.225
＝1315.0285＋12.418－127.225

=1200.2215（万元）

通过计算可看出购买新设备净现值较大，所以该设备应更新。

三、学生讨论集萃

（一）利息为什么不计入现金流量

现金流量是项目投资决策时使用的重要指标，主要通过计算现金流量的时间价值判断项目是否可行，例如，净现值法就是通过计算项目现金流入量的现值与流出量的现值判断项目是否可行，而内部报酬率则是通过比较项目能否达到或超过资本成本率来做出取舍。在这些动态评价方法中，利息都是作为参照系用，因此，不能纳入项目现金流量中，否则就会造成重复计算，如果将利息支出作为现金流出，再将现金流量折现，相当于重复考虑资金成本（资金时间价值），这与Ebit用作财务报酬是相同的道理。

（二）房地产项目在我国似乎是只赚不赔的项目，为什么

任何产业在市场竞争的环境里都会经历四个阶段，即初创期（也叫幼稚期）、成长期、成熟期和衰退期。我国房地产业于20世纪末开始初创，历经十年的成长，现在已经进入成熟后期了。在这个阶段本身就是比较稳定的获利时期，但是我国出现了房地产业比较长时期的暴利时期，主要原因体现在九个方面：

（1）市场刚需是基础，国民在解决了温饱后，释放出大量的住宅需求，包括快速城镇化产生的新增城市人口的住宅需求和原城镇居民改善性住房需求。

（2）城镇居民商品住宅用地供给长期偏紧，而且在城镇建设用地与商品住宅用地结构扭曲，直接导致城镇商品住宅供给偏紧。

（3）土地财政是各地城镇化和市政建设的主要资金来源，征地收入已经超过很多地方财政一般预算收入，所以各地政府都有抬高“房价”的冲动，现在甚至出现按房价划分城市等级的倾向。

（4）居民投资渠道单一。随着居民财富的积累，迫切需要多元化的投资渠道使居民获得资产性收入，但是我国投资市场还比较单一，除了股票市场就是房地产市场，加上房产税迟迟未出台，投机性需求一直没有得到抑制，刺激了房价上涨。

（5）上市公司参与房地产投机。有调查表明，我国上市公司基本上都参与了房地产投资活动，既有直接投资房地产建设，成为各地“地王”，也有直接炒房谋利。

（6）宽松的货币政策导致大量流动性注入房地产市场。近两年来，国家经

济下滑势头迟迟得不到扼制，中央银行被迫一再降准降息，释放大量流动性，但是由于实业利润稀薄，很多流动性进入房地产市场，加剧了房地产泡沫。

（7）房地产政策的逆向调控。政府房地产政策缺乏长期、稳定的战略目标，一度采取“限购”等纯行政手段打压住房需求（包括投机性需求），实际上这些行政手段是地方政府迫于中央政府的压力做出的，所以一旦中央“去库存”政策一出，不仅各种“限购”政策纷纷取消，还出台了一系列刺激住房消费的政策，直接导致房价泡沫泛起。

（8）少数腐败分子利用房地产囤积财富，加剧了房地产市场供求矛盾，推动了房价上涨。

（9）房地产绑架金融也让房价涨跌牵扯到金融市场稳定，不能让房价硬着陆，更不能让房地产市场崩盘，否则必会影响社会稳定。

但是，只赚不赔不是市场经济常态，现在各种“房地产市场崩溃论”尽管有点危言耸听，也说明房地产泡沫已经到了十分危险的边缘，特别是房地产业独大，以及对实业的挤出效应十分明显，第二轮房地产调控政策已强力推出，房价不涨的势头已经明显减弱，房地产商重新洗牌的时刻已经初露端倪。

（三）项目投资决策有用吗？怎么有那么多并购失败

保时捷收购大众失败反而被大众收购，优步和滴滴打车合并了，当时血拼烧钱难道没有预测过吗？等等。是不是说明项目投资决策没有意义呢？显然是不能。项目投资决策涉及十分复杂的环境，包括法律环境、经济环境、社会环境甚至竞争对手的恩怨情仇等。这些因素中任何一个变化都会产生颠覆性的影响，例如，保时捷收购大众失败是因为2008年世界金融危机和大众CEO对保时捷家族的恩怨共同作用的结果；优步和滴滴本是同根生，血拼应该是磨炼双方的手段，同时达到“事件营销”开拓市场的目的。

“计划永远没有变化快”，这说明预测总是具有片面性，总会有漏洞，但是不能因噎废食，因为怕苍蝇就不打开窗户。如果没有科学的预测，盲目的投资，则失败肯定是大概率事件。经过投资预测，即使是有疏漏，也会有预案，采取补救措施，不至于手足无措，使失败成为小概率事件。

四、教师讲授知识点

（一）营业现金流量的三种计算方式

（1）根据营业现金流量的定义，计算公式如下：

营业现金流量 = 营业收入 - 付现成本 - 所得税

（2）根据年末税后净利润倒推计算，计算公式如下：

营业现金流量 = 税后净利 + 折旧

（3）根据所得税对收入和折旧的影响计算：

营业现金流量 = 收入 ×（1 - 税率）- 付现成本 ×（1 - 税率）+ 折旧 × 税率

例 1：营业现金流量是指投资项目投入生产经营后，在其寿命周期内由于生产经营所产生的现金流量，营业现金流量一般包括：

A. 营业收入　　B. 付现成本　　C. 折旧　　D. 企业所得税

【答案】ABD

解析：这是根据现金流量的定义作答的，尽管用“营业收入 ×（1 - 所得税率）- 付现成本 ×（1 - 所得税率）+ 折旧 × 所得税率”可以计算现金流量，但是折旧本身跟现金流量没有关系，只是因为它跟税后净利有关系，在这个公式里是对前两项计算进行调整，使之等价于“税后净利 + 折旧”。

例 2：某投资方案的年营业收入为 10000 元，年营业成本为 6000 元，年折旧额为 1000 元，所得税税率为 33%，该方案每年的营业现金流量为（　　）。

A. 1680 元　　B. 2680 元　　C. 3680 元　　D. 4320 元

【答案】C

解析：10000 ×（1 - 33%）- 5000 ×（1 - 33%）+ 1000 × 33% = 3680（元）

例 3：每年净现金流量既等于每年营业收入与付现成本和所得税之差，又等于净利与折旧之和。

【答案】√

解析：这是营业现金流量的定义式及其推论计算式。

（二）静态投资决策两种方法

1. 资收益率法

投资收益率法（ROI）也称平均投资报酬率（ARR），是指投资项目寿命期内正常年度利润或平均利润占投资总额的百分比。其计算公式为：

$$ROI = \frac{年平均利润额}{投资总额} \times 100\% \quad (5-1)$$

或

$$ROI = \frac{正常年度净利润（P）}{投资总额（I）} \times 100\% \quad (5-2)$$

2. 投资回收期法

投资回收期（PP）是指回收初始投资所需要的时间，一般以年为单位。该方法包括两种形式：一种是包括建设期的投资回收期，另一种是不包括建设期的投资回收期。投资回收期的计算，根据项目投资后每年净现金流量是否相等可分为以下两种计算方法：

（1）年现金流量相等计算公式为：

$$项目投资回收期=\frac{原始投资额（I）}{年净现金流量（NCF）} \tag{5-3}$$

（2）年现金流量不相等计算公式为：

$$投资回收期=n-1+\frac{第\ n-1\ 年年末尚未收回的投资额}{第\ n\ 年的净现金流量} \tag{5-4}$$

例：投资回收期既考虑了整个回收期内的现金流量，又考虑了货币的时间价值。

【答案】√

解析：投资回收期就是一个时间指标，其评价标准是投资回收时间越短，项目越优。其理论基础正是“资金具有时间价值”，所以占用资金时间（即投资回收期）越短，成本越低。

（三）动态投资决策三种方法

1. 净现值

净现值（NPV）是指项目寿命期内所有现金净流入量的现值与现金流出量的现值的差。其计算公式为：

$$NPV=\sum_{t=0}^{n}\frac{NCF_t}{(1+k)^t}=\sum_{t=0}^{n}NCF_t\times(P/F,i,t) \tag{5-5}$$

2. 净现值率

净现值率（NPVR）是指投资项目经营期净现金流量的现值与项目原始投资的现值之和的比值。其计算公式为：

$$NPVR=\frac{NPV}{\sum_{t=0}^{s}\frac{NCF_t}{(1+i)^t}} \tag{5-6}$$

式中，NCF_t 表示建设期各年投入的净现金流量，s 表示建设期数，i 表示折现率，NPV 表示该项目净现值。

3. 内部报酬率

内部报酬率（IRR）又称内含报酬率，是指投资项目实际可望达到的报酬率，它是在生产经营期净现金流量的现值正好等于投资额的现值时推算出来的折现率，也就是使项目的净现值为零时的贴现率。

计算内部报酬率（IRR）通常通过求解下面以 IRR 为未知数的方程的办法求得：

$$\sum_{t=0}^{m}\frac{NCF_t}{(1+IRR)^t}-\sum_{t=m}^{n}\frac{NCF_t}{(1+IRR)^t}=0 \tag{5-7}$$

式中，m 表示投资建设期，n 表示项目整个寿命期，包含投资建设期和经营期。

例 1：当一项长期投资的净现值大于零时，下列说法不正确的是（　　）。

A. 该方案不可投资

B. 该方案未来报酬的总现值大于初始投资的现值

C. 该方案获利指数大于 1

D. 该方案的内部报酬率大于其资本成本

【答案】A

解析：“净现值大于零是方案可行必要条件”，所以 A 不正确。这里关键涉及一个陌生的概念：“获利指数” =项目投产后各年现金流入量的现值合计/原始投资的现值合计。或：=1 +净现值率，“净现值率”这个概念学过了，已知净现值大于零，那么获利指数肯定大于 1，所以 C 项是正确的。

例 2：当进行长期投资决策时，如果某一决策方案净现值较小，那么该方案内部报酬率也相对较低。

【答案】√

解析：这题测试大家对净现值与内部报酬率的关系的理解，内部报酬率是净现值为零时的折现率，对于同一项目，其净现值是用某一个具体的资本成本率进行折现，净现值越小，说明内部报酬率越接近这个成本率；反之净现值越大，说明内部报酬率越大于这个成本率。

例 3：好好汽车用品专卖店预计总投资 240 万元，其中第一年投入 140 万元，第二年投入 100 万元，第三年开始投入使用，使用寿命为 4 年，项目期满有残值 5%，按直线法计提折旧，在项目投入使用时需垫支流动资金 40 万元。该项目每年带来营业收入 220 万元，支付现金成本 110 万元。企业所得税税率为 25%，资金成本为 10%。

要求：运用“现金流量二重分析决策模型”算该项目净现值、净现值率和内部报酬率，并评价该项目是否可行。

解析：

每年折旧：（140 +100）×（1 −5%）/4 =57

现金流量：

第一年初：初始阶段现金流量 −140

第一年末：初始阶段现金流量 −100

第二年末：初始阶段现金流量 −40

第三年末到第五年末：营业现金流量：220 ×（1 −25%）−110 ×（1 −25%）+57 ×25% =96.75

第六年末：终结阶段现金流量：220 ×（1 −25%）−110 ×（1 −25%）+57 ×25% +12 +40 =148.75

净现值：

−140 −100 ×（p/f，10%，1）−40 ×（p/f，10%，2）+96.75 ×（p/a，10%，3）×（p/f，10%，2）+148.75 ×（p/f，10%，6）= −140 −100 × 0.9091 −40 ×0.8264 +96.75 ×2.4869 ×0.8264 +148.75 ×0.5645 =18.84

可见，该项目净现值大于0，可行。

净现值率：

（−140 −100 ×（p/f，10%，1）−40 ×（p/f，10%，2）+96.75 ×（p/a，10%，3）×（p/f，10%，2）+148.75 ×（p/f，10%，6））/（−140 −100 ×（p/f，10%，1）−40 ×（p/f，10%，2））=（−140 −100 ×0.9091 −40 ×0.8264 + 96.75 ×2.4869 ×0.8264 +148.75 ×0.5645）/−（−140 −100 ×0.9091 −40 ×0.8264）=7.13%

可见，该项目净现值率大于0，可行。

内部报酬率：

当折现率为11%时，NPV = −140 −100 ×（p/f，11%，1）−40 ×（p/f，11%，2）+96.75 ×（p/a，11%，3）×（p/f，11%，2）+148.75 ×（p/f，11%，6）=8.86

当折现率为12%时，NPV = −140 −100 ×（p/f，12%，1）−40 ×（p/f，12%，2）+96.75 ×（p/a，12%，3）×（p/f，12%，2）+148.75 ×（p/f，12%，6）= −0.56

用插值法可求得内部报酬率为：

8.86/（8.86 +0.56）×1% +11% =11.94%

可见，该项目内部报酬率大于资金成本率，是可行的。

五、拓展知识反馈

直播平台项目变现容易吗？是不是跟外卖平台一样又是一个"烧钱"项目

网络直播是可以在同一时间通过网络系统在不同的交流平台观看视讯传播方式。网络直播利用了互联网的优势，利用视讯方式进行网上现场直播，直观、快速，表现形式好、内容丰富、交互性强、地域不受限制、受众可划分等特点。按照功能与内容的不同，国内的网络直播平台大概可以分为三类：游戏直播、明星直播、全民直播。直播行业盈利模式可以归纳为四类：一是用户直接付费，如用户打赏等；二是流量收入，包括应用启动广告、弹幕广告等；三是网红经济，平台可以与经纪公司合作或与品牌签订合约，在主播的广告收入中获得分成；四是开源模式，让第三方软件参与进来，提供更好的直播服务和更优的直播体现，吸引更为广泛的潜在用户群体，当参与者变多，游戏才能越玩越大。

2016年，资本市场对网络直播的态度风起云涌，从最初的怀疑观望，到现在的执着狂热。据中国互联网络信息中心发布的数据，截至2017年6月，境内各类网络直播平台达到400余家，高峰时段部分直播“房间”用户数可达数万人。中国网络直播用户规模达到3.25亿，占网民总体的45.8%。方正证券的预测，2020年网络直播市场规模将达到600亿元，中金在线的研报甚至认为2020年网络直播及周边行业将撬动千亿级资金。

2017年直播的风是否还继续吹，梅花天使创投合伙人吴世春认为在2017年留给平台型的网络直播的机会已经不多了，“再造一个映客基本不可能”，但直播与更多行业结合的机会、融入其他互联网平台的机会还是有的，同时，他还建议关注网络直播这种商业模式在海外的复制。近期获得C轮15亿元投资的斗鱼直播创始人兼CEO陈少杰认为，网络直播开拓了经济增长的新极点；在变现上，依托便捷的互联网支付渠道，用户的打赏和购买行为可以迅速完成，进而可以帮助直播平台形成稳定的现金流。科技联合创始人雷涛直言，“大型的直播平台的江湖地位将会在2017年奠定”，围绕直播的周边产品、优质内容和用户运营的机会还非常多，依然有可为空间。易观分析师王传珍认为，2017年将不再是直播的风口期，而是业务形态和商业模式趋于稳定的过渡时期，投资者和从业者对直播市场的入局会趋于理性和谨慎。君联资本执行董事邵振兴同样认为，资本投资直播领域最迅猛的时期已经过去，不存在大量资本的涌入，即使投资也是跟投或者PE阶段。

2016年9月，国家新闻出版广电总局下发《关于加强网络视听节目直播服务管理有关问题的通知》（以下简称《通知》），要求网络视听节目直播机构持《信息网络传播视听节目许可证》（以下简称《许可证》）上岗。这一规定也被称为“史上最严直播监管令”，各大媒体纷纷借此唱衰网络直播行业。一直以赚钱著称的YYLIVE认为突破目前虚拟打赏这种单一变现模式，或许将成为直播行业的一个考验。

对于网络直播行业未来的市场份额，综合多家观点，具体可以阐述为，核心区域是专注直播的大型平台，会有两三家具有突出优势的，例如，YYLIVE、映客、斗鱼直播等；第二圈层是与原有的强流量平台进行联合的直播平台，例如，一直播之于微博、淘宝（天猫）直播之于阿里巴巴，NOW直播之于QQ，这些直播将成为传统大型平台的重要补给；最外层则是垂直类直播平台，例如，教育直播、旅游直播等。邵振兴则持相反观点，他认为，直播行业最终也将和团购、视频领域一样，受到几家巨头互联网公司的深度影响，虽然几家巨头开始布局的时间并不是最早的。

几位受访对象提醒从业者和投资人，不要单纯为了直播而直播，要在创造内容和链接的基础上，将直播作为内容和流量的变现工具。直播是一种方式而不是内容本身。

综上所述，在“互联网+”经济模式创新浪潮中，各种新业态会层出不穷，但有一点是亘古不变的，那就是立足为社会带来更便捷、更丰富的物质和精神生活。在互联网虚拟的世界里，没有现实世界的“距离”概念，地球真正成了一个虚拟的“村”，甚至是虚拟的“大家庭”，任何一种契合时代需求的新业态都会瞬间产生海量的需求，形成庞大的市场，产生巨大的利润空间。斗鱼直播创始人兼 CEO 陈少杰认为，“中国互联网行业的发展一直是只有第一，罕有第二。做到行业第一会有更多的资金、资源、用户涌入，而行业第二、第三往往会被淘汰或边缘化。现在直播进入淘汰赛阶段，资本对直播行业的关注重点也是谁能做行业老大”。所以对于广大投资来说，机会真的是稍纵即逝，这正是互联网经济下频频出现“烧钱”现象的主要原因，可以说是“宁可错烧一亿，不愿放弃一个风口”，因为抓住一个风口，胜过过去任何一个投资机会。

当然也应该看到，抓住风口除了时间要早，内容还要好，并且任何一个项目能够坚持下来要靠社会认可。网络直播平台项目现在仍然处于“烧钱”阶段，尽管有些不菲的盈利模式，但能不能回收投资还要看谁能笑到最后。如果单纯为了博“眼球”，没有底线，最终会死得很惨！

认为网络直播变现容易可能是一种错觉，把一些网红主播的暴富当成了平台项目的变现。其实即使是当红主播，也是“一将功成万骨枯”，不知道有多少无名主播血拼出市场又惨遭淘汰，这里既有客观的颜值“套现”，更有后面公司包装、推广。一句话，用户的荷包不是那么好“掏”的！

第二节 “证券投资”教学设计

一、教学目的、重点、难点

教学目的：企业进行证券投资的目的主要有：暂时存放闲置资金、获得对相关企业的控制权以及分散风险等。与实物投资相比，证券投资具有流动性强、价格不稳定、交易成本低的特征。企业进行证券投资决策，主要是通过比较证券的价值与价格，选择那些被低估的证券进行投资。一般认为，当证券价值大于价格或证券的投资收益率大于投资者要求必要报酬率时，该证券具有投资价值，反之，则没有投资价值。

教学重点：证券价值的估算方法；债券到期收益率计算；基金单位净值计算方法。

教学难点：股票的价值估算方法；股票的收益率估算方法；基金收益率计算方法。

二、题库设计

（一）课堂讨论

1. 思考题

（1）如何计算债券的到期收益率？

（2）债券投资的风险包括哪些内容？

（3）如何判断某个公司股票是否有投资价值？

（4）开放式基金与封闭式基金有什么区别？

2. 单项选择题

（1）相对于债券投资而言，下列关于股票投资的说法不正确的是（　　）。

A. 收益率低　　B. 收益不稳定　　C. 价格波动性大　D. 风险大

（2）相对于股票投资而言，下列项目中能够揭示债券投资特点的是(　　)。

A. 无法事先预知投资收益水平

B. 投资收益率的稳定性较强

C. 投资收益率比较高

D. 投资风险较大

（3）企业进行短期债券投资的主要目的是（　　）。

A. 调节现金余缺、获取适当收益

B. 获得被投资企业的控制权

C. 增加资产流动性

D. 获得稳定收益

（4）在契约型基金中，基金资产的名义持有人指的是（　　）。

A. 受益人　　B. 投资者　　C. 管理人　　D. 托管人

（5）下列关于契约型基金和公司型基金的说法不正确的是（　　）。

A. 契约型基金的资金是公司法人的资本

B. 契约型基金的投资者没有管理基金资产的权利

C. 公司型基金的股东享有管理基金资产的权利

D. 公司型基金的运营依据是基金公司章程

3. 多项选择题

（1）按照发行主体的不同，证券可分为（　　）。

A. 政府证券　　B. 金融证券　　C. 公司证券　　D. 国库券

(2) 企业进行证券投资的主要目的包括（　　）。

A. 获得稳定的收益　　B. 获得对相关企业的控制权

C. 暂时存放闲置资金　　D. 与筹集长期资金相配合

(3) 为了规避风险，需要进行债券投资组合，常见的债券组合包括(　　)。

A. 浮动利率债券与固定利率债券的组合

B. 短期债券与长期债券的组合

C. 政府债券、金融债券与企业债券的组合

D. 信用债券与担保债券的组合

(4) 投资基金按照组织形式不同，可以分为（　　）。

A. 契约型投资基金　　B. 公司型投资基金

C. 股权式投资基金　　D. 证券投资基金

(5) 封闭型投资基金和开放型投资基金的主要区别有（　　）。

A. 封闭型投资基金有固定的封闭期，开放型投资基金没有封闭期

B. 封闭型投资基金规模封闭，开放型投资基金规模不封闭

C. 封闭型投资基金必须上市交易，开放型投资基金不能上市交易

D. 封闭型投资基金的交易价格受市场供求关系的影响，并不必然反映公司的净资产；开放型投资基金的交易价格主要受公司的净资产的影响

(6) 下列关于基金投资的说法正确的是（　　）。

A. 能够在不承担太大风险的情况下获得较高收益

B. 具有专家理财优势和资金规模优势

C. 无法获得很高的投资收益

D. 在大盘整体大幅度下跌的情况下，投资人可能承担较大风险

4. 判断题

(1) 相对于实物资产来说，证券投资具有价格不稳定、投资风险较大的特点。(　　)

(2) 企业进行股票投资的目的主要有两种：一是获利，即作为一般的证券投资，获取股利收入；二是控股，即通过购买某一企业的大量股票达到控制该企业的目的。(　　)

(3) 企业进行短期债券投资的目的主要是为了合理利用暂时闲置资金，调节现金余额，获得稳定收益。(　　)

(4) 投资基金是一种利益共享、风险共担的集合投资方式，即通过发行基金股份或受益凭证等有价证券聚集众多的不确定投资者的出资，交由专业投资机构经营运作，以谋取投资收益的证券投资工具。(　　)

（5）开放式基金的投资者可以随时向基金管理人或中介机构提出购买或赎回申请。（　　）

（6）股票基金，是所有基金品种中最为流行的一种，是指投资于普通股股票的基金。（　　）

（7）基金单位净值，是指在某一时点每一基金单位（或基金股份）所具有的账面价值。（　　）

（8）基金收益率用以反映基金增值的情况，它通过基金单位净资产的价值变化来衡量。（　　）

5. 综合计算题

（1）泰丰高新技术股份有限责任公司欲投资购买证券，泰丰公司要求债券投资的最低报酬率为6%，有三家公司证券可供挑选：

1）A公司债券，债券面值为1000元，五年期，票面利率为8%，每年付息一次，三年后到期还本，若债券的目前价格为1020元，泰丰高新技术股份有限责任公司欲投资A公司债券（购买之后可以立即收到债券的第二期利息），并一直持有至到期日，计算目前该债券的价值，并判断是否值得投资？

2）B公司债券，债券面值为1000元，五年期，票面利率为8%，单利计息，到期一次还本付息，两年后到期，泰丰高新技术股份有限责任公司欲投资B公司债券，并一直持有至到期日，若债券目前的价格为1220元，应否购买？如果购买，其持有期年均收益率为多少？

3）C公司债券五年后到期，四年前发行，每年付息一次，每次付息50元，到期还本1000元。如果持有期年均收益率大于6%时泰丰公司才会购买，计算该债券的价格低于多少时泰丰公司才会购买。

预计ABC公司明年的税后利润为10000万元，发行在外普通股5000万股。

要求：

1）假设其市盈率（每股市价除以每股利润）应为20倍，计算其股票的价值；

2）预计其税后利润的60%将用于发放现金股利，股票获利率（每股现金股利÷每股市价）为4%，计算其股票的价值；

3）假设股利固定增长率为7%，必要报酬率为10%，预计税后利润的60%用于发放股利，用股利固定增长模型计算股票价值。

（2）已知：华夏公司是一个基金公司，相关资料如下：

资料一：华夏公司的某基金持有A、B两种股票，数量分别为100万股和150万股。2007年1月1日，每股市价分别为20元和30元，银行存款为200万元，两种股票的账面价值总和为4000万元。该基金负债有两项：对托管人或管理人应付未付的报酬为500万元、应缴税金为100万元，已售出的基金份数为5000万份。

资料二：在基金交易中，该公司收取首次认购费和赎回费，认购费率为基金资产净值的5%，赎回费率为基金资产净值的2%。

资料三：2007年12月31日，累计售出的基金单位为6100万份。

资料四：2007年该基金的收益率为10%。

要求：

1）根据资料一和资料二计算2007年1月1日该基金的基金净资产价值总额、单位净值、基金认购价、基金赎回价；

2）根据资料三和资料四计算2007年12月31日华夏公司基金单位净值。

（3）泰丰高新技术股份有限责任公司于2009年7月1日准备购买B公司2009年1月1日发行的面值为1000元，票面利率为8%，期限五年，每半年付息一次的债券。如果市场利率为6%，债券此时的市价为1050元，请问泰丰公司是否应该购买该债券？如果按1050元购入该债券，此时购买债券的到期收益率为多少？

（4）泰丰高新技术股份有限责任公司于2009年1月1日准备购买A公司股票。A公司上年已发放了现金股利0.5元/股，预计以后每年股利保持5%的增长，假如该公司要求回报率不得低于10%，A公司股票市场价格为12元，要求：

1）计算该股票的价值；

2）计算按市价购入该股票的投资报酬率；

3）做出投资决策。

（二）课外作业

1. 单项选择题

（1）下列不属于证券投资的是（　　）。

A. 股票　　B. 债券　　C. 期权　　D. 项目投资

【答案】D

（2）关于债券价值，下列说法中正确的是（　　）。

A. 当折现率低于票面利率时，债券价值低于其票面价值

B. 对于分期付息债券，在折现率高于票面利率的情况下，随着到期时间的缩短，债券价值逐渐降低

C. 随着利息支付频率的加快，折价发行债券价值会上升

D. 随着利息支付频率的加快，溢价发行债券价值会上升

【答案】D

（3）关于债券价值，下列说法中错误的是（　　）。

A. 当折现率高于票面利率时，债券价值低于其票面价值

B. 当折现率低于票面利率时，债券价值高于其票面价值

C. 对于分期付息债券，在折现率高于票面利率的情况下，随着到期时间的缩短，债券价值逐渐降低

D. 对于分期付息债券，在折现率高于票面利率的情况下，随着到期时间的缩短，债券价值逐渐升高

【答案】C

（4）下列关于债券到期收益率说法中错误的是（　　）。

A. 当购买价格大于债券面值时，债券到期收益率低于债券票面利率

B. 当购买价格大于债券面值时，债券到期收益率高于债券票面利率

C. 当购买价格小于债券面值时，债券到期收益率高于债券票面利率

D. 债券溢价或者折价本质上都是对利息费用的调整

【答案】B

2. 多项选择题

（1）关于债券投资决策，下列说法正确的是（　　）。

A. 当债券价值大于债券价格时，投资者应该购买

B. 当债券价值小于债券价格时，投资者应该购买

C. 当债券预期收益率高于企业必要报酬率时，投资者应该购买

D. 当债券预期收益率低于企业必要报酬率时，投资者应该购买

【答案】AC

（2）下列关于债券到期收益率说法中正确的是（　　）。

A. 到期收益率是指投资者持有债券至到期所能实现的投资收益率

B. 当债券到期收益率大于必要报酬率时，投资者可以投资购买该债券

C. 债券到期收益率的计算考虑了时间价值因素

D. 对于投资者而言，到期收益率是投资收益率；对于发行方而言，到期收益率就是资本成本

【答案】ABCD

3. 综合计算题

资料：泰丰高新技术股份有限责任公司拟于 2015 年 1 月 1 日发行面额为 1000 元，票面利率为 8%，5 年期公司债券。

（1）假设每年 12 月 31 日计算并支付一次利息，同等风险投资的必要报酬率为 8%，请计算 2015 年 1 月 1 日债券价值；

（2）假设每年 12 月 31 日计算并支付一次利息，同等风险投资的必要报酬率为 10%，请计算 2015 年 1 月 1 日债券价值；

（3）假设每年12月31日计算并支付一次利息，同等风险投资的必要报酬率为6%，请计算2015年1月1日债券价值；

（4）假设每年12月31日计算并支付一次利息，同等风险投资的必要报酬率为8%，请计算2017年1月1日债券价值；

（5）假设每年12月31日计算并支付一次利息，同等风险投资的必要报酬率10%，请计算2017年1月1日债券价值；

（6）假设每年12月31日计算并支付一次利息，同等风险投资的必要报酬率为6%，请计算2017年1月1日债券价值；

（7）假设每年6月30日和12月31日分别计算并支付利息，同等风险投资的必要报酬率为8%，请计算2015年1月1日债券价值；

（8）假设每年6月30日和12月31日分别计算并支付利息，同等风险投资的必要报酬率10%，请计算2015年1月1日债券价值；

（9）假设每年6月30日和12月31日分别计算并支付利息，同等风险投资的必要报酬率为6%，请计算2015年1月1日债券价值。

【答案】

（1）$1000\times8\%\times(P/A, 8\%, 5)+1000\times(P/F, 8\%, 5)=80\times3.9927+1000\times0.6806=319.4+680.6=1000$

（2）$1000\times8\%\times(P/A, 10\%, 5)+1000\times(P/F, 10\%, 5)=80\times3.7908+1000\times0.6209=303.25+620.9=924.16$

（3）$1000\times8\%\times(P/A, 6\%, 5)+1000\times(P/F, 6\%, 5)=80\times4.2124+1000\times0.7473=336.99+747.3=1084.29$

结论：当折现率等于票面利率时，债券价值等于票面价值；当折现率高于票面利率时，债券价值低于票面价值；当折现率低于票面利率时，债券价值高于票面利率。

（4）$1000\times8\%\times(P/A, 8\%, 3)+1000\times(P/F, 8\%, 3)=80\times2.5771+1000\times0.7938=206.168+793.8=1000$

结论：比较题（4）和题（1），对于平价发行债券，到期时间对债券价值没有影响。

（5）$1000\times8\%\times(P/A, 10\%, 3)+1000\times(P/F, 10\%, 3)=80\times2.4869+1000\times0.7513=198.952+751.3=950.25$

结论：比较题（5）和题（2），在折现率高于票面利率时，也就是对于折价发行的债券，随着到期时间缩短，债券价值逐渐提高。

（6）$1000\times8\%\times(P/A, 6\%, 3)+1000\times(P/F, 6\%, 3)=80\times2.673+1000\times0.8396=213.84+839.6=1053.44$

结论：比较题（6）和题（3），当折现率低于票面利率时，也就是对于溢价发行的债券，随着到期时间缩短，债券价值逐渐降低。

综合题（5）和题（6），对于分期付息的债券，当折现率一直保持至到期日不变的情况下，随着到期时间的缩短，债券价值逐渐接近其票面价值。

（7）1000×4%×（P/A，4%，10）+1000×（P/F，4%，10）=40×8.1109+1000×0.6756=324.44+675.6=1000

结论：比较题（7）和题（1），对于平价发行的债券，债券价值与利息支付频率无关。

8）1000×4%×（P/A，5%，10）+1000×（P/F，5%，10）=40×7.7217+1000×0.6139=308.87+613.9=922.77

结论：比较题（8）与题（2），对于折价发行的债券，随着利息支付频率的加快债券价值下降。

（9）1000×4%×（P/A，3%，10）+1000×（P/F，3%，10）=40×8.5302+1000×0.7441=341.21+744.1=1085.31

结论：比较题（9）和题（3），对于溢价发行的债券，随着利息支付频率的加快债券价值上升。

三、学生讨论集萃

（一）证券投资能不能获得稳定的收益

证券投资包括股票、债券、基金、衍生证券等，而且这些证券可以有长期的，也可以有短期的。一般来说，长期股票投资具有战略性，往往不以追求短期稳定收益为目的，而是以控股为目的；长期债券、基金投资具有追求稳定收益的目的性；而短期证券投资更主要是利用资金闲余时间，赚取证券收益。

（二）收益率、成本率都可以用作决策指标，哪个更重要

收益率通常是在投资决策时使用，而成本率则是在筹资决策时使用。投资和筹资是一项资本业务的两个方面，对于出让资本方来说，是投资业务，必须确保投资收益率高于其资本成本率才可能发生。对于获得资本方来说，是筹资业务，必须通过筹资规划尽可能降低资本成本，筹资成本通常要与投资收益相比较，如果筹资成本超过预期投资收益，一般也不会实施筹资活动。可见，不管是投资业务还是筹资业务，最终都取决于社会平均利润率，都是围绕社会平均利润率上下波动，当一项目投资居于垄断地位时，其垄断利润可以允许其筹措更高成本的资金，投资者亦乐意向这类项目投资，追求较高的收益。这正是互联网时代各种创新业态和创新技术等项目能够“烧钱”的原因。

（三）为什么衍生证券的价值取决于原生证券

衍生证券（Derivative Security）也称衍生工具，是一种证券，其价值依赖于

其他更基本的标的（Underlying，也称基本的）变量。目前，包括远期合约、期货、期权、互换等在内的金融衍生品被称为"衍生证券"。例如，远期合约是一种特别简单的衍生工具。它是一种在确定的将来时间按确定的价格购买或出售某项资产的协议。它不在规范的交易所内交易。当远期合约的一方同意在将来某个确定的日期以某个确定的价格购买标的资产时，我们称这一方为多头。另一方同意在同样的日期以同样的价格出售该标的资产，这一方就被称为空头。决定远期合约价格的关键变量是标的资产的市场价格，如果合约签署之后不久该标的资产价格上涨很快，则远期合约多头的价值变为正值而远期合约空头的价值变为负值。

（四）市场利率与债券价值的关系如何

市场利率高于债券票面利率折价发行；反之，市场利率低于票面利率溢价发行；市场利率等于票面利率平价发行。但是随着债券到期日的临近，债券价值都会回归面值（见图5－1）。而且随着支付利息频率加快（即计算期缩短），溢价发行的债券价值会上升，而折价发行的债券价值会下降。这主要是因为溢价发行的债券，每期债券利息收益大于按市场利率计算的机会成本，每个计息期都形成事实的现金流入，所以计息越频繁，债券价值越高；反之折价发行的债券，每期债券利息收益小于以市场利率计算的机会成本，每个计息期都形成事实的现金流出，所以计息越频繁，债券价值越低。

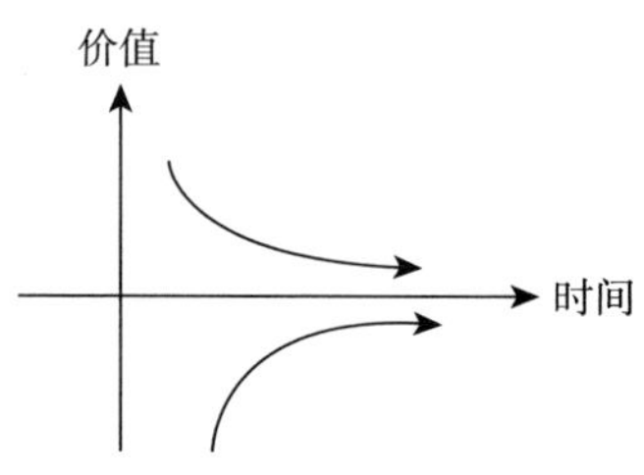

图5－1　债券价值

（五）市盈率为负数的股票是价格被低估了吗

一般来说，市盈率低更有投资价值。但是当公司亏损时，市盈率的计算是没有意义的了，市盈率也失去了参考的意义。

（六）我国上市公司流通股比例为什么很低

2005年之前，很多国有上市公司——非流通股比重过大，甚至国有股"一股独大"，但是通过2005~2008年的股权分置改革之后——流通股数量就远远大于国有股了。所谓股权分置改革就是将原来限制流通的国有股和法人股全部解

禁，进入流通股。

四、教师讲授知识点

（一）债券价值的计算

债券的内在价值即该债券未来收取的利息和收回本金折现值，也称债券的理论价格。用公式表示如下：

$$V_b = \frac{I_1}{(1+R)^1} + \frac{I_2}{(1+R)^2} + \cdots + \frac{I_n}{(1+R)^n} + \frac{M}{(1+R)^n} \quad (5-8)$$

在式（5－8）中，V_b 表示债券的价值，I 表示债券各期的利息，M 表示债券的面值，R 表示评估债券价值所采用的贴现率。

结论：当折现率等于票面利率时，债券价值等于票面价值；当折现率高于票面利率时，债券价值低于票面价值；当折现率低于票面利率时，债券价值高于票面利率。

对于平价发行债券，到期时间对债券价值没有影响。

当折现率高于票面利率时，也就是对于折价发行的债券，随着到期时间缩短，债券价值逐渐提高。

当折现率低于票面利率时，也就是对于溢价发行的债券，随着到期时间缩短，债券价值逐渐降低。

对于分期付息的债券，当折现率一直保持至到期日不变的情况下，随着到期时间的缩短，债券价值逐渐接近其票面价值。

对于平价发行的债券，债券价值与利息支付频率无关。

对于折价发行的债券，随着利息支付频率的加快债券价值下降。这是因为利息支付频率加快实际就是缩短计息周期，增加了时间价值的强度，对于折价发行的债券就会折得更利害，所以价值会下降。

对于溢价发行的债券，随着利息支付频率的加快债券价值上升。利息支付频率加快实际就是缩短计息周期，增加了时间价值的强度，对于溢价发行的债券就会溢得更多些，所以价值会上升。

例：关于债券价值，下列说法中正确的是（　　）。

A. 当折现率低于票面利率时，债券价值低于其票面价值

B. 对于分期付息债券，在折现率高于票面利率的情况下，随着到期时间的缩短，债券价值逐渐降低

C. 随着利息支付频率的加快，折价发行债券价值会上升

D. 随着利息支付频率的加快，溢价发行债券价值会上升

参考答案：D

（二）股票的价值

股票的价值是指投资于股票预期获得的未来现金流量的现值。假定某股票未来各期股利为 D_t（t 为期数），R_s 为估价所采用的贴现率，则股票价值的基本模型如下：

$$V_0 = \frac{D_1}{(1+R_s)^1} + \frac{D_2}{(1+R_s)^2} + \cdots + \frac{D_n}{(1+R_s)^n} + \cdots = \sum_{t=1}^{\infty} \frac{D_t}{(1+R_s)^t} \tag{5-9}$$

特例：零成长股票价值

$$V_s = \frac{D}{R_s} \tag{5-10}$$

假定某股票未来股利按 g 增长率呈几何级数增长，则股票价值的估价模型如下：

$$V_0 = \sum_{t=1}^{\infty} \frac{D_0(1+g)^t}{(1+R_s)^t} \tag{5-11}$$

化简为：

$$V_0 = \frac{D_1}{R_s - g} \tag{5-12}$$

例：预计 ABC 公司明年的税后利润为 10000 万元，发行在外普通股 5000 万股。

要求：

（1）假设其市盈率（每股市价除以每股利润）应为 20 倍，计算其股票的价值。

（2）预计其税后利润的 60% 将用于发放现金股利，股票获利率（每股现金股利 ÷ 每股市价）为 4%，计算其股票的价值。

（3）假设股利固定增长率为 7%，必要报酬率为 10%，预计税后利润的 60% 用于发放股利，用股利固定增长模型计算股票价值。

【答案】

（1）该股票的价值 = 10000/5000 × 20 = 40（元）

（2）该股票的价值 = 10000/5000 × 60% ÷ 4% = 30（元）

（3）该股票的价值 = 10000/5000 × 60% ÷（10% − 7%）= 40（元）

（三）基金单位净值计算

$$NAV = \frac{\text{基金净资产价值总额}}{\text{基金单位总份数}} \tag{5-13}$$

其中，基金净资产价值总额 = 基金总资产价值 − 基金负债总额。

基金单位净值是评价基金业绩最基本和最直观的指标，也是开放型基金申购

价格、赎回价格以及封闭型基金上市交易价格确定的重要依据。

例：已知：华夏公司是一个基金公司，相关资料如下：

资料一：华夏公司的某基金持有 A、B 两种股票，数量分别为 100 万股和 150 万股。2007 年 1 月 1 日，每股市价分别为 20 元和 30 元，银行存款为 200 万元，两种股票的账面价值总和为 4000 万元。该基金负债有两项：对托管人或管理人应付未付的报酬为 500 万元、应交税金为 100 万元，已售出的基金份数为 5000 万份。

资料二：在基金交易中，该公司收取首次认购费和赎回费，认购费率为基金资产净值的 5%，赎回费率为基金资产净值的 2%。

资料三：2007 年 12 月 31 日，累计售出的基金单位为 6100 万份。

资料四：2007 年该基金的收益率为 10%。

要求：

（1）根据资料一和资料二计算 2007 年 1 月 1 日该基金的基金净资产价值总额、单位净值、基金认购价、基金赎回价；

（2）根据资料三和资料四计算 2007 年 12 月 31 日华夏公司基金单位净值。

【答案】

（1）基金净资产价值总额、单位净值、基金认购价、基金赎回价为：

1）基金净资产价值总额 $=100\times20+150\times30+200=6700$（万元）

2）单位净值 $=(6700-500-100)/5000=1.22$（元）

3）基金认购价 $=1.22\times(1+5\%)=1.281$（元）

4）基金赎回价 $=1.22\times(1-2\%)=1.196$（元）

（2）华夏公司基金单位净值为：

设 2007 年 12 月 31 日的基金净值为 X

则 $(6100\times X-5000\times1.22)/(5000\times1.22)=10\%$

$X=(5000\times1.22\times10\%+5000\times1.22)/6100=1.1$（元）

五、拓展知识反馈

资产定价理论与证券投资价值

资产定价理论（Asset Pricing Theory，APT）基于一种简单思想：资产价格等于未来收益的预期折现；或以无风险收益率去折现未来的收益，再加上一个代表风险溢价的误差因子。

1952 年，美国经济学家马可维茨（Harry M. Markowit）首次应用资产组合报酬的均值和方差这两个数学概念定义了投资者偏好，并以数学化的方式解释投资分散化原理，这就是现代资产组合理论（Modern Portfolio Theory，MPT）。该理论认为，投资组合能降低非系统性风险，一个投资组合是由组成的各证券及其权重所确定，选择不相关的证券应是构建投资组合的目标。它在传统投资回报的基础上第一次提出了风险的概念，认为风险而不是回报，是整个投资过程的重心，并提出了投资组合的优化方法，马可维茨因此而获得了1990年诺贝尔经济学奖。

1965年，美国芝加哥大学金融学教授尤金·法玛认为，在法律健全、功能良好、透明度高、竞争充分的股票市场，一切有价值的信息已经及时、准确、充分地反映在股价走势当中，其中包括企业当前和未来的价值，除非存在市场操纵，否则投资者不可能通过分析以往价格获得高于市场平均水平的超额利润。2013年10月14日，瑞典皇家科学院宣布授予美国经济学家尤金·法玛、拉尔斯·皮特·汉森以及罗伯特·J. 席勒该年度诺贝尔经济学奖。但是，尤金·法玛和罗伯特·J. 席勒持有完全不同的学术观点，前者认为市场是有效的，而后者则坚信市场存在缺陷，这也从另一个侧面证明，迄今为止人类对资产价格波动逻辑的认知还是相当肤浅的，与我们真正把握其内在规律的距离，仍然非常遥远！

第六章 “财务运营”对分翻转教学设计

财务运营主要是指流动资金管理，财务运营管理是公司最经常的财务管理，也是直接决定公司成本费用高低的管理环节。财务运营管理主要包括三个模块，现金管理、应收账款管理和存货管理。运营管理的主要目的是减少运营资金占用，提高运营资金周转效率。

第一节 “现金管理”教学设计

现金是流动性最强的资产，因而极容易受到侵蚀，所以首要的是加强安全管理，包括硬件安全和制度安全，本节主要介绍制度安全。同时，现金基本不产生收益，所以过多地持有现金会导致公司运营效率降低。因此现金管理要对现金持有量进行优化，在保证日常支付的前提下，尽可能减少现金占用。

一、教学目的、重点、难点

教学目的：本节主要介绍现金管理。在现金管理过程中，由于持有现金可以满足企业多种需要，然而，持有大量现金会增加持有成本；当现金不足时，又会形成短缺损失或增加转换成本。因此，管理当局决策的核心就是要确定最佳现金持有量，使相关成本保持最低。确定最佳现金持有量的方法主要有现金周转模式、成本分析模式、存货模式。

教学重点：现金管理制度、现金持有量优化决策。

教学难点：最佳现金持有量的计算方法。

二、题库设计

（一）课堂讨论

1. 思考题

（1）什么是流动资产？主要内容有哪些？

（2）简述现金管理的目的。

（3）如何控制现金支出？

2. 单项选择题

（1）企业置存现金的原因，主要是为了满足（　　）。

A. 交易性、预防性、收益性需要　　B. 交易性、投机性、收益性需要

C. 交易性、预防性、投机性需要　　D. 预防性、收益性、投机性需要

（2）现金管理的目标是（　　）。

A. 权衡流动性和收益性　　B. 权衡流动性和风险性

C. 权衡收益性和风险性　　D. 权衡收益性、流动性、风险性

（3）在最佳现金持有量的存货模式中，若每次证券变现的交易成本降低且预期现金需要总量也降低，则最佳现金持有量（　　）。

A. 降低　　B. 升高　　C. 不变　　D. 无法确定

3. 多项选择题

与企业持有现金相关的成本主要有（　　）。

A. 机会成本　　B. 储存成本　　C. 管理成本　　D. 短缺成本

4. 综合计算题

（1）某企业预计全年需要现金 400000 元，现金与有价证券的转换成本为每次 100 元，有价证券的利息率为 20%。求最佳现金持有量。

（2）已知甲、乙两家公司持有现金余额的数据资料如表 6－1 所示：

表 6－1　甲、乙公司现金成本表

甲公司						乙公司	
备选方案	A 方案	B 方案	C 方案	D 方案	E 方案	全年现金需求量	450000
现金余额（元）	20000	40000	60000	80000	100000	有价证券转换成本	900 元/次
短缺成本（元）	12000	8000	4000	2000	0	有价证券年利率（%）	10
机会成本率（%）	12	最佳现金余额确定方法		成本分析模式		最佳现金余额确定方法	存货模式

要求：在 Excel 表格中分别为两家公司建立最佳现金持有量模型，以分别确

定两公司的现金最佳持有量。

（二）课外作业

1. 单项选择题

（1）流动资产是指在1年以内或超过1年的一个营业周期内变现或运用的资产，流动资产的特点不包括（　　）。

A. 占用时间短　B. 周期快　C. 易变现　D. 不易变现

【答案】D

（2）下列关于流动资产和流动负债的说法中，错误的是（　　）。

A. 流动资产具有占有时间长、周转快、收益高等特点

B. 企业拥有较多的流动资产，可在一定程度上降低财务风险

C. 流动负债又称短期负债，具有成本低，偿还期短的特点

D. 流动负债以应付金额是否确定为标准，可以分成应付金额确定的流动负债和应付金额不确定的流动负债

【答案】A

（3）下列各项中，不属于现金支出管理方法的是（　　）。

A. 使用零余额账户

B. 争取现金流出和现金流入同步

C. 账龄分析法

D. 透支

【答案】C

（4）企业6月10日赊购商品时双方约定的信用条件为“2/10，N/20”。该企业在6月15日有能力付款，但直到6月20日才支付这笔款项。其目的是运用现金日常管理策略中的（　　）。

A. 力争现金流量同步

B. 使用现金浮流量

C. 加速收款

D. 推迟应付款的支付

【答案】D

（5）企业在进行现金管理时，可利用的现金浮游量是指（　　）。

A. 企业账户所记存款余额

B. 银行账户所记企业存款余额

C. 企业账户与银行账户所记存款余额之间的差额

D. 企业实现现金余额超过最佳现金持有量之差

【答案】C

（6）企业置存现金主要是为了满足（　　）。

A. 交易性、防御性、收益性需求

B. 交易性、投机性、收益性需求

C. 交易性、防御性、投机性需求

D. 防御性、收益性、投机性需求

【答案】C

（7）下列项目中属于持有现金的机会成本的是（　　）。

A. 现金管理人员工资

B. 现金安全措施费用

C. 现金被盗损失

D. 现金的再投资收益

【答案】D

（8）通常情况下，企业持有现金的机会成本（　　）。

A. 与现金持有量成反比

B. 与有价证券的利息率成反比

C. 与持有时间成反比

D. 是决策的无关成本

【答案】B

（9）下列公式正确的是（　　）。

A. 现金周转期 = 存货周转期 + 应收账款周转期 − 应付账款周转期

B. 现金周转期 = 存货周转期 + 应收账款周转期 + 应付账款周转期

C. 现金周转期 = 存货周转期 − 应收账款周转期 − 应付账款周转期

D. 现金周转期 = 存货周转期 − 应收账款周转期 + 应付账款周转期

【答案】A

（10）现金周转期和存货周转期、应收账款周转期和应付账款周转期都有关系。一般来说，下列会导致现金周转期缩短的是（　　）。

A. 存货周转期变长

B. 应收账款周转期变长

C. 应付账款周转期变长

D. 应付账款周转期变短

【答案】C

（11）某企业最佳现金持有量为 20000 元，同期市场有价证券年利息率为 10%。则该企业持有现金的机会成本为（　　）元。

A. 2000　　B. 1000　　C. 500　　D. 20000

【答案】B

(12) 在一定时期现金需求总量在一定的情况下，同现金持有量成反比的是(　　)。

A. 转换成本　　B. 机会成本　　C. 持有成本　　D. 管理成本

【答案】A

(13) 在现金管理中，下列关于成本模型的说法错误的是(　　)。

A. 最优的现金持有量是使现金持有成本最小的持有量

B. 现金的机会成本，是指企业因此有一定现金余额而丧失的再投资收益

C. 管理成本在一定范围内和现金持有量之间没有明显的比例关系

D. 现金持有量越少，进行证券变现的次数就越少，相应的转换成本越少

【答案】D

(14) 在最佳现金持有量确定的存货模式下，企业持有的现金数量越少，则(　　)。

A. 机会成本越高，交易成本越高

B. 机会成本越低，交易成本越高

C. 机会成本越低，交易成本越低

D. 机会成本越高，交易成本越低

【答案】B

(15) 某企业现金收支状况比较稳定，全年的现金需要量为200000元，每次转换有价证券的交易成本是400元，有价证券的年利率是10%。达到最佳现金持有量的全年交易成本是(　　)元。

A. 1000　　B. 2000　　C. 3000　　D. 4000

【答案】B

(16) 在确定最佳现金持有量时，成本分析模型和存货模型均需考虑的因素是(　　)。

A. 机会成本　　B. 交易成本　　C. 短缺成本　　D. 管理成本

【答案】A

2. 多项选择题

(1) 关于营运资金的说法不正确的是(　　)。

A. 营运资金通常是指流动资产减去流动负债后的差额

B. 流动资产占用资金的数量具有波动性

C. 流动负债期限短，风险低于长期债务

D. 存货周转期，是指将原材料转化成产成品所需要的时间

【答案】CD

（2）与固定资产投资相比，流动资产投资的特点包括（　　）。

A. 投资回收期短　　B. 流动性强

C. 具有并存性　　D. 具有波动性

【答案】ABCD

（3）下列属于控制现金支出有效措施的是（　　）。

A. 运用坐支　　B. 使用透支

C. 提前支付账款　　D. 使用现金浮游量

【答案】BD

（4）现金支出管理的关键是尽可能延缓现金的支出时间。延期支付现金的方法主要有（　　）。

A. 合理利用现金浮游量　　B. 推迟支付应付款

C. 采用汇票付款　　D. 改进工资支付方式

【答案】ABCD

（5）现金周转期，就是指介于公司支付现金与收到现金之间的时间段，下列会使现金周转期缩短的方式有（　　）。

A. 缩短存货周转期

B. 缩短应收账款周转期

C. 缩短应付账款周转期

D. 缩短预收账款周转期

【答案】AB

三、学生讨论集萃

（1）预防动机通常是指应付天灾人祸，这种事件通常需要大量的资金，所以预防动机需要持有的现金应该较多，为什么备用金通常要求3～5天零星支出？

解析：备用金实际上主要是交易动机需求，包含少量的预防性支出需求。重大天灾人祸毕竟是小概率事件，主要应通过保险等方式解决其资金需求，不应该作为企业日常资金安排。

（2）为什么企业现金需要量可以小于企业各种现金需求量的合计？

解析：企业现金是在不断循环和周转的，如果现金周转期小于一年，那么支出的现金可以在一年以内流入企业，供后续支付使用，所以并不需要将每期现金需求简单相加计算企业全年现金需求量。另外，企业还可以通过负债，特别有些经营性负债，例如，应付账款、应付费用等并不需要企业专门办理手续，而是在经营过程中会自发产生。这些经营性负债可以延缓部分交易的现金支付。

四、教师讲授知识点

（一）现金日常管理规定

（1）在规定范围内使用现金。

包括支付职工现金、津贴，支付个人劳务报酬、奖金，向个人收购农副产品和零星支出。

（2）合理安排库存现金限额。

一般以3～5天的零星开支额为限。

（3）不得坐支现金。

（4）不得出租、出借银行账户。

（5）不得签发空头支票和远期支票。

（6）不得套取银行信用。

（7）不得保存账外公款。

（二）企业持有现金的原因

企业持有现金的原因主要包括交易需要、预防需要、投机需要和其他需要。

（三）现金成本

在计算与确定现金的最佳余额时，通常应考虑以下三个方面的成本，即持有成本、短缺成本和转换成本。

例1：下列项目中属于持有现金的机会成本的是（　　）。

A. 现金管理人员工资

B. 现金安全措施费用

C. 现金被盗损失

D. 现金的再投资收益

【答案】D

例2：通常情况下，企业持有现金的机会成本（　　）。

A. 与现金持有量成反比

B. 与有价证券的利息率成正比

C. 与持有时间成反比

D. 是决策的无关成本

【答案】B

例3：现金周转期和存货周转期、应收账款周转期和应付账款周转期都有关系。一般来说，下列会导致现金周转期缩短的是（　　）。

A. 存货周转期变长

B. 应收账款周转期变长

C. 应付账款周转期变长

D. 应付账款周转期变短

【答案】C

例4：某企业最佳现金持有量为20000元，同期市场有价证券年利息率为10%。则该企业持有现金的机会成本为（　　）元。

A. 2000　　B. 1000　　C. 500　　D. 20000

【答案】B

例5：在一定时期现金需求总量一定的情况下，同现金持有量成反比的是（　　）。

A. 转换成本　　B. 机会成本　　C. 持有成本　　D. 管理成本

【答案】A

五、拓展知识反馈

不能套取银行信用，但是怎么能判断是不是套取？特别在互联网金融日益发达的今天，如何判断？

解析：套取银行信用是指利用虚假资料获取银行信用，银行通常也对每笔信用进行严格审查，的确银行不能保证将所有套取行为甄别出来，但是如果套取行为产生了严重后果，司法机关会介入侦查，并且对这种行为进行处罚。不能套取银行信用是法律规定，主要是引领社会大众的金融行为，正如任何法律规定都会存在违法行为一样，套取银行信用是违法的，如果长期或者大额套取，并造成严重后果，必然受到法律惩处，银行可以为侦查提供证据和协助。

被外人盗用个人信息套取银行信用的，如果能够证明是被盗用，当然可以减轻责任，但是往往被盗用信用均与个人疏忽有关，因此，也会承担部分连带责任。如果不能证明是被盗用，则必须承担套取信用责任。所以每个公民都要特别保护自身的信息资料，例如，身份证、信用卡等，一旦发生被盗，要第一时间补救，例如，公安部最近已建成失效居民身份证信息系，将在银行试点后提供给各用证部门。该系统具备实时更新和动态维护功能，通过各个用证部门和单位联网核查，实现所有丢失居民身份证即时失效，即“秒挂失”。防信用卡被盗刷，可以在遭遇盗刷时，第一时间就近刷卡消费一次，哪怕是很小的金额，主要在于证明信息卡仍然在自己手头，异地刷卡消费就可以证明是盗刷，等等。

第二节 “应收账款”管理教学设计

应收账款是信用社会的重要标志，也是人类社会交换关系的一种进步，它缓解了通货对交换关系的阻碍，使交换关系按照社会需求顺利完成。但是伴随这种信用关系的产生，导致了个别企业财务危机向全社会蔓延扩散，加剧了全社会经济危机的风险，所以必须重视应收账款管理。

一、教学目的、重点、难点

教学目的：应收账款可以扩大企业销售，增加产品的市场竞争力，但同时也会增加相关的管理成本和坏账损失。因此，应收账管理的核心就是要在应收账款信用政策变化所增加的盈利和相应的成本之间做出权衡，只有当改变信用政策增加的盈利超过增加的成本时，信用政策的改变才是可行的。应收账款的信用政策主要包括信用标准决策、信用条件决策和收账政策决策。

教学重点：账龄分析法、客户信用“5C 评价”法，客户信用政策优化。

教学难点：客户信用政策优化。特别信用标准变化对应收账机会成本的分析。

二、题库设计

（一）课堂讨论

1. 思考题

（1）简述应收账款的功能与成本。

（2）如何开展信用调查？

2. 单项选择题

（1）企业信用政策的内容不包括（　　）。

A. 信用条件　　B. 信用标准　　C. 信用评价　　D. 收账政策

（2）预计赊销额将由 6000 万元变为 9000 万元，收账期由 60 天变为 90 天，变动成本率为 80%，资金成本率为 10%，则该企业应收账款占用资金的应计利息增加额为（　　）万元。

A. 80　　B. 180　　C. 100　　D. 50

（3）企业不能将应收账款占用的资金用于其他投资而丧失的收益，称之为应收账款的（　　）。

A. 管理成本　　B. 机会成本　　C. 坏账损失　　D. 短缺成本

（4）对信用期限叙述不正确的是（　　）。

A. 延长信用期限会使销售额增加，产生有利影响

B. 延长信用期限会增加应收账款

C. 延长信用期限一定会导致利润增加

D. 延长信用期限会增加坏账损失和收账费用

3. 多项选择题

（1）所谓“5C”系统，是评估顾客信用品质的五个方面，即品质、能力、资本、抵押和条件，下列说法正确的是（　　）。

A. 能力是指顾客的财务实力和财务状况，表明顾客可能偿还债务的背景

B. 抵押是指顾客拒付款项或无力支付款项时能被用作抵押的资产

C. 条件是指可能影响顾客付款能力的经济环境

D. 资本是指顾客流动资产的数量和质量以及与流动负债的比例

E. 品质是指顾客的信誉，即履行偿债义务的可能性

（2）对信用期限的叙述不正确的是（　　）。

A. 信用期限越长，企业坏账风险越小

B. 延长信用期限，有利于销售收入的增加

C. 延长信用期限，不利于销售收入的增加

D. 信用期限越长，应收账款的机会成本越低

（3）企业的收账策略如果比较消极，则会（　　）。

A. 减少收账费用　　B. 增加收账费用

C. 减少坏账损失　　D. 增加坏账损失

4. 计算题

（1）某公司现在的经营情况及信用标准如表 6－2 所示。

表 6－2　信用标准

销售收入 2000000 元	平均坏账损失率：6%
应收账款 240000 元	信用条件：25 天付清
税前利润 400000 元	平均收款期：35 天
变动成本率 70%	应收款的资金成本 15%
信用标准 10%	

该公司现准备改变信用标准，提出了 A、B 两个方案。方案 A 采用较紧的信用标准，只对坏账损失率在 5% 以下的顾客提供商业信用。方案 B 采用较松的信

用标准，对坏账损失率在15%以下的顾客均提供商业信用。预计两个方案对销售与应收账款的影响，如表6－3所示。

表6－3 方案A、方案B信用政策

方案A	信用标准：5%（坏账损失率）
	因标准变化减少的销售额210000元
	减少的销售额平均付款期限为60天
	减少的销售额的平均坏账损失率为8%
方案B	信用标准：15%（坏账损失率）
	因标准变化增加的销售额300000元
	增加的销售额平均付款期限为65天
	新增销售额的坏账损失率为12%

假设该公司还有剩余生产能力，即增加的生产成本只有变动成本，而无固定成本。分别对这两个方案的可行性进行分析。

（2）已知蓝天公司目前的信用条件及销售情况资料如下：在30天的信用期限内，公司可实现赊销收入15万元，公司的变动成本率为60%，应收账款的机会成本率为15%，销售利润率为25%，预期的坏账损失率为10%以内，实际发生坏账损失率为6%，实际的收款期为45天。现公司拟改变信用条件，有两个可供选择方案。

A方案：信用期限改为45天，可增加销售20000元，增加销售额的平均坏账率为11%，无现金折扣，实际收款期为60天。

B方案：信用条件改为“2/10，n/30”可增加销售30000元，增加销售额的平均坏账损失率为10%，预计增加销售额当中有50%享受2%的现金折扣，实际收款期为20天。

要求：利用Excel表格建立蓝天公司的信用条件决策模型，以确定蓝天公司的最后决策。

（二）课外作业

1. 单选题

（1）某企业预测的年度赊销收入净额为3600万元，应收账款收账期为30天，变动成本率为60%，资金成本率10%，则应收账款的机会成本为（　　）万元。（一年按360天计算）

A. 10　　B. 6　　C. 18　　D. 20

【答案】C

（2）放弃现金折扣的信用成本的大小与（　　）。

A. 折扣百分比的大小呈反向关系

B. 信用期的长短呈同向变化

C. 折扣百分比的大小、信用期的长短均呈同方向变化

D. 折扣期的长短呈同方向变化

【答案】D

（3）信用条件为“2/10，n/30”时，预计有40%的客户选择现金折扣优惠，其余在信用期付款，则平均收账期为（　　）天。

A. 16　　B. 28　　C. 26　　D. 22

【答案】D

（4）某企业拟以“3/15，n/35”的信用条件购进原料一批，则企业放弃现金折扣的信用成本率为（　　）。

A. 2%　　B. 36.73%　　C. 18%　　D. 55.67%

【答案】D

（5）某企业目前信用条件为“n/30”，赊销额为3600万元，若将信用期延长为“N/60”，预计赊销额将变为7200万元，该企业变动成本率为60%，资金成本率为10%。一年按360天计算，那么，该企业应收账款占用资金将增加（　　）万元。

A. 3600　　B. 54　　C. 360　　D. 540

【答案】D

（6）在其他因素不变的情况下，企业采取积极的收账政策，可能导致的后果是（　　）。

A. 坏账损失增加　　B. 应收账款投资增加

C. 收账费用增加　　D. 平均收账期延长

【答案】C

（7）采用“5C”系统来评价，并对客户信用进行等级划分，其中采用“三类九等”时，最低等级为（　　）。

A. A级　　B. B级　　C. C级　　D. D级

【答案】C

（8）某公司2013年的应收账款平均余额为1200万元，该公司的信用条件为n/60，2013年的赊销额为5110万元，假设一年有365天，则应收账款的平均逾期天数为（　　）天。

A. 25.71　　B. 46.23　　C. 85.71　　D. 106.23

【答案】A

2. 多项选择题

（1）信用标准过高可能引起的结果包括（　　）。

A. 丧失很多销售机会　　B. 降低违约风险

C. 扩大市场占有率　　D. 减少坏账费用

【答案】ABD

（2）下列关于信用期限的表述中，正确的是（　　）。

A. 缩短信用期限可能增加当期现金流量

B. 延长信用期限会扩大销售

C. 降低信用标准意味着将延长信用期限

D. 延长信用期限将增加应收账款的机会成本

【答案】ABD

（3）在应收账款信用政策中企业采用现金折扣政策的目的在于（　　）。

A. 吸引顾客为享受优惠而提前付款

B. 减轻企业税负

C. 缩短企业平均收款期

D. 扩大销售量

【答案】ACD

（4）某企业预测下年的销售额为 2000 万元，现金折扣条件为“1/10，n/30”，估计有 60% 的客户会享受现金折扣，则下列说法中正确的是（　　）。

A. 信用期为 30 天

B. 折扣期为 10 天

C. 现金折扣成本为 12 万元

D. 现金折扣成本为 120 万元

【答案】ABC

（5）企业的收账策略如果比较消极，则会（　　）。

A. 减少收账费用　　B. 增加收账费用

C. 减少坏账损失　　D. 增加坏账损失

【答案】AD

（6）根据营运资金管理理论，下列各项中属于企业应收账款成本内容的有（　　）。

A. 机会成本　　B. 管理成本

C. 短缺成本　　D. 坏账成本

【答案】ABD

（7）为了确保公司能一致性地运用信用和保证公平性，公司必须保持恰当的信用政策，信用政策必须明确地规定（　　）。

A. 信用标准　　　　B. 信用条件

C. 收账政策　　　　D. 商业折扣

【答案】ABC

3. 计算题

（1）某公司预计的年度赊销收入为5000万元，信用条件是（3/10，2/20，N/45），其变动成本率为40%，资本成本率为10%，收账费用为120万元。预计占赊销额60%的客户会利用3%的现金折扣，占赊销额18%的客户会利用2%的现金折扣，其余客户在信用期内付款。一年按360天计算。

要求：

1）计算平均收账期；

2）计算应收账款平均余额；

3）计算应收账款机会成本；

4）计算现金折扣成本；

5）计算该信用政策下的税前损益。

【答案】

1）平均收账期 $=10\times60\%+20\times18\%+45\times22\%=19.5$（天）

2）应收账款平均余额 $=5000/360\times19.5=270.83$（万元）

3）应收账款机会成本 $=270.83\times40\%\times10\%=10.83$（万元）

4）现金折扣成本 $=5000\times60\%\times3\%+5000\times18\%\times2\%=108$（万元）

5）信用政策下的税前损益 $=5000-(5000\times40\%+10.83+120+108)=2761.17$（万元）

（2）某企业2014年A产品销售收入为4000万元，总成本为3000万元，其中固定成本为600万元。2015年该企业有两种信用政策可供选用：甲方案给予客户60天的信用期限（n/60），预计销售收入为5000万元，货款将于第60天收到，其相关信用成本为140万元；乙方案的信用政策为（2/10，1/20，n/90），预计销售收入为5400万元，将有30%的货款于第十天收到，20%的货款与第20天收到，其余50%的货款与第90天收到（前两部分货款不会产生坏账，后一部分货款的坏账损失率为该部分货款的4%），收账费用为50万元。该企业A产品销售额的相关范围为3000万～6000万元，企业的资本成本率为8%（为简化计算，本题不考虑增值税因素；一年按360天计算）。

要求：

1）计算该企业2014年的下列指标：①变动成本总额；②以销售收入为基础计算的变动成本率。

2）计算乙方案的下列指标：①应收账款平均收现期；②应收账款平均余额；③应收账款机会成本；④坏账成本；⑤现金折扣成本。

3）计算下列指标：①乙、甲两方案扣除信用成本前收益之差；②乙、甲两方案扣除信用成本后收益之差。

4）为该企业做出采取何种信用政策的决策，并说明理由。

【答案】

1）变动成本总额＝3000－600＝2400（万元）

变动成本率＝2400/4000＝60%

2）应收账款平均收现期＝10×30%＋20×20%＋90×50%＝52（天）

应收账款平均余额＝5400/360×52＝780（万元）

应收账款机会成本＝780×60%×8%＝37.44（万元）

坏账成本＝5400×50%×4%＝108（万元）

现金折扣成本＝5400×30%×2%＋5400×20%×1%＝43.2（万元）

3）甲乙两方案扣除信用成本前收益之差＝5400×（1－60%）－5000×（1－60%）＝160（万元）

甲乙两方案扣除信用成本后收益之差＝[5400×（1－60%）－37.44－108－43.2－50]－[5000×（1－60%）－140]＝61.36（万元）

4）由于乙方案扣除信用成本后收益大于甲方案，所以该企业应选用乙方案。

（3）A公司是一个商业企业。由于目前的收账政策过于严厉，不利于扩大销售，且收账费用较高，该公司正在研究修改现行的收账政策。现有甲乙两个放宽收账政策的备选方案，有关数据如表6－4所示。

表6－4 信用政策

项目	现行收账政策	甲方案	乙方案
年销售额（万元/年）	2400	2600	2700
收账费用（万元/年）	40	20	10
所有账户的平均收账期	2个月	3个月	4个月
所有账户的坏账损失率（%）	2	2.5	3

已知A公司的销售毛利率为20%，应收账款投资要求的最低报酬率为15%，坏账损失率是指预计年度坏账损失和销售额的百分比。假设不考虑所得税的影响。（一年按360天计算）

要求：通过计算分析，回答应否改变现行的收账政策？如果要改变，应选择甲方案还是乙方案？

【答案】

现行方案：

毛利 =2400×20% =480（万元）

应收账款机会成本 =2400/360×60×（1 -20%）×15% =48（万元）

坏账损失 =2400×2% =48（万元）

净损益 =480 -48 -48 -40 =344（万元）

甲方案：

毛利 =2600×20% =520（万元）

应收账款机会成本 =2600/360×90×（1 -20%）×15% =78（万元）

坏账损失 =2600×2.5% =65（万元）

净损益 =520 -78 -65 -20 =357（万元）

乙方案：

毛利 =2700×20% =540（万元）

应收账款机会成本 =2700/360×120×（1 -20%）×15% =108（万元）

坏账损失 =2700×3% =81（万元）

净损益 =540 -108 -81 -10 =341（万元）

经分析，A公司应改变现行的收账政策，由于甲方案的净收益大于现行收条码政策，且大于乙方案的净收益，故应选择甲方案（在相关范围内，固定成本不变，所以在不同的收账政策下，固定成本是相同的，销售的变动影响的仅仅是变动成本，固定成本属于无关成本）。

三、学生讨论集萃

（一）应收账款占用的资金应计利息怎么计算

解析：应收账款对应的是销售收入，是按照售价计算的，其中既包含有固定成本，也包含有变动成本。固定成本主要是指折旧等费用，它们一般属于沉落成本，不应该计入应收账款占用的资金范畴，而只对其中变动成本占用的资金计算机会成本。

（二）一方面，流动资产要充足；另一方面，流动资产越少营运效率越高，到底是充足好还是少好

解析：流动资产是资金循环周转的主体，如果流动资金短缺，就会破坏资金并存性和继起性，从而影响企业资金正常周转。但是流动资金如果积压，就会影响流动资金周转效率。所以企业流动资金存在优化需要，即"最佳量"。所谓最佳理论上是指既能够保证企业流动资金正常周转，又不积压，使每分流动资产都处于流动周转中。例如，计算最佳现金持有量、订货经济批量等均遵从这一指导

思想。

（三）央行推出中小企业应收账款质押融资目的是什么

解析：缓解中小企业融资难、融资贵。

（四）P2P融资后，银行还需要吗

解析：需要。因为银行除了提供融资服务外，还有监管金融市场的功能。包括执行央行货币政策、监督资金流向，存款保险等功能。

四、教师讲授知识点

（一）应收账款的信用政策主要包括信用标准、信用条件和收账政策

每一次信用政策的调整，都必须以增加的盈利大于相应增加的成本为前提。

企业选择信用标准的决策时应坚持的原则是：改变信用标准增加的利润应大于由此增加的成本，这样改变信用标准的方案才是可行的。主要决策步骤及相关计算公式如下。

（1）信用标准变化对利润的影响 = 由于标准变化增加或减少的销售额 × 销售利润率

（2）信用标准变化对应收账款机会成本的影响 = 由于标准变化增加或减少的销售额 ÷ 360 × 增加或减少的销售额的平均收款期 × 变动成本率 × 应收账款的机会成本率（其中：变动成本率 = 变动成本 ÷ 销售额）

（3）信用标准变化对坏账损失的影响 = 由于标准变化增加或减少的销售额 × 增加或减少的销售额的坏账损失率

（4）信用标准变化产生的增量利润 = 信用标准变化对利润的影响 − 信用标准变化对应收账款机会成本的影响 − 信用标准变化对坏账损失的影响 − 信用标准变化对管理费用的影响

例1：对信用期限的叙述不正确的是（　　）。

A. 信用期限越长，企业坏账风险越小

B. 延长信用期限，有利于销售收入的增加

C. 延长信用期限，不利于销售收入的增加

D. 信用期限越长，应收账款的机会成本越低

【答案】ACD

例2：所谓"5C"系统，是评估顾客信用品质的五个方面，即品质、能力、资本、抵押和条件，下列说法中正确的是（　　）。

A. 能力是指顾客的财务实力和财务状况，表明顾客可能偿还债务的背景

B. 抵押是指顾客拒付款项或无力支付款项时能被用作抵押的资产

C. 条件是指可能影响顾客付款能力的经济环境

D. 资本是指顾客流动资产的数量和质量以及与流动负债的比例

E. 品质是指顾客的信誉，即履行偿债义务的可能性

【答案】BCE

例3：课后计算题解析

首先计算该公司的销售利润率=400000/2000000=20%。

A方案：由于信用标准变化对利润的影响=-210000×20%=-42000（元）

信用标准变化对机会成本的影响=-210000×60/360×70%×15%

=-3675（元）

信用标准变化对坏账损失的影响=-210000×8%=-16800（元）

增量利润为：-42000-(-3675-16800)=-21525（元）

即会使利润减少21525元。

B方案：由于信用标准变化对利润的影响=300000×20%=60000（元）

信用标准变化对机会成本的影响=300000×65/360×70%×15%=5687.5（元）

信用标准变化对坏账损失的影响=300000×12%=36000（元）

增量利润为：60000-(5687.5+36000)=18312.5（元）

即会使利润增加18312.5元。

经分析可知，该公司应选择B方案。

（二）常用的收账方法有以下几种

（1）信件。定期向客户寄发账单，要求数据准确无误，当账款过期时，以发信方式进行友好提示。如果没有收到付款，可以发出一封至两封甚至更多的信件，措辞可以更为严厉和迫切。

（2）电话。在送出最初的几封信后，给客户打电话，可以和客户进行沟通了解其财务状况。

（3）上门拜访。派人上门催款，由做成此笔业务的销售人员上门拜访，要求付款。

（4）收款机构。将长期无法收回的应收账款委托专门的收账公司或出售。

（5）法律诉讼，这种方法不到最后关头不可使用，容易导致与客户的商业关系破裂。

五、拓展知识反馈

支付宝为何要跟随微信，实行提现收费

继微信支付宣布提现收取手续费半年后，支付宝也宣布了“提现到自己/他

人的银行卡需要收 0.1% 的手续费”这个消息，从最基础的表象意思来简单理解，是因为支付宝想抵减银行的过道费。实际上这是支付宝不希望把钱从支付宝转回到银行卡，而是希望把钱留在支付宝内。在 2015 年底之前，银行的转账手续费让很多用户苦不堪言，所以支付宝抓住了时机顺势而上俘获了数亿用户。2016 年初，国有五大银行取消转账手续费，打响银行对第三方支付的反击战，但是支付宝转账免费的印象已经深入人心。后来，宣布收取手续费的微信支付并没有因为此项规定损失市场份额，反而促进了微信支付生态内的信用卡还款、理财通等盈利性业务的增长。这给了支付宝很大的动力，一直习惯免费的支付宝却开始收费了，而作为用户的我们，却回不去了。支付宝要做的是什么呢？取代银行！支付宝一度意图在证券领域做一些尝试动作，当然随着行情急剧回落这个动作最终也没有推出，但是未来某一天会不会成为现实呢？毕竟，支付宝目前才 12 岁而已。支付宝，一直都有取代银行的野心。

今天的支付宝，也是在做“揽储”这件事。这是一场互联网金融的赛跑，资金在哪儿流动很重要，这是金融服务公司最关注的事情。这是一场收线式的金融布局。

第三节 “存货”管理教学设计

存货是公司最主要的流动资产，存货周围效率决定着公司流动资产的运营效率。存货可以分两大类，即加工前的原材料及其他低值易耗品和加工后的产成品和在产品。根据“以销定产”的原则，产成品和在产品通常根据订单情况控制，而原材料不仅要取决于生产需要，还需要考虑上游供应商的情况，存货管理主要目的是通过控制进货批量优化存货库存。

一、教学目的、重点、难点

教学目的：存货在企业流动资产中所占比重较大，持有大量存货会占用大量资金。然而，如果存货不足，就会导致一系列问题的产生，甚至产生严重的经济损失。因此，存货管理的核心就是充分发挥存货功能，降低成本，增加收益，关键是确定最佳经济订货批量，使存货的相关总成本最低。

教学重点：最佳经济订货批量的计算，存货日常管理方法。

教学难点：在有数量折扣、允许缺货等特殊情况下的经济订货批量的计算。

二、题库设计

（一）课堂讨论

1. 思考题

（1）什么是存货？企业持有存货的原因是什么？

（2）存货管理的目的是什么？

（3）简述 ABC 分类法。

2. 单项选择题

（1）在存货经济批量模式中，（　　）的变化与经济批量的变化同方向。

A. 订货提前期　　B. 保险储备量

C. 每批订货成本　　D. 每件年储存成本

（2）某企业全年需用 A 材料 2400 吨，每次的订货成本为 400 元，每吨材料年储备成本 12 元，则每年最佳订货次数为（　　）次。

A. 12　　B. 6　　C. 3　　D. 4

3. 多项选择题

（1）某零件年需要量 16200 件，日供应量 60 件，一次订货成本 25 元，单位储存成本 1 元/年。假设一年为 360 天。需求是均匀的，不设置保险库存并且按照经济订货量进货，则（　　）。

A. 经济订货量为 1800 件

B. 最高库存量为 450 件

C. 平均库存量为 225 件

D. 与进货批量有关的总成本为 600 元

（2）在存货经济订货基本模型中，导致经济订货量增加的因素有（　　）。

A. 存货年需要量增加

B. 每次订货的变动成本增加

C. 存货变动储存成本降低

D. 缺货的可能性增加

（3）下列说法正确的是（　　）。

A. 订货的变动成本与订货量有关，而与订货次数无关

B. 储存的变动成本与存货的数量有关，例如：存货资金的应计利息

C. 采购人员的差旅费属于固定订货成本

D. 订货成本加上购置成本等于存货的取得成本

4. 综合计算题

某公司每年需要某种材料 720 吨，每吨材料价格为 100 元，每次订货成本为

400 元，存储费用为存货成本的 10%，平均每天消耗量为 2 吨，从订货到材料入库的时间为一个月，公司的安全库存量为 40 吨，试求经济订货批量及最低相关总成本，并确定再订货点。

（二）课外作业

1. 单项选择题

（1）存货经济订货批量的假设不包括（　　）。

A. 存货总需求量是已知常数

B. 单位货物成本为常数，无批量折扣

C. 订货提前期是常数

D. 允许缺货

【答案】D

（2）根据存货经济订货模型，经济订货批量是能使订货总成本与存储总成本相等的订货批量（　　）。

A. 对　　B. 错

【答案】B

（3）已知某种存货的全年需要量为 7200 个单位，假设生产周期为一年 360 天，存货的交货时间为 5 天，企业建立的保险储备为 50 单位，则该种存货的再订货点为（　　）单位。

A. 20　　B. 50　　C. 100　　D. 150

【答案】D

（4）已知某种存货的全年需要量为 36000 个单位（一年为 360 天），该种存货的再订货点为 1000 个单位，则其交货期应为（　　）。

A. 5 天　　B. 10 天　　C. 18 天　　D. 12 天

【答案】B

（5）采用 ABC 控制法对存货进行控制时，应当重点控制的是（　　）。

A. 数量较多的存货

B. 占用资金较多的存货

C. 品种较多的存货

D. 库存时间较长的存货

【答案】B

（6）在存货的 ABC 控制法下，应当重点管理的是虽然品种数量很少，但金额较大的存货（　　）。

A. 对　　B. 错

【答案】A

(7) ABC 控制法就是企业种类繁多的存货，依据其重要程度、价值大小、资金占用等标准分成三大类：其中 C 类存货品种数量多，价值高，应重点管理（　　）。

A. 对　　　　B. 错

【答案】B

2. 多项选择题

(1) 存货的缺货成本包括（　　）。

A. 停工损失

B. 产成品缺货造成的拖欠发货损失

C. 丧失销售机会的损失

D. 存货占用资金的应计利息

【答案】ABC

(2) 下列属于存货的变动储存成本有（　　）。

A. 存货占有资金的应计利息

B. 紧急额外购入成本

C. 存活的破损变质损失

D. 存货的保险费用

【答案】ACD

(3) 下列各项中，属于建立存货经济进货批量基本模型假设前提的有(　　)。

A. 存货总需求量是已知常数

B. 允许出现缺货

C. 货物是一种独立需求的物品，不受其他货物影响

D. 存货的价格稳定

【答案】ACD

(4) 在存货陆续供应和使用的情况下，下列各项因素中，对存货的经济订货批量没有影响的有（　　）。

A. 订货提前期　　　　B. 送货期

C. 每日耗用量　　　　D. 保险储存量

【答案】ABCD

(5) 某企业每年耗用某种材料 3600 千克，该材料单位成本为 10 元，单位储存成本为 2 元，一次订货成本为 25 元，符合经济订货基本模型的全部假设条件，则下列说法中正确的有（　　）。

A. 经济订货量为 300 千克

B. 最佳订货周期为 1 个月

C. 与经济批量有关的总成本为 600 元

D. 经济订货量占有资金为 3000 元

【答案】ABC

(6) 确定再订货点，需要考虑的因素有（　　）。

A. 保险储备量

B. 每天消耗的原材料数量

C. 预计交货时间

D. 每次订货成本

【答案】ABC

(7) 存货在企业生产经营过程中所具有的作用主要有（　　）。

A. 有利于销售

B. 保证生产正常进行

C. 降低储存成本

D. 维持均衡生产

【答案】ABD

(8) 下列有关存货的适时制库存控制系统的说法正确的有（　　）。

A. 只有在使用之前才从供应商处进货，从而将原材料或配件的库存数量减少到最小

B. 只有在出现需求或接到订单时才开始生产，从而避免产成品的库存

C. 可以降低库存成本

D. 减少从订货到交货的加工等待时间，提高生产效率

【答案】ABCD

(9) 存货在企业生产经营过程中所具有的作用主要有（　　）。

A. 适应市场变化

B. 维持联系生产

C. 降低储存成本

D. 维持均衡生产

【答案】ABD

3. 综合练习题

假设某公司每年需外购零件 3600 千克，该零件单价为 10 元，单位储存变动成本 20 元，一次订货成本 25 元，单位缺货成本 100 元，企业目前建立的保险储备量是 30 千克。在交货期内的需要量及其概率如表 6－5 所示：

要求：

(1) 计算经济订货批量以及年最优订货次数；

(2) 按企业目前的保险储备标准，存货水平为多少时应补充订货；

(3) 企业目前的保险储备标准是否恰当；

(4) 按合理保险储备标准，企业的再订货点为多少（计算结果保留整数）。

表 6-5 市场需求概率

需要量（千克）	概率（%）
50	0.10
60	0.20
70	0.40
80	0.20
90	0.10

【答案】

（1）$Q=\sqrt{\frac{2AD}{C}}=\sqrt{\frac{2\times3600\times25}{20}}=95$（千克）

年订货次数 =3600/95 =38（次）

（2）交货期内平均需求量 =50 ×0.1 +60 ×0.2 +70 ×0.4 +80 ×0.2 +90 ×0.1 =70（千克）

含有保险储备量的再订货点 =70 +30 =100（千克）

当存货水平为 100 千克时请补充订货。

（3）不同保险储备缺货量和成本如下：

当保险储备为 0 时，再订货点为 70，缺货量 =（80 −70）×0.2 +（90 −70）×0.1 =4（千克）

缺货损失与保险储备成本 =4 ×100 ×38 +0 ×20 =15200（元）

当保险储备为 10 时，再订货点为 80，缺货量 =（90 −80）×0.1 =1（千克）

缺货损失与保险储备成本 =1 ×100 ×38 +10 ×20 =4000（元）

当保险储备为 20 时，再订货点为 90，缺货量 =0（千克）

缺货损失与保险储备成本 =0 ×100 ×38 +20 ×20 =400（元）

由于保险储备为 20 时，缺货损失与保险储存成本之和最小，因此，合理保险储备为 20 千克，此时相关成本最小。

（4）企业目前的保险储备标准过高，会加大储存成本，按合理保险储备标准，企业的再订货点 =70 +20 =90（千克）。

三、学生讨论集粹

（1）计算存货（包括现金）的存储成本（持有成本）时要将批量（持有量）除以 2。

解析：存货分析模型中假定，存货（现金）消耗是均匀发生的，当一批存货入库时正好是库存为 0 的时刻，随着消耗的均匀发生，库存逐步减少为 0，所

教学重点：财务预算的编制方法和流程，尤其要掌握现金预算的编制方法和技术，能够运用相关财务预测方法，独立编制公司现金预算。

教学难点：资产负债表预算和利润表预算的编制，这两张财务报表预算既有预计公司未来经营成果和资本状况的作用，还有验证现金预算和其他业务预算编制结果的作用，属于财务综合预算，必须清楚公司资金脉络和相关财务政策。

二、题库设计

（一）课堂讨论

1. 思考题

（1）什么是财务预算？企业为何要进行财务预算？

（2）全面预算包括哪些基本预算？各预算之间的关系如何？

（3）现金预算包括哪些具体内容？试述各项内容的资料来源。

（4）为什么编制全面预算要以销售预算为起点？编制销售预算的主要依据是什么？

（5）什么是预计财务报表？包括哪些项目？

（6）收集一个企业的预算资料，看看它和书本上介绍的有何不同之处。

2. 单项选择题

（1）企业预算是从编制（　　）开始的。

A. 生产预算　　B. 销售预算　　C. 产品成本预算　　D. 现金预算

（2）下列预算中，只反映实物量，不反映价值量的是（　　）。

A. 销售预算　　B. 生产预算

C. 直接材料预算　　D. 直接人工预算

（3）在编制预算时，不适宜采用弹性预算方法的是（　　）。

A. 利润预算　　B. 制造费用预算

C. 销售及管理费用预算　　D. 现金预算

（4）在基期成本费用水平的基础上，结合预算期业务量及有关降低成本的措施，通过调整有关原有成本项目而编制预算的一种方法，称为（　　）。

A. 静态预算　　B. 零基预算　　C. 滚动预算　　D. 增量预算

（5）在编制预算时，预算期必须与会计年度口径一致的编制方法是(　　)。

A. 定期预算　　B. 零基预算　　C. 滚动预算　　D. 弹性预算

（6）在编制预算时，应考虑预算期内一系列可能达到的业务量水平的编制方法是（　　）。

A. 固定预算　　B. 增量预算　　C. 弹性预算　　D. 滚动预算

（7）下列预算中，不属于日常业务预算的是（　　）。

A. 生产成本预算　　B. 销售预算

C. 现金预算　　D. 直接材料预算

(8) 在编制制造费用预算时，将制造费用预算扣除（　　）后，调整为现金收支的费用。

A. 变动制造费用　　B. 管理人员工资

C. 折旧　　D. 水电费

(9) 直接材料预算主要是根据（　　）编制的。

A. 销售预算　　B. 生产预算

C. 现金预算　　D. 产品成本预算

(10)（　　）是编制生产预算的基础。

A. 销售预算　　B. 现金预算

C. 直接材料预算　　D. 直接人工预算

(11) 能够同时以实物量指标和价值量指标分别反映企业经营收入和相关现金收入的预算是（　　）。

A. 现金预算　　B. 销售预算

C. 生产预算　　D. 产品生产成本预算

(12) 编制生产预算时，关键是正确地确定（　　）。

A. 销售价格　　B. 销售数量

C. 期初存货量　　D. 期末存货量

(13)（　　）是编制日常业务预算的基础。

A. 销售预算　　B. 生产预算

C. 产品成本预算　　D. 现金预算

(14) 在财务预算中，用以反映企业预算期期末财务状况的财务报表是(　　)。

A. 现金预算　　B. 预计损益表

C. 预计资产负债表　　D. 预计现金流量表

(15) 直接人工预算的主要编制基础是（　　）。

A. 销售预算　　B. 现金预算

C. 生产预算　　D. 产品成本预算

(16) 以下各项中，不属于财务预算的是（　　）。

A. 预计现金流量表　　B. 现金预算

C. 生产成本预算　　D. 预计资产负债表

(17) 完全依赖一种业务量编制的预算被称为（　　）。

A. 弹性预算　　B. 零基预算　　C. 滚动预算　　D. 固定预算

（18）唯一一种仅以实物量指标来编制的预算是（　　）。

A. 销售预算　　B. 现金预算

C. 生产预算　　D. 产品成本预算

（19）预计损益表中，利息支出是依据（　　）确定的。

A. 销售预算　　B. 生产预算

C. 产品生产成本预算　　D. 现金预算

（20）在下列各项中，不能作为编制现金预算依据的是（　　）。

A. 制造费用预算　　B. 销售及管理费用预算

C. 产品生产成本预算　　D. 特种决策预算

3. 多项选择题

（1）下列各项中，属于现金支出预算内容的有（　　）。

A. 直接材料　　B. 直接人工

C. 购置固定资产　　D. 制造费用

（2）现金预算的组成部分包括（　　）

A. 现金收入　　B. 现金收支差额

C. 现金支出　　D. 资金筹集与运用

（3）下列各项中，属于财务预算的有（　　）

A. 现金预算　　B. 预计现金流量表

C. 预计资产负债表　　D. 预计损益表

（4）下列各项中，属于日常业务预算的内容有（　　）。

A. 生产预算　　B. 产品成本预算

C. 现金预算　　D. 制造费用预算

（5）编制现金预算的依据有（　　）。

A. 销售预算　　B. 直接材料预算

C. 生产预算　　D. 直接人工预算

（6）下列各项中，属于滚动预算优点的有（　　）。

A. 透明度高　　B. 及时性强　　C. 连续性　　D. 完整性

（7）全面预算具体包括（　　）。

A. 日常业务预算　　B. 财务预算

C. 生产预算　　D. 特种决策预算

（8）下列各项中，属于定期预算缺点的有（　　）。

A. 盲目性　　B. 编制工作量大

C. 不变性　　D. 间断性

（9）下列项目中，属于产品生产成本预算内容的有（　　）。

A. 期末存货成本　　B. 本期销售成本

C. 本期生产成本　　D. 期初存货成本

(10) 下列项目中，属于直接人工预算的内容是（　　）。

A. 预计生产量　　B. 单位产品耗用工时

C. 人工总工时　　D. 人工总成本

(11) 生产预算是编制（　　）的依据。

A. 直接材料预算　　B. 直接人工预算

C. 产品成本预算　　D. 现金预算

(12) 产品生产成本预算，是（　　）的汇总。

A. 销售及管理费用预算　　B. 直接材料预算

C. 直接人工预算　　D. 制造费用预算

(13) 下列项目中，属于生产预算的内容的是（　　）。

A. 预计销售量　　B. 预计期末存货

C. 预计期初存货　　D. 预计消耗量

(14) 在财务预算中，专门用以反映企业未来一定预算期内预计财务状况和经营成果的预算为（　　）。

A. 现金预算　　B. 预计资产负债表

C. 预计损益表　　D. 预计现金流量表

(15) 下列各项中，包括在现金预算中的有（　　）。

A. 现金收入　　B. 现金支出

C. 现金收支差额　　D. 资金的筹集与使用

(16) 下列预算中，能够既反映经营业务又反映现金收支内容的有（　　）。

A. 销售预算　　B. 生产预算

C. 直接材料预算　　D. 制造费用预算

(17) 在下列各项中，被纳入现金预算的有（　　）。

A. 经营性现金收入　　B. 经营性现金支出

C. 资本性现金支出　　D. 现金收支差额

(18) 编制预计资产负债表的依据包括（　　）。

A. 现金预算　　B. 特种决策预算

C. 日常业务预算　　D. 预计损益表

(19) 与生产预算有直接联系的预算是（　　）。

A. 直接材料预算　　B. 制造费用预算

C. 销售及管理费用预算　　D. 直接人工预算

(20) 不能够同时以实物量指标和价值量指标分别反映企业经营业务和相关

现金收入或支出的预算是（　　）。

A. 现金预算　　　　B. 销售预算

C. 生产预算　　　　D. 直接人工预算

4. 判断题

（1）在编制制造费用预算时，应将固定资产折旧费剔除。（　　）

（2）财务预算是关于企业在未来一定期间内财务状况和经营成果以及现金收支等价值指标的各种预算总称。（　　）

（3）在编制零基预算时，应以企业现有的费用水平为基础。（　　）

（4）能够克服固定预算缺点的预算方法是滚动预算。（　　）

（5）销售管理费用预算是根据生产预算来编制的。（　　）

（6）滚动预算的主要特点是预算期永远保持 12 个月。（　　）

（7）销售量和单价预测的准确性，直接影响企业财务预算的质量。（　　）

（8）预计资产负债表是以本期期初实际资产负债表各项目的数字为基础，作必要的调整来进行编制的。（　　）

（9）预算比决策估算更细致、更精确。（　　）

（10）生产预算是日常业务预算中唯一仅以实物量作为计量单位的预算，不直接涉及现金收支。（　　）

5. 综合计算题

（1）某企业的装配车间，正常年生产能力的机器工作时间为 6000 小时，有关制造费用的资料如表 7－1 所示：

表 7－1　制造费用明细表

费用项目	变动费用率（元/小时）	固定费用（元/6000 小时）
间接材料	15	1200
间接人工	3	48000
维修费用	3	3600
水电费	2	2400
折旧费		90000
办公费		1800
其他费用		5400
小计	23	152400

要求：

1）若2010年的生产能力预计为5400小时，计算确定装配车间的制造费用预算。

2）若2010年的生产能力预计为6600小时、固定费用中的折旧费将增长5%，计算确定装配车间的制造费用预算。

（2）某企业生产和销售A种产品，预算期2010年四个季度预计销售量分别为1000件、1500件、2000件和1800件；A种产品预计单位售价为100元。假设每季度销售收入中，本季度收到现金的60%，另外的40%要到下季度才能收回。2009年末应收账款余额为60000元。

要求：

1）计算各季度销售收入预算数。

2）计算各季度现金收入预算数。

3）计算年末应收账款预算数。

（3）某企业生产B种产品，预算期2010年四个季度预计销售量分别为2000件、1800件、2400件和2200件；年初结存量400件；预计各季度期末结存量为下一季度销售量的20%；预计2011年第一季度销售量2100件。

要求：计算各季度生产量的预算数。

（4）某企业只生产B产品，预算期有关生产量的资料同第（3）题，假设该产品只耗用一种材料，每件产品耗用材料5千克；预计每季末材料库存量分别为3000千克、3200千克、3600千克、3400千克；材料单价为3元；材料采购的货款60%在本季度内付清，剩下40%的货款在下季度付清；年初应付账款10000元在第一季度付清，年初材料结存量为2800千克。

要求：

1）计算各季度材料采购量预算数。

2）计算各季度采购材料现金支出预算数。

（5）某企业编制销售及管理费用预算收集的有关资料如表7－2所示：

表7－2　销售及管理费用预算明细　　单位：元

项目	变动费用率（按销售收入）（%）	第一季度	第二季度	第三季度	第四季度
预计销售收入		300000	320000	350000	400000
变动销管费用					
销售佣金	1	3000	3200	3500	
运输费	1.5	4500	4800	5250	

续表

项目	变动费用率（按销售收入）（%）	第一季度	第二季度	第三季度	第四季度
广告费	3	9000	9600	10500	12000
固定销管费用					
薪金		30000	30000	30000	30000
办公用品		3000	3000	3000	3000
折旧费		6000	6000	6000	6000
其他		5000	5000	5000	5000

要求：

1）计算各季度销售及管理费用预算数。

2）计算全年销售及管理费用现金支出预算数。

（6）某企业有关预算资料如下：

1）该企业3～7月的销售收入分别为40000元、50000元、60000元、70000元、80000元。每月销售收入中，当月收到现金的30%，下月收到现金的70%。

2）各月直接材料采购成本按下月销售收入的60%计算，所购材料款于当月支付现金的50%，下月支付现金的50%。

3）该企业4～6月的制造费用分别为4000元、4500元、4200元，每月制造费用中包括折旧费1000元。

4）该企业4月购置固定资产需要现金15000元。

5）该企业在现金不足时，向银行借款（为1000元的倍数）；现金有多余时，归还银行借款（为1000元的倍数）。借款在初期，还款在期末，借款年利率12%，利随本清。

6）该企业期末现金余额最低为6000元，其他资料见现金预算。

要求：根据以上资料，请用Excel编制该企业4～6月现金预算。

（二）课外作业

1. 单项选择题

（1）下列预算编制方法中，可能导致无效费用开支项目无法得到有效控制的是（　　）。

A. 增量预算　　B. 弹性预算　　C. 滚动预算　　D. 零基预算

【答案】A

（2）对企业的预算管理工作负总责的组织是（　　）。

A. 企业董事会或经理办公会　　B. 预算委员会

C. 财务部门　　D. 企业内部各职能部门

【答案】A

（3）能够同时以实物量指标和价值量指标分别反映企业经营收支和相关现金收支预算的是（　　）。

A. 现金预算　　B. 销售预算

C. 生产预算　　D. 资产负债表预算

【答案】B

（4）企业预算是从编制（　　）开始的。

A. 生产预算　　B. 销售预算

C. 产品成本预算　　D. 现金预算

【答案】B

（5）某企业编制“销售预算”，已知上上期的销售收入为 125 万元，上期的销售收入为 150 万元，本期销售收入为 175 万元，各期销售收入的 30% 于当期收现，60% 于下期收现，10% 于下下期收现，本期经营现金流入为（　　）万元。

A. 177. 5　　B. 155　　C. 130　　D. 152. 5

【答案】B

（6）（　　）是编制生产预算的基础。

A. 销售预算　　B. 现金预算

C. 直接材料预算　　D. 直接人工预算

【答案】A

（7）下列关于生产预算的表述中，错误的是（　　）。

A. 生产预算是一种业务预算

B. 生产预算不涉及实物量指标

C. 生产预算以销售预算为基础编制

D. 生产预算是直接材料预算的编制依据

【答案】B

（8）直接材料预算的主要编制基础是（　　）。

A. 销售预算　　B. 现金预算

C. 生产预算　　D. 产品成本预算

【答案】C

（9）某企业 2015 年第一季度产品生产量预算为 1500 件，单位产品材料用量 5 千克/件，期初材料库存量 1000 千克，第一季度还要根据第二季度生产耗用材料的 10% 安排季末存量，预计第二季度生产耗用材料 7800 千克。材料采购价格预计 12 元/千克，则该企业第一季度材料采购的金额为（　　）元。

A. 78000　　B. 87360　　C. 92640　　D. 99360

【答案】B

（10）某公司预计计划年度期初应付账款余额为200万元，1～3月采购金额分别为500万元、600万元和800万元，每月的采购款当月支付70%，次月支付30%。则预计第一季度现金支出额是（　　）。

A. 2100万元　　B. 1900万元　　C. 1860万元　　D. 1660万元

【答案】C

（11）在编制制造费用预算时，将制造费用预算扣除（　　）后，调整为现金收支的费用。

A. 变动制造费用　　B. 管理人员工资

C. 折旧　　D. 水电费

【答案】C

（12）某期现金预算中假定出现了正值的现金收支差额，且超过额定的期末现金余额时，单纯从财务预算调剂现金余缺的角度看，该期不宜采用的措施是（　　）。

A. 偿还部分借款利息　　B. 偿还部分借款本金

C. 抛售短期有价证券　　D. 购入短期有价证券

【答案】C

（13）下列各项中，没有直接在现金预算中得到反映的是（　　）。

A. 期初、期末现金余额　　B. 现金筹措及运用

C. 预算期产量和销量　　D. 预算期现金余缺

【答案】C

（14）下列各项中，不会对预计资产负债表中存货金额产生影响的是(　　)。

A. 生产预算　　B. 材料采购预算

C. 销售费用预算　　D. 单位产品成本预算

【答案】C

（15）某企业每季度销售收入中，本季度收到现金的60%，另外的40%要到下季度才能收回。若预算年度的第四季度销售收入为40000元，则资产负债表预算中年末“应收账款”项目金额为（　　）元。

A. 16000　　B. 24000　　C. 40000　　D. 20000

【答案】A

（16）下列不属于编制利润表预算的依据是（　　）。

A. 现金预算　　B. 专门决策预算

C. 业务预算　　D. 资产负债表预算

【答案】D

2. 多项选择题

（1）下列各项中，能在销售预算中找到的内容有（　　）。

A. 销售单价　　B. 生产数量

C. 销售数量　　D. 回收应收账款

【答案】ACD

（2）下列关于财务预算的表述中，正确的有（　　）。

A. 财务预算多为长期预算

B. 财务预算又被称作总预算

C. 财务预算是全面预算体系的最后环节

D. 财务预算主要包括现金预算和预计财务报表

【答案】BCD

（3）全面预算体系中，属于总预算内容的有（　　）。

A. 现金预算　　B. 生产预算

C. 利润表预算　　D. 资产负债表预算

【答案】ACD

（4）相对固定预算而言，弹性预算的优点有（　　）。

A. 预算成本低　　B. 预算工作量小

C. 预算可比性强　　D. 预算范围宽

【答案】CD

（5）预算的作用主要表现在（　　）。

A. 通过引导和控制经济活动使企业经营达到预期目标

B. 可以作为业绩考核的标准

C. 可以显示实际的执行结果

D. 可以实现企业内部各个部门之间的协调

【答案】ABD

（6）下列关于预算工作组织的说法正确的有（　　）。

A. 企业内部各职能部门和企业基层单位的主要负责人对本部门或单位的财务预算执行结果承担责任

B. 企业内部各职能部门和企业基层单位的主要负责人拟订预算的目标、政策

C. 企业董事会或类似机构应当对企业预算的管理工作负总责

D. 财务管理部门具体负责预算的跟踪管理，监督预算的执行情况

【答案】ACD

(7) 在编制生产预算时，计算某种产品预计生产量应考虑的因素包括(　　)。

A. 预计材料采购量　　B. 预计产品销售量

C. 预计期初产品结存量　　D. 预计期末产品结存量

【答案】BCD

(8) 在下列各项中，属于业务预算的有(　　)。

A. 销售预算　　B. 现金预算

C. 生产预算　　D. 销售费用预算

【答案】ACD

(9) 与生产预算有直接联系的有(　　)。

A. 直接材料预算　　B. 变动制造费用预算

C. 管理费用预算　　D. 直接人工预算

【答案】ABD

(10) 产品成本预算是下列哪些预算的汇总(　　)。

A. 生产预算　　B. 直接材料预算

C. 直接人工预算　　D. 制造费用预算

【答案】ABCD

(11) 在编制现金预算的过程中，可作为其编制依据的有(　　)。

A. 业务预算　　B. 利润表预算

C. 资产负债表预算　　D. 专门决策预算

【答案】AD

(12) 在编制现金预算时，计算某期现金余缺必须考虑的因素有(　　)。

A. 期初现金余额　　B. 期末现金余额

C. 当期现金支出　　D. 当期现金收入

【答案】ACD

(13) 在财务预算中，专门用以反映企业未来一定预算期内预计财务状况或经营成果的预算有(　　)。

A. 现金预算　　B. 资产负债表预算

C. 销售预算　　D. 利润表预算

【答案】BD

(14) 下列关于全面预算中的利润表预算编制的说法中，正确的有(　　)。

A. “销售收入”项目的数据，来自销售预算

B. “销货成本”项目的数据，来自生产预算

C. “销售及管理费用”项目的数据，来自销售及管理费用预算

D. “所得税费用”项目的数据，通常是根据利润表预算中的“利润”项目金额和本企业适用的法定所得税税率计算出来的

【答案】AC

3. 判断题

（1）预算调整重点应当放在预算执行中出现的重要的、非正常的、不符合常规的关键性差异方面。(　　)

【答案】√

（2）企业财务管理部门是企业预算的基本单位。(　　)

【答案】×

（3）企业财务管理部门负责企业预算的编制、执行、分析和考核等工作，并对预算执行结果承担直接责任。(　　)

【答案】×

（4）财务预算是关于企业在未来一定期间内财务状况和经营成果以及现金收支等价值指标的各种预算总称。(　　)

【答案】√

（5）生产预算是规定预算期内有关产品生产数量、产值和品种结构的一种预算。(　　)

【答案】×

（6）编制现金预算时，制造费用产生的现金流出就是发生的制造费用数额。(　　)

【答案】×

4. 综合计算题

（1）资料一：A 公司根据销售预测，对某产品 2015 年度的销售量作如下预计：第一季度为 5000 件，第二季度为 6000 件，第三季度为 8000 件，第四季度为 7000 件，单位产品材料消耗定额为 2 千克/件，单位产品工时定额为 5 小时/件，单位工时的工资金额为 0.6 元。

资料二：若 A 公司每季度材料的期末结存量为下一季度预计消耗量的 10%，年初结存量为 900 千克，年末结存量为 1000 千克，计划单价为 10 元。材料款当季付 70%，余款下季度再付，期初应付账款为 40000 元。

要求：

1）若每个季度的产成品期末结存量，应为下一季度预计销售量的 10%，若年初产成品结存量为 750 件，年末结存量为 600 件，根据资料一，编制该公司的生产预算表 7-3 和直接人工预算表 7-4。

表 7－3　A 公司 2015 年度生产预算　　单位：件

项目	第一季度	第二季度	第三季度	第四季度	全年合计
预计销售量					
加：预计期末结存					
合计					
减：预计期初结存					
预计生产量					

表 7－4　A 公司 2015 年度直接人工预算

项目	第一季度	第二季度	第三季度	第四季度	全年合计
预计生产量（件）					
单位产品工时（小时/件）					
人工总工时					
每小时人工成本（元/小时）					
预计直接人工成本（元）					

2）根据资料一和资料二的有关资料，编制直接材料预算表 7－5。

表 7－5　A 公司 2015 年度直接材料预算　　单位：元

项目		第一季度	第二季度	第三季度	第四季度	全年合计
直接材料预算	预计生产量（件）					
	材料定额单耗（千克/件）					
	预计生产需要量（千克）					
	加：期末结存量（千克）					
	减：期初结存量（千克）					
	预计材料采购量（千克）					
	材料计划单价					
	预计购料金额					
预计现金支出	应付账款年初余额					
	第一季度购料付现					
	第二季度购料付现					
	第三季度购料付现					
	第四季度购料付现					
	现金支出合计					

【答案】

1）A 公司 2015 年度生产预算见表 7－6，直接人工预算见表 7－7。

表 7－6　A 公司 2015 年度生产预算　　单位：件

项目	第一季度	第二季度	第三季度	第四季度	全年合计
预计销售量	5000	6000	8000	7000	26000
加：预计期末结存	600	800	700	600	600
合计	5600	6800	8700	7600	26600
减：预计期初结存	750	600	800	700	750
预计生产量	4850	6200	7900	6900	25850

表 7－7　A 公司 2015 年度直接人工预算

项目	第一季度	第二季度	第三季度	第四季度	全年合计
预计生产量（件）	4850	6200	7900	6900	25850
单位产品工时（小时/件）	5	5	5	5	5
人工总工时	24250	31000	39500	34500	129250
每小时人工成本（元/小时）	0.6	0.6	0.6	0.6	0.6
预计直接人工成本（元）	14550	18600	23700	20700	77550

2）A 公司 2015 年度直接材料预算见表 7－8。

表 7－8　A 公司 2015 年度直接材料预算　　单位：元

项目		第一季度	第二季度	第三季度	第四季度	全年合计
直接材料预算	预计生产量（件）	4850	6200	7900	6900	25850
	材料定额单耗（千克/件）	2	2	2	2	2
	预计生产需要量（千克）	9700	12400	15800	13800	51700
	加：期末结存量（千克）	1240	1580	1380	1000	1000
	减：期初结存量（千克）	900	1240	1580	1380	900
	预计材料采购量（千克）	10040	12740	15600	13420	51800
	材料计划单价	10	10	10	10	10
	预计购料金额	100400	127400	156000	134200	518000

续表

项目		第一季度	第二季度	第三季度	第四季度	全年合计
预计现金支出	应付账款年初余额	40000				40000
	第一季度购料付现	70280	30120			100400
	第二季度购料付现		89180	38220		127400
	第三季度购料付现			109200	46800	156000
	第四季度购料付现				93940	93940
	现金支出合计	110280	119300	147420	140740	517740

（2）A 公司预算期间 2015 年度的简略销售情况如表 7－9 所示，若销售当季度收回货款 60%，次季度收款 35%，第三季度收款 5%，预算年度期初应收账款金额为 22000 元，其中包括上年第三季度销售的应收账款 4000 元，第四季度销售的应收账款 18000 元。

表 7－9 A 公司 2015 年度销售情况预测

项目	第一季度	第二季度	第三季度	第四季度	全年合计
预计销售量（件）	2500	3750	4500	3000	13750
销售单价（元）	20	20	20	20	20

要求：

1）根据上述资料编制 A 公司 2015 年度销售预算见表 7－10。

表 7－10 A 公司 2015 年度销售预算 单位：元

项目	第一季度	第二季度	第三季度	第四季度	全年合计
预计销售量（件）					
销售单价（元/件）					
预计销售收入					
年初应收账款收现					
第一季度销售收现					
第二季度销售收现					
第三季度销售收现					
第四季度销售收现					
现金收入合计					

2）计算企业2015年末应收账款数额。

【答案】

1）A公司2015年度销售预算见表7－11。

表7－11　A公司2015年度销售预算　　单位：元

项目	第一季度	第二季度	第三季度	第四季度	全年合计
预计销售量（件）	2500	3750	4500	3000	13750
销售单价（元/件）	20	20	20	20	20
预计销售收入	50000	75000	90000	60000	275000
年初应收账款收现	19750	2250			22000
第一季度销售收现	30000	17500	2500		50000
第二季度销售收现		45000	26250	3750	75000
第三季度销售收现			54000	31500	85500
第四季度销售收现				36000	36000
现金收入合计	49750	64750	82750	71250	268500

第一季度期初应收账款收现＝18000/40%×35%＋4000＝19750（元）

第二季度期初应收账款收现＝18000/40%×5%＝2250（元）

2）年末应收账款＝90000×5%＋60000×40%＝28500（元）

（3）ABC公司2015年度设定的每季末预算现金余额的额定范围为50万～60万元，其中，年末余额已预定为60万元。假定当前银行约定的单笔短期借款必须为10万元的倍数，年利息率为6%，借款发生在相关季度的期初，每季末计算并支付借款利息，还款发生在相关季度的期末。2015年该公司无其他融资计划。

ABC公司编制的2015年度现金预算的部分数据如表7－12所示。

表7－12　2015年度ABC公司现金预算　　单位：万元

项目	第一季度	第二季度	第三季度	第四季度	全年合计
期初现金余额	40	*	*	*	（H）
经营现金收入	1010	*	*	*	5536.6
可运用现金合计	*	1396.3	1549	*	（I）
经营现金支出	800	*	*	1302	4353.7
资本性现金支出	*	300	400	300	1200
现金支出合计	1000	1365	*	1602	5553.7

续表

项目	第一季度	第二季度	第三季度	第四季度	全年合计
现金余缺	(A)	31.3	-37.7	132.3	*
取得短期借款	0	(C)	0	0	20
归还短期借款	0	0	0	20	*
支付短期借款利息	0	(D)	0.3	0.3	*
购买有价证券	0	0	0	(G)	*
出售有价证券	0	0	90		
期末现金余额	(B)	(E)	(F)	*	(J)

注：表中用“*”表示省略的数据。

要求：计算表7-12中用字母“A—J”表示的项目数值。

【答案】

A=40+1010-1000=50（万元）

B=50+0=50（万元）

31.3+C-C×6%/4≥50且C为10的整数倍，解得C=20(万元)

D=20×(6%÷4)=0.3(万元)

E=31.3+(20-0.3)=51(万元)

F=-37.7-0.3+90=52（万元）

132.3-20-0.3-G=60（万元），所以G=52（万元）

H=40（万元）

I=40+5536.6=5576.6（万元）

J=60（万元）

（4）某企业2015年有关预算资料如下：

1）预计该企业3~7月的销售收入分别为40000万元、50000万元、60000万元、70000万元、80000万元。每月销售收入中，30%当月收到现金，70%下月收到现金。

2）各月直接材料采购成本按下一个月销售收入的60%计算。所购材料款于当月支付现金的50%，下月支付现金的50%。

3）预计该企业4~6月的制造费用分别为4000万元、4500万元、4200万元，每月制造费用中包括折旧费1000万元。

4）预计该企业4月购置固定资产，需要现金15000万元。

5）企业在3月末有长期借款20000万元，利息率为15%。

6）预计该企业在现金有余缺时利用短期借款进行调剂，不足时，向银行申请短期借款（为100万元的整数倍）；现金有多余时归还银行短期借款（为100万元的整数倍）。借款在期初，还款在期末，借款年利率12%。

7）预计该企业理想期末现金余额为6000万元，长期借款利息每季度末支付一次，短期借款利息还本时支付，其他资料见现金预算表。

要求：根据以上资料，完成该企业4～6月现金预算的编制工作，如表7－13所示。

表7－13　×××企业2015年4～6月现金预算　　单位：万元

月份	4	5	6
期初现金余额	7000		
经营性现金收入			
经营性现金支出：			
直接材料采购支出			
直接工资支出	2000	3500	2800
制造费用支出			
其他付现费用	800	900	750
预交所得税			8000
资本性现金支出			
现金余缺			
支付利息			
取得短期借款			
偿还短期借款			
期末现金余额			

【答案】该企业4～6月现金预算如表7－14所示。

表7－14　×××企业2015年4～6月现金预算　　单位：万元

月份	4	5	6
期初现金余额	7000	6000	6082
经营性现金收入	50000×30%＋40000×70%＝43000	60000×30%＋50000×70%＝53000	70000×30%＋60000×70%＝63000
经营性现金支出：			
直接材料采购支出	36000×50%＋30000×50%＝33000	42000×50%＋36000×50%＝39000	48000×50%＋42000×50%＝45000

续表

月份	4	5	6
直接工资支出	2000	3500	2800
制造费用支出	4000 - 1000 = 3000	4500 - 1000 = 3500	4200 - 1000 = 3200
其他付现费用	800	900	750
预交所得税			8000
资本性现金支出	15000		
现金余缺	7000 + 43000 - 33000 - 2000 - 3000 - 800 - 15000 = -3800	6000 + 53000 - 39000 - 3500 - 3500 - 900 = 12100	6082 + 63000 - 45000 - 2800 - 3200 - 750 - 8000 = 9332
支付利息		5900 × 12% × 2/12 = 118	20000 × 15% × 3/12 + 2500 × 12% × 3/12 = 825
取得短期借款	9800		
偿还短期借款		5900	2500
期末现金余额	6000	6082	6007

其中采购成本：

3 月：50000 × 60% = 30000（万元）

4 月：60000 × 60% = 36000（万元）

5 月：70000 × 60% = 42000（万元）

6 月：80000 × 60% = 48000（万元）

借款额：

4 月：-3800 + 借款额≥6000，则借款额≥9800，则借款额 = 9800（万元）

还款额：

5 月：12100 - 还款额 × 12% × 2/12 - 还款额≥6000

还款额≤5980.39，取整则还款额 = 5900（万元）

6 月：9332 - 20000 × 15% × 3/12 - 还款额 × 12% × 3/12 - 还款额≥6000

还款额≤2506.8，取整则还款额 = 2500（万元）。

三、学生讨论集萃

（一）现金预算怎么编

现金预算是由现金收入、现金支出、现金多余或不足以及资金的筹集和运用四部分组成。现金收入包括期初现金余额和预算期现金收入，年初的现金余额是在编表时预计的；现金收入的主要来源是销售所得，销售所得现金数据来自销售预算；可供使用的现金为本期现金期初余额和本期现金收入等，现金支出是指预算期的各项现金支出，包括直接材料支出、直接人工支出、制造费用支出、销售及管理费用支出、财务费用等，也包括缴纳的所得税、购置设备、股利分配等现金支出之和。

现金预算的编制方法有以下三种：

（1）现金收支法。是指以预算期内各项经济业务实际发生的现金收付为依据来编制现金预算的方法，是编制现金预算的主要方法。

（2）调整净收益法。是指将以权责发生制为基础计算出的税前净收益调整为以现金收付实现制为基础计算出的现金净收益的方法。

（3）预计资产负债表法。是指编制预算时对资产负债表除现金以外的各个项目进行一一预计，然后再根据会计恒等式进行变形的公式（现金余额 = 负债 + 所有者权益 - 非现金资产），推算出现金余额的一种现金预算方法。

现金预算是企业全面预算管理体系的中心，从编制程序上来说，现金预算是在各业务部门的分预算编制完成以后，财务部门根据各分预算列示出的现金收支预计数及有关资本预算资料编制现金预算。

（二）预计利润表怎么编制

预计利润表是反映企业预算期的财务成果的报表，其内容、格式与实际的收益表完全相同，只不过数字是面向预算期的。

预计利润表是在汇总预算期内销售预算、产品成本预算、各项费用预算、营业外收支预算、资本支出预算等资料的基础上编制的。

（三）预计资产负债表如何编制

预计资产负债表是反映企业预算期末财务状况的报表。它是以本年度的资产负债表、各项经营业务预算、资本支出预算以及财务预算为基础来编制的。其内容、格式与实际的资产负债表完全相同，只不过数据是面向预算期的。

预计资产负债表的编制方法主要有两种：预算汇总法和销售百分比法。其中，预算汇总法是依照实际资产负债表调整而来。首先，按照下列会计方程式逐项调整出每一项目的金额；其次，根据会计恒等式验证其左右方，使之达到平衡即可。相关的计算公式是：

期末余额 = 期初余额 + 本期增加额 - 本期减少额

资产 = 负债 + 所有者权益

销售百分比法是假定某些资产和负债项目与销售额保持一定的百分比，随着预算年度销售额的增加，这些资产和负债项目也需要随之增加。因此，该方法对销售额的依赖性较大，所以，运用此法，首先，要用统计方法计算出预计销售额；其次，判断各项目与销售额间是否存在固定的比率关系，这也是运用此法成功的关键；最后，再对除了调整项目以外的其他项目，按照会计恒等式原理进行资产负债表的左右平衡。

（四）预计现金流量表的编制

预计现金流量表是反映企业预算期内现金和现金等价物流入和流出状况的报表。它是在现金预算的基础上，结合企业预算期内相关现金收支资料编制的。其内容、格式与实际的现金流量表完全相同。在实际中，往往以“现金预算”代替现金流量表。

四、教师讲授知识点

（一）销售预算的编制

销售预算是编制全面预算的起点，也是其他预算编制的基础。

当编制销售预算时，应该根据公司市场占有率，并通过本量利分析，确定有可能使企业经济效益最佳的销售量和销售单价，同时还应考虑企业生产能力等因素。

销售预算是按不同产品的品种、数量、单价、金额等项目分别填制的。在实际工作中，销售预算通常还包括“预计现金收入计算表”，以反映前期应收账款的收回以及本期的销售收入情况。

（二）生产预算的编制

生产预算是预计生产量，其中“预计销售量”来自销售预算，其他数据可根据以下公式计算：

预计期末存货量 = 下期销售量 × 存货留存百分比

预计期初存货量 = 上期期末存货量

预计生产量 = 预计销售量 + 预计期末存货量 − 预计期初存货量

（三）直接材料预算的编制

直接材料预算以生产预算预计生产量和企业消耗定额来确定预算期材料消耗量，并结合当前情况和长期销售预测估计得到的期初、期末库存情况来确定采购数量。通常，期末材料的存量可根据下期生产需要的一定百分比确定。然后，按照预计的材料单价计算出所需要的采购资金数，同时在考虑前期应付购料款的偿还和本期购料款的支付等情况后，预计预算期间材料采购现金的支出额。

直接材料预算的“预计生产量”来自生产预算。其他数据可根据以下公式计算：

预计期末存料量 = 下期生产需要量 × 材料留存百分比

预计期初存料量 = 上期期末存料量

预计购料量 = 生产需要量 + 预计期末存料量 − 预计期初存料量

在直接材料预算中，通常还包括预计现金支出的计算，其目的是为编制现金预算提供必要的资料。本期现金支出包括两部分，即应付前期购料款的偿还数及本期购料款的当期支付数。

（四）直接人工预算的编制

直接人工预算也是以生产预算为基础编制的。根据生产预算中的预计生产量，以及企业标准成本资料中的定额工时、小时工资率，预计直接工资支出。实行月工资制度的企业根据直接人工在册数、出勤率及平均日工资额等数据资料来进行预计。

直接人工预算的“预计生产量”来自生产预算。其他数据可根据以下公式计算：

预计生产需要工时总数 = 预计生产量 × 单位产品工时

预计直接人工总成本 = 预计生产需要工时总数 × 小时工资率

由于人工工资都需要使用现金支付，所以，不需要另外预计现金支出，预计直接人工总成本数额可直接参加现金预算的汇总。

（五）制造费用预算的编制

制造费用预算也是以生产预算为基础，依据除直接材料、直接人工外应计入产品成本的全部费用编制而成的。其中，变动制造费用的编制，如果有完善的标准成本资料，用单位产品的标准成本与预计生产量相乘，即可得到相应的预算金额；如果没有标准成本资料，则需逐项预计计划生产量需要的各项制造费用。固定制造费用部分，通常与预算期生产量无关，可以采用零基预算的方法逐项预计。

为了方便以后现金预算的编制，需要预计制造费用现金的支出额。由于固定资产折旧不需要支付现金，所以在制造费用支出总额中应予以扣除。

（六）产品成本预算的编制

产品成本预算是前述料、工、费等预算的汇总。在该预算表中列示出预算年度产品的单位成本、总成本以及预算期内销售成本和期末存货成本。单位产品成本的有关数据来自直接材料预算、直接人工预算和制造费用预算。预计生产量、期末存货量来自生产预算，预计销售量来自销售预算。生产成本、存货成本和销售成本等数据可根据单位成本和有关数量计算得出。

（七）销售及管理费用预算的编制

首先，销售费用预算是指为了实现销售预算所需支付的费用预算，以销售预算为基础，同时综合分析销售收入、销售费用和销售利润的相互关系，力求实现销售费用的最有效使用。在预计销售费用时，应以过去的销售费用实际支出（或

上期预算）为基础，考察其支出的必要性和效果，结合预算期促销方式的变化以及其他未来情况发生的可能性，并且与销售预算相配合，按品种、地区、用途具体确定预算数额。

其次，管理费用预算是指企业日常生产经营中为搞好一般管理业务所必需的费用预算。在编制管理费用预算时，要分析企业的业务成绩和一般经济状况，务必做到合理化。管理费用项目比较复杂且多属固定成本，因此，可以先由各费用归口部门上报费用预算。企业在比较、分析过去实际开支的基础上，充分考虑预算期各费用项目变动情况及影响因素，确定各费用项目预计数额。另外，为了给现金预算提供现金支出资料，在管理费用预算的最后，还可预计预算期管理费用的现金支出数额。管理费用中的固定资产折旧费、低值易耗品摊销、计提坏账准备金、无形资产摊销和递延资产摊销均属不需要现金支出的项目，在预计管理费用现金支出时，应予以扣除。在通常情况下，管理费用各期支出比较均衡，因此，各季的管理费用现金支出数为预计全年管理费用现金支出数的1/4。

（八）财务费用预算的编制

财务费用预算是指对预算期企业因筹集生产经营所需资金等而发生的费用所进行的预计。由于财务费用的发生主要与企业存、贷款数额和利率变动直接有关。在利率较平稳的情况下只要企业生产和销售规模不变，预算期财务费用与上年应基本一致。因此，可在上年财务费用开支数的基础之上，按预算期可预见的变化进行调整，以此作为预算期财务费用预算数。

无上年预算数（或实际开支数）的企业，可按下式计算：

预计财务费用 = ∑每次借款额 × 每次借款期限 × 每次借款利率 －4 × 每季度平均银行存款累计计息积数 × 存款利率

财务费用各项目均需支付现金，费用的预算数即为预计财务费用现金支出数。

五、拓展知识反馈

公司业务预算、现金预算、预计财务报表是一个完整的有机统一体，从业务预算的销售预算开始，沿着生产预算、材料预算、人工预算、制造费用预算、期间费用预算路径推进，这个流程与公司生产流程是一致的，然后结合公司预计的资本预算，就可以编制现金预算（包含了大部分预计现金流量报表的项目）。根据销售预算、成本预算和费用预算可以预计利润表。再根据上述业务预算、现金预算、资本预算预计资产负债表。这是财务预算编制的一般流程，见图7－1。

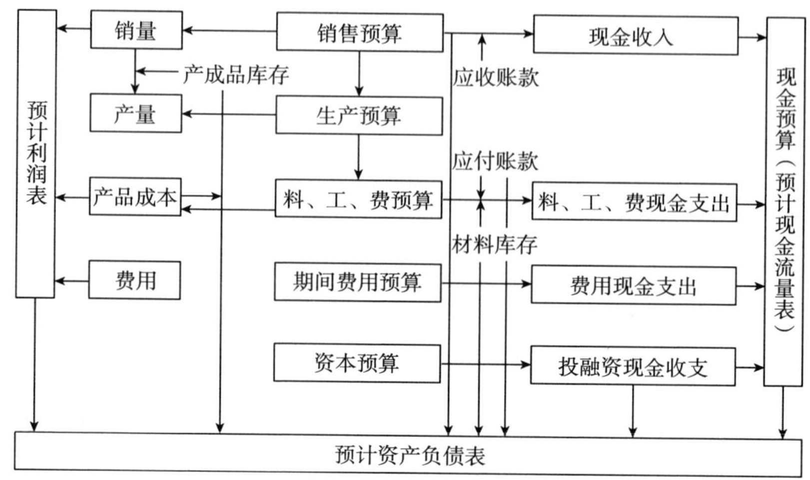

图 7－1　财务预算编制流程

第二节　"股利政策"教学设计

股利政策是财务分配原则或制度安排，关于股利政策有两派相反的理论观点，一派观点是股利重要论，即通过股利政策优化，可以实现股东效益最大化；另一派观点是股利无关论，即是否派发股利对股东的利益没有影响，类似我国"大锅饭"时期"肉烂在锅里"的观点。从财务学发展的趋势来看，股利政策是重要的激励手段，不仅是经济利益问题，还受社会心理和股民意识等多方面影响，研究股利政策意义巨大。

一、教学目的、重点、难点

教学目的：股利政策是指以公司发展为目标，在权衡企业近期利益与长远利益及平衡企业内外部相关各方利益的基础上，对于净利润在提取了各种公积金后如何在发放股利和留在公司用于将来再投资两者之间进行分配而采取的基本态度和方针政策。股利政策的核心内容是采取什么样的策略和采取多高的股利支付率。公司要综合考虑相关的法律、契约、股东和公司等方面的因素，选择合适的股利政策。在发放股利时，可采取现金股利、财产股利、股票股利或负债股利等方式。此外，公司可以通过股票分割来达到调整股票市价的目的。

教学重点：股利形式、股利政策类型和适用范围。

教学难点：股利分配理论的理解。

二、题库设计

（一）课堂讨论

1. 单项选择题

（1）若上市公司采用了合理的收益分配政策，则可获得的效果不包括(　　)。

A. 能为企业筹资创造良好条件

B. 能处理好与投资者的关系

C. 改善企业经营管理

D. 能增强投资者信心

（2）上市公司按照剩余股利政策发放股利的好处是（　　）。

A. 有利于公司合理安排资金结构

B. 有利于投资者安排收入和支出

C. 有利于公司稳定股票的市场价格

D. 有利于公司树立良好的形象

（3）在下列股利分配政策中，能保持股利和收益之间一定比例关系，并体现多盈多分、少盈少分，无盈不分原则的是（　　）。

A. 剩余股利政策

B. 固定或稳定增长股利政策

C. 固定股利支付率政策

D. 低正常股利加额外股利政策

（4）在下列公司中，通常适合采用固定股利政策的是（　　）。

A. 收益显著增长的公司

B. 收益相对稳定的公司

C. 财务风险较高的公司

D. 投资机会较多的公司

（5）相对于其他股利政策而言，既可以维持股利的稳定性，又有利于优化资本结构的股利政策是（　　）。

A. 剩余股利政策

B. 固定股利政策

C. 固定股利支付率政策

D. 低正常股利加额外股利政策

（6）长江公司现有发行在外的普通股 10000 股，每股面额 1 元，资本公积 30000 元，未分配利润 80000 元，股票市价 20 元；若按 10% 的比例发放股票股利并按市价折算，公司资本公积的列报将为（　　）。

A. 10000 元　　B. 29000 元　　C. 49000 元　　D. 30000 元

（7）蓝天公司原发行普通股 40 万股，拟发放 6 万股的股票股利。已知原每股盈余为 9.2 元，发放股票股利后的每股盈余为（　　）。

A. 5.4 元　　B. 7.2 元　　C. 8 元　　D. 9.2 元

（8）下面的项目中，哪一项不是确定收益分配时应考虑的股东因素（　　）。

A. 控制权　　B. 避税

C. 稳定收入　　D. 资产的流动状况

（9）领取股票的权利与股票相互分离的日期是（　　）。

A. 股利宣告日　　B. 股权登记日　　C. 除息日　　D. 股利支付日

（10）企业的利润分配指的是（　　）。

A. 企业所得税　　B. 净利润　　C. 盈余公积　　D. 息税前利润

2. 综合计算题

（1）赤壁公司 2009 年实现的税后净利为 850 万元，若 2010 年的投资计划所需资金为 800 万元，公司的目标资本结构为自有资金占 60%。

1）若公司采用剩余股利政策，则 2009 年末可发放多少股利?

2）若公司发行在外的股数为 1000 万股，计算 2009 年每股利润及每股股利?

3）若 2010 年公司决定将公司的股利政策改为逐年稳定增长的股利政策，设股利的逐年增长率为 2%，投资者要求的必要报酬率为 12%，计算该股票的价值。

（2）资料：东风公司正在研究其股利分配政策。目前该公司发行在外的普通股共 100 万股，净资产 200 万元，今年每股支付 1 元股利。预计未来三年的税后利润和需要追加的资本性支出如表 7 – 15 所示。

表 7 – 15　预计未来三年的税后利润和需要追加的资本性支出

年份	1	2	3
税后利润（万元）	200	250	200
资本支出（万元）	100	500	200

假设公司目前没有借款并希望逐步增加负债的比重，但是资产负债率不能超过 30%。筹资时优先使用留存收益，其次是长期借款，必要时增发普通股。假设表 7 – 15 给出的“税后利润”可以涵盖增加借款的利息，并且不考虑所得税的影响。增发股份时，每股面值 1 元，预计发行价格 2 元，假设增发当年不需要支付股利，下一年开始发放股利。

要求：用 Excel 公式计算相关数据。

1）假设维持目前的每股股利，计算各年需要增加的借款和股权资金。

2）假设采用剩余股利政策，计算各年需要增加的借款和股权资金。

（二）课外作业

1. 单项选择题

（1）企业投资并取得收益时，必须按一定的比例和基数提取各种公积金，这一要求体现的是（　　）。

A. 资本保全约束　　B. 资本积累约束

C. 超额累计利润约束　　D. 偿债能力约束

【答案】B

（2）下列股利政策中，根据股利无关理论制定的是（　　）。

A. 剩余股利政策　　B. 固定股利支付率政策

C. 稳定增长股利政策　　D. 低正常股利加额外股利政策

【答案】A

（3）下列各项政策中，最能体现“多盈多分、少盈少分、无盈不分”股利分配原则的是（　　）。

A. 剩余股利政策　　B. 低正常股利加额外股利政策

C. 固定股利支付率政策　　D. 固定或稳定增长的股利政策

【答案】C

（4）下列关于股利分配政策的表述中，正确的是（　　）。

A. 公司盈余的稳定程度与股利支付水平负相关

B. 偿债能力弱的公司一般不应采用高现金股利政策

C. 基于控制权的考虑，股东会倾向于较高的股利支付水平

D. 债权人不会影响公司的股利分配政策

【答案】B

（5）某公司近年来经营业务不断拓展，目前处于成长阶段，预计现有的生产经营能力能够满足未来 10 年稳定增长的需要，公司希望其股利与公司盈余紧密配合。基于以上条件，最适宜该公司的股利政策是（　　）。

A. 剩余股利政策　　B. 固定股利政策

C. 固定股利支付率政策　　D. 低正常股利加额外股利政策

【答案】C

（6）下列各项中，不影响股东权益变动的股利支付形式是（　　）。

A. 现金股利　　B. 股票股利

C. 负债股利　　D. 财产股利

【答案】B

(7) 下列净利润分配事项中，根据相关法律法规和制度，应当最后进行的是（　　）。

A. 向股东分配股利　　B. 提取任意盈余公积金

C. 提取法定公积金　　D. 弥补以前年度亏损

【答案】A

(8) 下列关于提取任意盈余公积的表述中，不正确的是（　　）。

A. 应从税后利润中提取　　B. 应经股东大会决议

C. 满足公司经营管理的需要　　D. 达到注册资本的 50% 时不再计提

【答案】D

2. 多项选择题

(1) 处于初创阶段的公司，一般不宜采用的股利分配政策有（　　）。

A. 固定股利政策　　B. 剩余股利政策

C. 固定股利支付率政策　　D. 稳定增长股利政策

【答案】ACD

(2) 下列关于发放股票股利的表述中，正确的有（　　）。

A. 不会导致公司现金流出

B. 会增加公司流通在外的股票数量

C. 会改变公司股东权益的内部结构

D. 会对公司股东权益总额产生影响

【答案】ABC

(3) 下列各项股利政策中，股利水平与当期盈利直接相关的有（　　）。

A. 固定股利政策　　B. 稳定增长股利政策

C. 固定股利支付率政策　　D. 低正常股利加额外股利政策

【答案】CD

3. 综合计算题

F 公司为一家稳定成长的上市公司，2009 年度公司实现净利润 8000 万元。公司上市三年来一直执行稳定增长的现金股利政策，年增长率为 5%，吸引了一批稳健的战略性机构投资者。公司投资者中个人投资者持股比例占 60%。2008 年度每股派发 0.2 元的现金股利。2010 年计划新增一投资项目，需要资金 8000 万元。目标资产负债率为 50%。由于公司良好的财务状况和成长能力，公司与多家银行保持良好的合作关系。2009 年 12 月 31 日资产负债表有关数据如表 7 - 16 所示：

表7－16 F公司2009年12月31日资产负债表有关数据 单位：万元

货币资金	12000
负债	20000
股本（面值1元，发行在外10000万股普通股）	10000
资本公积	8000
盈余公积	3000
未分配利润	9000
股东权益总额	30000

2010年3月15日公司召开董事会会议，讨论了甲、乙、丙三位董事提出的2009年度股利分配方案：

甲董事认为，考虑到公司的投资机会，应当停止执行稳定增长的现金股利政策，将现金全部留存，不分配股利，以满足投资需要。

乙董事认为，既然公司有好的投资项目，有较大的现金需求，应当改变之前的股利政策，采用每10股送5股的股票股利分配政策。

丙董事认为，应当维持原来的股利分配政策，因为公司的战略性机构投资者主要是保险公司，他们要求固定的现金回报。且当前资本效率较高，不会由于发放股票股利使股价上涨。

要求：

（1）计算维持稳定增长的股利分配政策下公司2009年度应该分配的现金股利总额。

（2）分别站在企业和投资者的角度，比较分析甲、乙、丙三位董事提出的股利分配方案的利弊，并指出最佳股利分配方案。

【答案】

（1）公司2009年度应当分配的现金股利总额＝10000×0.2×（1＋5%）＝2100（万元）

（2）三个方案利弊分析如下：

1）甲董事提出的方案：

从企业角度来看，不分配股利的优点是不会导致现金流出。缺点是在企业资产负债率低于目标资产负债率且与多家银行保持良好合作关系的情况下，使用留存收益满足投资需要，将会提高公司的平均资本成本；作为一家稳定成长的上市公司，停止一直执行的稳定增长的现金股利政策，将会传递负面信息，降低公司价值。

从投资者角度来看，不分配现金股利的缺点是不能满足投资者获得稳定收益的要求，影响投资者信心。

2）乙董事提出的方案：

从企业角度来看，发放股票股利的优点是不会导致现金流出，能够降低股票价格，促进股票流通，传递公司未来发展前景良好的信号。缺点是在企业资产负债率低于目标资产负债率且与多家银行保持良好合作关系的情况下，使用留存收益满足投资需要，将会提高公司的平均资本成本。

从投资者角度来看，发放股票股利的优点是可能获得股价相对上升的收益，缺点是不能满足投资者获得稳定收益的要求。

3）丙董事提出的方案：

从企业角度来看，稳定增长的现金股利政策的优点是在企业资产负债率低于目标资产负债率且与多家银行保持良好合作关系的情况下，通过负债融资满足投资需要，能够维持目标资本结构，降低资本成本，有助于发挥财务杠杆效应，提升公司价值和促进公司持续发展。缺点是将会导致公司现金流出，通过借款满足投资需要将会增加财务费用。

从投资者角度来看，稳定增长的现金股利政策的优点是能满足投资者获得稳定收益的要求，从而提升投资者信心。

基于上述分析，鉴于丙董事提出的股利分配方案既能满足企业发展需要，又能兼顾投资者获得稳定收益的要求，因此，丙董事提出的股利分配方案最佳。

三、学生讨论集萃

（一）资本保全什么意思？目的是什么

解析：资本保全规定公司不能将资本（包括股本和资本公积）用于分配，用于股利分配的资金只能是公司的当期利润或留用利润，即当公司当年无累计利润时原则上不得向投资者分配股利（在用盈余公积弥补亏损后，经股东大会特别决议，可以按不超过股票面值6%的比例用盈余公积分配股利）。这一规定目的是为了防止企业任意减少股东权益的比例，以维护债权人的利益。

（二）股东基于税收考虑的股利分配意向为什么不一致

解析：由于股利收入的税率要高于资本利得的税率，目前我国规定，股票转让收入（含溢价）均不交所得税，股票分红收入，由上市公司在分红时按照20%的税率扣缴了所得税，即持股人也不需要缴纳所得税。因此，公司的股利政策会受到其股东所得税状况的影响。一些依靠股利维持生活的股东一般会要求公司支付稳定的股利，而一些高收入股东出于避税考虑，可能会反对公司支付较多的股利。

（三）股利高低主要取决于哪些因素

解析：主要考虑以下因素：

（1）企业所处的成长周期及目前的投资机会。

（2）企业的再筹资能力及筹资成本。

（3）企业的控制权结构。

（4）顾客效应。

（5）股利信号传递功能。

（6）贷款协议以及法律限制。

（7）通货膨胀等因素。

（四）股票股利与股票分割的关系

一般情况下，公司在公布发放股票股利后短时间内股价会上升，股价的增长更多的是因为投资者把股票股利当作企业未来高盈利和高股利的信号，而不是因为投资者喜欢股票股利本身。但是如果企业没有宣布盈余和股利的增加，股价就会回落到原来的水平。

股票分割是指将公司原来的面额较高的股票按照一定比例拆分成面额较低的股票的经济行为。股票股利和股票分割的区分标准一般要由国家证券管理等有关部门以法律法规等形式确定，有些国家证券交易机构规定，发放25%以上的股票股利属于股票分割，目前我国还没有这样的规定。当实施股票分割后，公司发行在外的股份总数增加，每股收益和每股市价降低，而资产负债表中股东权益总额、股东权益各账户（股本、资本公积、留存收益）的余额、股东权益各账户之间的比例关系都保持不变。

四、教师讲授知识点

（一）剩余股利政策

剩余股利政策是指当公司存在较好的投资机会时，首先，将净利润用于满足公司投资项目对权益资本的需要；其次，再将剩余的部分用于向股东发放股利；最后，如果没有剩余，则不发放股利。

实施步骤：

（1）确定目标资本结构。

（2）确定目标资本结构下投资项目所需要的权益资本数额。其计算公式为：

投资项目所需要的权益资本数额＝项目投资总额×目标资本结构下权益资本占总资本的比重

（3）最大限度地使用保留盈余来满足投资项目对权益资本的需要。

（4）剩余的净利润作为股利发给股东：

股利发放额＝税后净利润－投资项目所需要的权益资本

剩余股利政策主要适用于初创阶段或高速成长阶段的公司。

（二）固定或持续增长股利政策

固定或持续增长股利政策是指公司将每年发放的股利固定在某一特定水平或是在此基础上维持某一固定比例逐年稳定增长。

固定或持续增长的股利政策一般适用于收益比较稳定或正处于成长期的公司。

（三）固定股利支付率政策

固定股利支付率政策是指公司将每年净收益的某一固定百分比作为股利分派给股东，这一百分比称为股利支付率。

固定股利支付率政策比较适合于发展稳定且财务状况也比较稳定的公司。

（四）低正常股利加额外股利政策

低正常股利加额外股利政策是指企业在一般情况下，每年只向股东支付某一固定的、金额较低的股利（这一部分可称之为正常股利），在盈利情况较好、资金较为充裕的年度，除发放正常股利外，企业还根据实际情况向股东额外发放金额较大的股利（这一部分可称之为额外股利）。

低正常股利加额外股利政策比较适合于盈利经常波动且不易准确预测的公司。

观察我国上市公司的实际股利分配情况，可以看出：一是绝大部分上市公司的分配方案不具有连贯性和一致性；二是有一部分公司采用不分配股利的政策，而且有越来越严重的趋势。在进行分配的企业中，绝大部分公司不进行现金股利的分配，而是采用股票股利或混合股利的方法进行分配。

五、拓展知识反馈

1. 股利重要论

迪斯·艾特曼（Dice Eiteman）等认为，由于现代资本市场的发展，企业股权高度分散，大部分的投资者没有参与企业经营的意愿，企业只是他们获取收益的来源；也无意长期持有股票，一直等到企业清算时参与剩余财产的分配。股利实际上是投资者进行投资的最重要的目的，因此，股利对于投资者而言是很重要的。

2. 威廉斯（Williams）的股利理论

威廉斯认为，股利为股票价值的基础。所以各期股利越高，股票价格越高；股利水平越低，股票价格越低，各期股利按固定比率增长的股票价格高于各期股利相等的股票价格。

3. MM 的股利无关论

米勒和莫迪格利安尼提出，在严格的假设条件下，股利政策不会对企业股票

的价值产生任何影响。假定公司的投资方案与借款数额已经确定，公司可以综合运用发行新股和内部留存收益为未来投资计划筹措资金，税后盈利在满足了投资预算需要后，全部用于发放股利。新股东购买股票后，发生的是新老股中间的价值转移——老股东将自己拥有的一部分公司资产转让给新股东，新股东则把与资产同等价值的现金交付给老股东，而公司的价值却并未改变。其正确性只有与其前提——“完善的资本市场”“理性行为”和“充分确定性”联系在一起才能实现。

4. 税差理论

如果现金股利税高于资本利得税，则公司倾向于支付较低水平的股利。我国税法规定，股东接受现金股利收入需缴纳的所得税税率为20%，而股票交易尚未征收资本利得税。因此，较低的现金股利维护了股票投资者的利益。

5. 代理成本说

首先，股利的支付减少了管理人员对自由现金流量的支配权，促进资金最佳配置；其次，大额股利的发放使公司投资资本由留存收益供给的可能性减小，为了满足新增投资的资金需求，就必须寻求外部债权和权益融资。而外部融资，无论是债权融资还是股权融资，都势必会使公司接受更为严格的监督和检查。例如，银行要仔细分析公司的经营状况，以及未来的盈利能力和偿债能力，证券交易委员会要求对公司的财务状况进行严格而认真的审查并公布给投资者。从而借助外部监督，降低股东对经营者的代理成本。

第八章 “财务管理”实验对分翻转教学设计

“财务管理”实验是契合商科应用型人才培养的重要改革内容，增加现代信息技术在财务管理中的运用，体现了“互联网”思维和大数据处理能力培养的理念，对于培养学生财务决策能力具有十分重要的意义。

第一节 资金时间价值计算

一、教学目的、重点、难点

运用 Excel 财务函数（FV、PV、PMT、RATE 和 NPER）分别计算复利终值、复利现值、年金终值（含预付年金终值）、年金现值（含预付年金现值）、利率和期数，并能够运用计算结果进行财务决策。本节重点是利用资金时间价值的定量计算进行财务决策。难点是财务函数的语法规则。高阶能力训练是函数多功能应用。

二、验证性实验任务

验证性实验主要训练学生掌握财务函数的语法规则，根据认识规律，开始可能觉得较难，后面会越来越容易接受。所以验证性实验采用“抢答”方式，对完成任务的前三名，分别给予其展示的机会，一方面，通过学生自己的展示，让其他同学强化知识；另一方面，也可以让全班同学审查展示同学的结果和方法是否正确，通过这种集体发现错漏的方式可以调动全班同学学习的积极性，还可以警示大家，不再犯类似错误，以达到事半功倍的效果。

为了避免与教材内容重复，验证性实验要对理论课介绍的系数表进行改造，

增加难度系数，激发学生学习积极性，增强其对现代信息技术在财务管理中应用的兴趣。例如，理论课部分一般系数表对应的利率、年份都是整数，当验证实验时，可以将利率设置为带小数的形式。理论部分通常是计算现值、终值体现资金时间价值，验证实验时可以逆向设计，例如，不同利率水平下本金翻倍需要的时间，或相同时间里，本金翻倍需要的利率水平等。

（1）用 FV 函数验证利率 5.1% ~5.6%，1 ~5 年的复利终值系数如表 8 -1 所示、年金终值系数如表 8 -2 所示。

表 8 -1　复利终值系数

序号	5.1%	5.2%	5.3%	5.4%	5.5%	5.6%
1	1.0510	1.0520	1.0530	1.0540	1.0550	1.0560
2	1.1046	1.1067	1.1088	1.1109	1.1130	1.1151
3	1.1609	1.1643	1.1676	1.1709	1.1742	1.1776
4	1.2201	1.2248	1.2295	1.2341	1.2388	1.2435
5	1.2824	1.2885	1.2946	1.3008	1.3070	1.3132

表 8 -2　年金终值系数

序号	5.1%	5.2%	5.3%	5.4%	5.5%	5.6%
1	1.0000	1.0000	1.0000	1.0000	1.0000	1.0000
2	2.5100	2.5200	2.5300	2.5400	2.5500	2.5600
3	3.1556	3.1587	3.1618	3.1649	3.1680	3.1711
4	4.3165	4.3230	4.3294	4.3358	4.3423	4.3487
5	5.5367	5.5478	5.5588	5.5700	5.5811	5.5922

（2）用 PV 函数验证利率 5.1% ~5.6%，1 ~5 年的复利现值系数如表 8 -3 所示、年金现值系数如表 8 -4 所示。

表 8 -3　复利现值系数

序号	5.1%	5.2%	5.3%	5.4%	5.5%	5.6%
1	0.9515	0.9506	0.9497	0.9488	0.9479	0.9470
2	0.9053	0.9036	0.9019	0.9002	0.8985	0.8968

续表

序号	5.1%	5.2%	5.3%	5.4%	5.5%	5.6%
3	0.8614	0.8589	0.8565	0.8450	0.8516	0.8492
4	0.8196	0.8165	0.8134	0.8103	0.8072	0.8042
5	0.7798	0.7761	0.7724	0.7688	0.7651	0.7615

表8-4 年金现值系数

序号	5.1%	5.2%	5.3%	5.4%	5.5%	5.6%
1	0.9515	0.9506	0.9497	0.9488	0.9479	0.9470
2	1.8568	1.8542	1.8515	1.8489	1.8463	1.8437
3	2.7182	2.7131	2.7080	2.7030	2.6979	2.6929
4	3.5377	3.5295	3.5214	3.5132	3.5052	3.4971
5	4.3175	4.3056	4.2938	4.2820	4.2703	4.2586

（3）用PMT函数验证贷款利率5.1%~5.6%，贷款10万元，1~5年偿还的月供如表8-5所示。

表8-5 10万元贷款偿还的月供

序号	5.1%	5.2%	5.3%	5.4%	5.5%	5.6%
1	647.32	652.94	658.59	664.27	669.97	675.70
2	630.94	636.6	642.34	648.08	653.85	659.64
3	616.13	621.88	627.65	633.46	639.29	645.15
4	602.68	608.49	614.33	620.19	626.09	632.01
5	590.43	596.30	602.20	608.13	614.09	620.07

（4）用RATE函数验证1~5年存款翻1.5~2.0倍的利率如表8-6所示。

表8-6 1~5年存款增长倍数利率

序号	1.5	1.6	1.7	1.8	1.9	2.0
1	0.5000	0.6000	0.7000	0.8000	0.9000	1.0000
2	0.2247	0.2649	0.3038	0.3416	0.3784	0.4142
3	0.1447	0.1696	0.1935	0.2164	0.2386	0.2599
4	0.1067	0.1247	0.1419	0.1583	0.1741	0.1892
5	0.0845	0.0986	0.1120	0.1247	0.1370	0.1487

（5）用 NPER 函数验证存款利率5.1% ~5.6%，存款增长1.6~2.0倍需要的时间如表8-7所示。

表8-7 不同利率下存款增长倍数时间

序号	5.1%	5.2%	5.3%	5.4%	5.5%	5.6%
1	9.45	9.27	9.10	8.94	8.78	8.63
2	10.67	10.47	10.27	10.09	9.91	9.74
3	11.82	11.60	11.38	11.18	10.98	10.79
4	12.90	12.66	12.43	12.20	11.99	11.78
5	13.93	13.67	13.42	13.18	12.95	12.72

三、设计性实验任务①

设计性实验主要训练学生运用财务函数解决实际问题的能力，也是财务实验的真正目的。由于条件限制，学生应该在实验室完成这些任务，并做好实验记录，课后再完成实验报告。为了检查学生掌握的真实情况，一般应该当堂上交实验结果，便于老师分析学生存在的问题。

（1）小明的父母计划在他20岁时送他去美国留学，并为其存储一笔留学资金，假设年利率为5%，有以下三种存储方案：①在小明出生时一次性向银行存入20万元；②从小明出生开始，每年年初存入1万元，连续存20年；③从小明出生开始，每年年末存入1万元，连续存20年。请问，当小明20岁时，三种方案下存储的留学资金的本利之和分别是多少？

参考答案：

三种方案下存储的留学资金的本利之和如表8-8所示。

表8-8 留学资金的本利之和

1	=FV(5%，20，0，-20，0)	¥53.07
2	=FV(5%，20，-1，0，1)	¥34.72
3	=FV(5%，20，-1，0，0)	¥33.07

（2）甲公司投资一个项目，投资回报有以下三种方式：

① 夏庆利，周一萍等．企业财务管理与实验［M］．北京：中国财政经济出版社，2018.

1）10 年后，一次性获得 50 万元；

2）从投资第 1 年开始，每年年初获得 5 万元，连续 10 年；

3）从投资第 1 年开始，每年年末获得 5 万元，连续 10 年。请问，当年利率为 10% 时，三种方式下回报的现值分别是多少？哪种方式对投资者最有利？

参考答案：

当年利率为 10% 时，三种方式下回报的现值如表 8－9 所示。

表 8－9　三种方式下回报的现值

1	=PV(10%，10，0，－50，0)	¥19.28
2	=PV(10%，10，－5，0，1)	¥33.80
3	=PV(10%，10，－5，0，0)	¥30.72

（3）张三按揭了一套商品房，当前房子的总价为 100 万元，首付 30%，其余贷款。已知当前贷款年利率为 12%，张三贷款 10 年，有以下两种还贷方式可供选择：

1）每月月初等额偿还贷款；

2）每月月末等额偿还贷款。请问，两种方式下月还款额分别是多少？

参考答案：

两种方式下月还款额如表 8－10 所示。

表 8－10　月还款额　　单位：万元

1	=PMT(1%，120，－70，0，1)	¥0.99
2	=PMT(1%，120，－70，0，0)	¥1.00

（4）甲公司 10 年后有一笔 100 万元的贷款需要偿还，还款方式有以下两种：

1）从第 1 年开始，每年年初偿还 8 万元，连续还 10 年

2）从第 1 年开始，每年年末偿还 8 万元，连续还 10 年。

请问，两种还款方式下，贷款年利率分别为多少？

参考答案：

两种还款方式下贷款年利率如表 8－11 所示。

表 8－11　贷款年利率　　单位：万元

1	=RATE(10，－8，0，100，1)	4.02%
2	=RATE(10，－8，0，100，0)	4.87%

（5）按照当前的市场行情，在上海一套100平方米的房子市价为600万元，在武汉同样的一套房子市价为230万元，两地的市场年利率均为6%。李四大学毕业后想在上海或武汉找一份工作，并在上班的城市买一套100平方米的房子，如果李四在上海工作，平均每年年末可存款50万元；如果在武汉工作，平均每年年末可存款25万元。

请问：

1）如果李四在上海工作需要多少年才能存足买房款?

2）如果李四在武汉工作需要多少年才能存足买房款?

参考答案：

李四存足买房款年限如表8－12所示。

表8－12 存足买房款年限 单位：年

1	＝NPER(6%，－50，600，0，0)	21.85
2	＝NPER(6%，－25，230，0，0)	13.78

四、学生常见错误

（一）语法错误

在计算复利现值或复利终值时，在计算过程中年金和复利最容易混淆。年金PMT那个位置要么输入0，要么用逗号占着，否则就不是复利而是年金了。还有就是预付年金的参数在最后，当计算预付年金时，一定要将现值和终值两个位子用“0”占着，或用逗号占着，否则结果就不是预付年金了。另外也有用错函数名的，这通常是复制粘贴过程中发生的错误，现值函数和终值函数只差首写字母，粗心的学生复制就用，结果一字母之差，相去甚远。

（二）参数错误

这里说的参数错误包括参数顺序错误和参数内容错误，财务函数的参数顺序有严格规定，对于时间价值相关的5个财务函数，有一个共同的规律，即5个参数既可以做函数名，又可以做参数，它们的位置是利率（Rate），期间数（Nper），年金（Pmt），现值（Pv），终值（Fv）后面接一个特定的类型参数（Type）即区别普通年金和预付年金的。前5个参数拿到圆括号前面，其他参数顺序不变，就是一个新函数，如果顺序错位，结果就南辕北辙了。参数内容错误，主要是指利率和期间的匹配问题，例如，当年做期间单位时，利率应该是年利率；相应地，当月做期间单位时，利率应该是月利率。

（三）选择迷茫

最初学习者往往只能直接套用函数各参数值，稍有变换说法，就无所适从。例如，PMT 函数，是已知利率、期间和现值（终值）求年金。它在现实中如何使用呢？或现实生活中什么样的问题会用到这个函数呢？这是学生的难点，需要教师必要的训练和启发。日常生活中使用 PMT 最常见的事例是按揭贷款计算月供，这时利率参数是指贷款利率，期间是贷款时长，贷款额是现值。这里就存在三个陷阱：一是贷款利率，因为是计算月供，所以贷款利率不能直接使用按揭合同上的利率，因为一般合同上的利率是年利率，作为计算月供时，要将这个利率除以 12，换算为月利率；二是时长，与利率相对应，时长不能用合同时长，而要将合同的年换算成月，即要将合同的年数乘以 12；三是贷款额是现值还是终值，肯定是现值，尽管银行现在没有直接给你钱，但是它直接给开发商了，就相当于给你后你再给开发商，因此，是现值。类似的情况在每个函数使用过程中都存在，不再赘述。

（四）运用函数计算结果做决策不正确

这主要是理论学习部分掌握不准确所致，但是在理论课部分因为有详细的计算过程和逻辑，所以决策起来比较明了些，在使用财务函数后，省去了中间分析计算过程，对结果的运用出现混乱，甚至用反。例如，我们知道某个项目的现有运行成本和更新后的运行成本，而且更新项目的使用时间可以延长三年，在这种情况下如何使用财务函数决策？这里第一个困难是选择迷茫（已在第三条介绍），实际上稍稍梳理不难发现，这类问题一定要找到可比指标，一般的净现值指标肯定没法用，因为不知道现金流入量。但是根据“更新”可以推断，这个项目的现金流入量应该是相同的，所以还是可以用净现值进行比较。问题又来了，更新前后项目的寿命变了，净现值就不可比了，所以只能使用年均净现值。“年均”马上使我们想到应该使用 PMT 函数，假如计算结果是：项目不更新的净现值年均为 -50 万元，更新后净现值年均为 -60 万元，是更新还是不更新？这就是第二个困难，运用计算结果决策的困难！其实如果换一个角度，把“年均净现值”理解为年均净现金流出量，就消除了负号，即项目不更新的年均净现金流出量 50 万元，而项目更新后年均净现金流出量 60 万元，这样就好决策了，肯定是不更新好，因为不更新的年均净现金流出量少 10 万元。

（五）Excel 知识不足

最常见的单元格格式错误导致显示“不正确”，例如，Excel 单元格的数字格式有“数值”“文本”“百分比”等，文本数字看起来是“数”，其实它是不能参与计算的，特别当学生从外部粘贴数据到电子表格时，容易出现文本格式的数字，导致函数计算的结果始终不正确。现在比较高版本的 Excel 可以提示文本数字不能参加计算，低版本就没有这个功能，往往使学生百思不解。还有一个低级错误学生容易犯，Excel 数值型单元格默认的小数是两位，而在资金时间价值计算结果比较中，为了表示区别通常要看到小数第三、第四位甚至更小，如果没有设置小数位足够，就看不到这种差别。有些操作技术学生不掌握会导致效率低下，例如，自动复制粘贴功能，只要参数设置科学，类似的计算完全可以通过单元格复制粘贴，或直接拖动单元格“填充手柄”一拉就全部搞定。“填充手柄”拖动复制时要特别注意单元格引用，包括绝对引用、相对引用、混合引用。绝对引用是固定引用指定单元格，通常行列号前均加了“ $ ”符号，不会因为拖动“填充手柄”而发生改变；相对引用是始终引用“行、列”指定间距的单元格，随着目标单元格位置的变化，引用单元格的位置也跟着变化，而且相对距离不变，“如影随形”。混合引用包括“列相对行绝对引用”和“列绝对行相对引用”两种。前者是指行不变，列随着目标单元格移动而移动，这时拖动“填充手柄”沿着列的方向跨行移动时（列不变，行变动），复制的始终是同一单元格，只有沿着行的方向，跨列移动（行不变，列变动）才能复制相应列的内容。同理，“列绝对行相对引用”时拖动“填充手柄”沿着行的方向跨列移动时（即行不动，列变动），复制的始终是同一单元格，只有沿着列的方向，跨行移动（列不动，行变动）才能复制相应行的内容。熟练掌握 Excel 操作知识可以起到事半功倍的效果，反之，就会事倍功半。

五、教师讲授知识点

资金时间价值函数在现实生活中有着广泛的应用。最直接的包括计算存款到期本息、贷款到期本息、未来现金流折现、按揭贷款月供、保险产品内部收益率，等等。针对以上学生常见错误，结合本节教学目的和重、难点要求，教师可以用 20 分钟的时间对本节实验课进行总结，增强学生学习知识的系统性，有效化解学生学习困难，提升学生解决实际问题的动手能力。

（一）资金时间价值计算函数的规律

资金时间价值函数有一个最大的规律就是函数名从参数中抽取出来的（除了类型参数 Type 外）。资金时间价值计算函数内的参数位置都是固定的，当一个参数被抽走作为函数名，其他参数位置不受影响，所以资金时间价值计算函数只需要记住一个参数列表即可。

Rate（利率）、Nper（期间数）、Pmt（年金）、Pv（现值）、Fv（终值）、Type（期初/期末）

可以组成的函数包括：

（1）Rate(nper，pmt，pv，fv，type)

（2）Nper(rate，pmt，pv，fv，type)

（3）Pmt(rate，nper，pv，fv，type)

（4）Fv(rate，nper，pmt，pv，type)

（5）Pv(rate，nper，pmt，fv，type)

其中，Type 参数只与 Pmt 搭配才有意义，没有 Pmt 时，虽然也可以带这个参数，也不会提示错误，但是没有意义。

Pmt、Pv、Fv 三个参数可以同时出现，也可以不同时出现，有两个参数就够了。但是不管是同时出现，还是只出现两个，必须要对资金的进、出表达清楚。用经济学语言表示即"有出才有进"，用数学语言表达就是要遵守"笛卡尔符号法则"即这三个参数至少要有一次符号变换，不能同时都是正数，也不能同时都是负数，否则系统提示出错（"#num!"）。如果是以 Pmt、Pv、Fv 中的某一个参数为函数名，其他两个为参数，则这两个参数可以全部为正，但是计算的结果为负。反之，这两个参数可以全部为负，但是计算的结果为正。

（二）资金时间价值计算函数对应的代数式

函数都是完成特定的计算功能，财务函数亦不例外，要熟练使用函数，必须理解其计算的代数式：

$$Fv(i, n, A, 0) = FVA = A \times \frac{(1+i)^n - 1}{i} = A \times (F/A, i, n) \tag{8-1}$$

$$Pv(i, n, A, 0) = PVA = A \times \frac{1-(1+i)^{-n}}{i} = A \times (P/A, i, n) \tag{8-2}$$

$$Fv(i, n, p, 0) = F = P \times (1+i)^n = P \times (F/P, i, n) \tag{8-3}$$

$$Pv(i, n, f, 0) = P = F \times (1+i)^{-n} = F \times (P/F, i, n) \tag{8-4}$$

$$Rate(nper, pmt, pv, [fv], type) = i = i_1 + \frac{a_1 - a}{a_1 - a_2} \times (i_2 - i_1) \tag{8-5}$$

$$Nper(rate, pmt, pv, [fv], type) = n = n_1 + \frac{a_1 - a}{a_1 - a_2} \times (n_2 - n_1) \tag{8-6}$$

第二节　资金需求决策

一、教学目的、重点、难点

教学目的：会运用 Excel 表格来构造资金需求预测模型，快速完成资金需求量的预测。本节重点是构建资金需求预测模型，包括销售百分比预测模型、回归

直线预测模型和高低点预测模型。难点是销售百分比预测模型中的计算公式，需要熟练掌握相应的理论知识。

二、验证性实验任务

本节中要使用的 Excel 知识主要是单元格之间的计算和两个回归直线函数，单元格之间的计算是 Excel 基础知识，比较简单，所以先从这里切入，让学生对一组给定的自变量，按照特定的函数关系计算出因变量，然后再用回归直线函数验证这些自变量和因变量之间的参数，之后再用高低点法验证。使学生掌握三方面的基础知识，为后面的设计性实验打基础。

（一）根据给定的自变量（x）和特定的函数关系 F（x），计算因变量的值

为了体现 Excel 计算能力，可以设置比较复杂的函数形式，比如幂函数，而且其指数可以取小数形式，这样手工是完全无法计算的，就体现了 Excel 单元格运算的强大了（见表 8－13）。

表 8－13 计算给定 x 后 y＝F(x) 的值

	12.3	13.5	14.7	15.9	17.1	18.3
$4x^{2}$	605.16	729.00	864.36	1011.24	1169.64	1339.56
$5x^{2.1}$	972.23	1182.15	1413.63	1666.88	1942.06	2239.33
$6x^{2.2}$	1499.49	1840.29	2219.47	2637.70	3095.58	3593.72
$7x^{2.3}$	2248.43	2785.26	3387.88	4057.99	4797.21	5607.06
$8x^{2.4}$	3302.65	4129.44	5065.84	6115.66	7282.50	8569.84
$9x^{2.5}$	4775.35	6026.66	7456.51	9072.67	10882.60	12893.48

（二）构建回归直线函数验证 F（x）的参数值

为了方便验证，任意取表 8－13 中的一组（x，y），用回归直线函数估计其参数的值。由于 F(x) 不是线性函数，所以先要对其进行线性化，即将函数两边取自然对数就可以线性了，再通过估计此线性函数的参数，然后倒推出幂函数的参数值。

首先，取第一组（x，y）进行线性化：$Ln(y)=Ln(4)+2Ln(x)$

其次，计算一组新的变量（x′，y′），$x'=Ln(x)$，$y'=Ln(y)$，计算结果如表 8－14 所示。

表 8－14　（x′，y′）取值

x′	2.5096	2.6027	2.6878	2.7663	2.8391	2.9069
y′	6.4055	6.5917	6.7620	6.9189	7.0645	7.2001

最后，用回归直线的截距函数和斜率函数估计（x′，y′）的线性关系参数如表 8－15 所示。

表 8－15　（x′，y′）的线性关系参数估计

x′	2.5096	2.6027	2.6878	2.7663	2.8391	2.9069
y′	6.4055	6.5917	6.7620	6.9189	7.0645	7.2001
截距	INTERCEPT(B4：G4，B2：G2)＝1.38629≈Ln（4）					
斜率	SLOPE(B4：G4，B2：G2)＝2					

得到（x′，y′）的线性关系后，不难倒推（x，y）的函数关系，即依据表 8－15 的参数估计可知：

$y' = \ln(4) + 2x'$

将 $x' = \ln(x)$，$y' = \ln(y)$代入上式可得：

$\ln(y) = \ln(4) + 2\ln(x)$

等式右边合并为：$\ln(y) = \ln 4x^2$

化简可得：$y = 4x^2$

可见，回归直线的截距函数和斜率函数不仅可以估计线性关系的参数，经过必要的变换也可以估计复杂函数的参数，这在经济学定量分析过程中有着广泛的运用。

（三）构建高低点模型验证 F(x) 的参数值

仍然以表 8－14 的数组（x′，y′）为例，使用高低点法估计 y＝F(x) 的参数如表 8－16 所示。

结果与回归直线估计的完全相同，这是因为这里的（x′，y′）本来就是根据线性关系计算得到的，相当于进行逆运算。在现实经济生活中，由于客观环境的变化，包括技术进步等因素的干预，完全呈现某种确定的函数关系很少，只能进行模拟，近似刻画，因此，这就是经济学中广泛使用的计量模型实证分析的理论基础。

表 8-16 高低点法估计 y=F（x）的参数

x′	2.5096	2.6027	2.6878	2.7663	2.8391	2.9069
y′	6.4055	6.5917	6.7620	6.9189	7.0645	7.2001
高点	Max（B2：G2）=2.9069					
低点	Min（B2：G2）=2.5096					
斜率	[max（y′）-min（y′）]÷[max（x′）-min（x′）]=2					
截距	max（y′）-斜率×max（x′）=1.38629≈Ln（4）					

三、设计性实验任务

（1）某企业 2018 年的实际销售收入为 1500 万元，销售净利率为 25%，留存收益比率为 60%。其该年度的资产负债表（简表）如表 8-17 所示：

表 8-17 资产负债表（简表）

2018 年 12 月 31 日　　单位：万元

资产	金额	负债及所有者权益	金额
货币资金	5	应付账款	264
应收账款	240	预收账款	15
存货	261	短期借款	50
固定资产	25	长期负债	5
无形资产	1	实收资本	25
		留存收益	183
资产总额	538	负债及所有者权益总额	538

若预计 2019 年销售收入为 1800 万元，销售净利率与留存收益率保持不变。

要求：采用销售百分比法在 Excel 中建立相关模型预测该企业 2019 年需从外部追加多少万元资金？

参考答案：

第一，判断资产和负债项目中的敏感项目，如表 8-18 所示。

第二，计算所有敏感项目占 2018 年销售收入的比率，如表 8-18 所示。

第三，计算销售收入增长后营运资金需要增加额度：（1800-1500）×（39%-13%）。

第四，计算留存收益可以弥补的部分：1800×25%×60%。

第五，求出 2019 年需从外部追加资金额：（1800-1500）×（39%-13%）-

1800 ×25% ×60% =25（万元）。

表 8 – 18　2019 年外部筹资预测

资产项目	是否是敏感项目	占基期销售收入百分比（%）	权益项目	是否是敏感项目	占基期销售收入百分比（%）
货币资金	是	0.50	应付账款	是	17.6
应收账款	是	16.00	应付票据	是	0.70
存货	是	17.4	短期借款	否	不适用
固定资产	否	不适用	长期负债	否	不适用
无形资产	否	不适用	实收资本	否	不适用
			留存收益	否	不适用
资产总额		33.90	负债及所有者权益总额		18.3
销售收入增加额（万元）	300		外部筹资需要量	22.5	

（2）甲公司历史上资金占用与其销售收入之间的关系如表 8 – 19 所示。

表 8 – 19　资金占用与销售收入情况

年份	销售收入（X_i）（元）	资金占用（Y_i）（元）
2014	120000	80000
2015	140000	90000
2016	136000	88000
2017	160000	100000
2018	158000	110000

若甲公司预计 2019 年的销售收入为 190000 元，请运用回归直线法在 Excel 中建立相关模型预测其资金需求量。

参考答案：

首先，用 Slope 函数计算直线斜率。

其次，用 Intercept 函数计算直线截距。

最后，将预计销售收入 190000 元代入拟合直线方程，计算资金需求量如表 8 – 20所示。

表 8-20 回归直线法预测其资金需求量

拟合直线的斜率 b	=Slope（C3：C7，B3：B7）	0.651889534883721
拟合直线在 y 轴上的截距 a	=Intercept（C3：C7，B3：B7）	510.174418604656
拟合直线方程	y=510.17+0.65x	y=510.17+0.65x
2019 年预计资金需求量（万元）	=C12+C11×B8	124369.186046512

（3）沿用的资料，在 Excel 中运用高低点法对该公司 2019 年的资金需求量进行预测。

首先，计算拟合直线斜率：（100000-80000）÷（160000-140000）=5，如表 8-21 所示。

其次，计算拟合直线截距：100000-160000×5=20000（元）。

最后，将预计销售收入 190000 元代入拟合直线方程，计算资金需求量如表 8-21 所示。

高低点法计算的结果与回归直线法近似，这就说明高、低点法与回归直线法预测结果保持了较好的一致性，显然用两年的数据代表全部年份是比较粗糙的，这两年的一些偶然因素会影响资金需求量与业务量之间的关系，所以回归直线法相对更精确，当然计算也复杂些。

表 8-21 高低点法预测资金需求量

	销售收入 x（元）	资金占用 y（元）/a/b
业务量的最高点	160000	100000
业务量的最低点	120000	80000
拟合直线的斜率 b		0.5
拟合直线在 y 轴上的截距 a		20000
拟合直线方程		y=20000+0.5x
2019 年预计资金需求量（元）		115000

四、学生常见错误

（一）销售百分比的理论知识掌握不好

首先，对敏感项目的判断不准确；其次，对销售百分比的预测原理掌握不好，只能照着书上的步骤输入公式，不能脱离教材独立完成。

（二）回归直线法两个函数相混淆

在具体操作过程中，不知道哪个是斜率函数，哪个是截距函数；另外两个函数的参数都是两个数组，但是y数组在前，x数组在后，如果顺序记反，则结果完全不正确。

（三）高低点法找高点和低点容易出错

首先，找高点和低点一定是在x数组中找，而不是在y数组中找，因为x中的最大值对应的不一定是y数组中的最大值；其次，计算截距时既可以用最高点的方程，也可以用最低点的方程，不需要两组方程同时用。

五、教师讲授知识点

单元格运算和单元格引用可以显著简化计算工作量，除了加、减、乘、除常用的计算符号以外，乘方运算符“^”非常重要，它是在英文状态下键入“Shift+6”；另外，运算符中没有开方，可以直接用分数乘方的办法解决。

首先，回归直线法和高低点法是相同的原理，都是假定资金需要量与业务量之间呈现线性关系，也就是假定资金需要量y是业务量的一元一次函数；其次，想办法估计函数中的参数。这与基础教育中解方程看起来一样，特别是高低点法，更像是解方程。但事实是不一样的，解方程是在确定的函数关系中根据已知求未知量的过程，而估计参数是根据已经存在的事实，假定它们之间存在一种函数关系，再去估计函数的参数过程，所以这个过程带有很强的主观性，通常把这样的过程叫作实证，而解方程是一个规范的演绎过程。

第三节　资本结构决策

一、教学目的、重点、难点

教学目的：本节主要目的是借助Excel工具进行资本结构决策。包括两个维度的分析方法：一是从资本成本的角度分析，二是从净利润的角度分析。本节的重点是掌握从净利润角度分析进行资本决策，即通过Excel分析项目的“每股利润无差别点”，再从项目息税前利润变化的趋势进行资本结构决策。难点是计算“每股利润无差别点”时需要使用比较复杂的单变量求解功能。

二、验证性实验任务

从资本成本角度进行资本结构决策，主要采用计算边际成本的办法，每个边际内的成本都远低于边际外的成本，因此，筹资规模应该尽可能“内接”边际，而不要“外切”边际。所以资本成本法进行资本结构决策首先要确定总资本边际线。而利用“每股利润无差别点”决策资本结构关键是利用 Excel 单变量求解的功能，找到“无差别点”。

（一）总资本边际线

假如一公司的个别资本成本如表 8－22 所示，公司总资本结构为长期债券的 20%，普通股的 80%，用 Excel 求总资本的边际如表 8－23 所示。可见，该公司的资本边际为 100 万元以内、100 万～200 万元、200 万元以上。

表 8－22　资本成本明细

筹资方式	新筹资额	资金成本（%）
长期债券	40 万元以下	6
	40 万元以上	8
普通股	80 万元以下	12
	80 万元以上	14

表 8－23　总资本边际

筹资方式	新筹资额	资本结构（%）	资本边际
长期债券	40 万元以下	20	0（资本不为负）
	40 万元以上		40/20% ＝200（万元）
普通股	80 万元以下	80	80/80% ＝100（万元）
	80 万元以上		∞

（二）单变量求解

用 Excel 求解方程 $4e^x + 3x^2 + 2x - 5 = 0$，具体步骤见图 8－1。

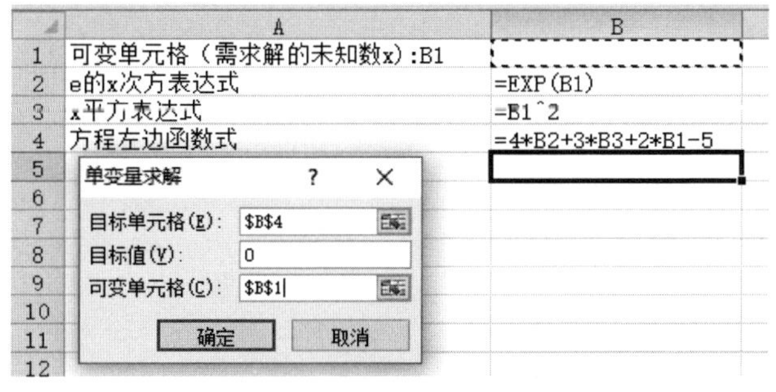

图 8－1　单变量求解方程步骤

点击图中“确定”后，可变单元格 B1 就得到求解结果：1479。利用 Excel 单变量求解的强大功能，可以十分方便地求解“每股利润无差别点”。

三、设计性实验任务

（1）三星公司当前的目标资本结构为：长期债券 30%，普通股 70%。需要新增筹集用于项目投资，追加筹资的资本成本分界点如表 8 – 24 所示。若用筹集的资金投资于 A、B、C、D 四个项目，投资后各项目的报酬如表 8 – 25 所示。假设公司最高筹额为 4000 万元。

表 8 – 24　各种筹资方式的资本成本分界点

筹资方式	新筹资额（万元）	资金成本（%）
长期债券	900 以下	6
	900 以上	8
普通股	1400 以下	10
	1400 以上	12

表 8 – 25　项目投资额与回报率

项目	投资回报率（%）	投资额（万元）
A	118	800
B	186	1000
C	138	1100
D	89	900

要求：在 Excel 中计算各筹资总额范围内边际资本成本，以便根据公司需求的资本规模对筹资进行有效规划。

参考答案：

首先，要计算总资本的边际，共有两个即 2000 万元和 3000 万元。

其次，计算边际成本，可以有数组乘积求和函数，例如，2000 万元以内的边际成本 = SUMPRODUCT（D11：D12，E11：E12），其他类似。

最后，根据边际成本确定筹资方案，当报酬率小于边际成本时，项目是不可行的。所以题目的四个项目不可能同时进行，只能投资 A、B、C 三个。如图 8 – 2 所示的资本结构决策之边际成本法。

	A	B	C	D	E	F
1	已知条件					筹资总额突破点的计算
2	资本种类	目标资本结构	筹资范围（万元）		个别资本成本	筹资总额突破点（万元）
3			下限（含临界值）	上限（不含临界值）		
4	长期债券	30%	0	900	6%	3000
5			900	∞	8%	
6	普通股	70%	0	1400	10%	2000
7			1400	∞	12%	
8	边际资本成本的计算					
9	新增筹资范围（万元）		资本种类	目标资本结构	个别资本成本	边际资本成本
10	下限（含临界值）	上限（不含临界值）				
11	0	2000	长期债券	30%	6%	8.80%
12			普通股	70%	10%	
13	2000	3000	长期债券	30%	6%	10.20%
14			普通股	70%	12%	
15	3000	∞	长期债券	30%	8%	10.80%
16			普通股	70%	12%	
17	已知条件			投资方案可行性判断		
18	项目	投资报酬率	投资额（万元）	累计追加筹资额（万元）	边际资本成本	方案是否可行
19	A	12.18%	800	800	8.80%	可行
20	B	10.86%	1000	1800	8.80%	可行
21	C	10.38%	1100	2900	10.20%	可行
22	D	8.89%	900	3800	10.80%	不可行

图 8－2　资本结构决策之边际成本法

（2）红瑞公司 2018 年资本结构为长期资本总额为 600 万元，其中债务 200 万元，普通股股本 400 万元，每股面值 1 元，400 万股全部发行在外，目前市场价值每股 3 元。债务利息率 10%，所得税税率为 25%。2019 年由于公司扩大业务追加筹资 200 万元，有如下两种筹资方案可供选择。甲方案：全部发行普通股，每股价格 2 元，发行 100 万股。乙方案：向银行贷款取得所需长期资本 200 万元，因风险增加，银行要求的利息率为 15%。

根据会计人员测算，追加筹资后公司的息税前利润可达到 220 万元。

要求：在 Excel 中运用每股盈余无差别点法帮助红瑞公司选择筹资方式。

首先，用常规的办法计算可知（见图 8－3），乙方案普通股每股盈余多 2 元，是优先方案。

其次，用 Excel“数据”下的“模拟分析”里的“单变量求解”（见图 8－3），可以计算出无差别点为 170 万元。

最后，通过比较预期的 Ebit 可知，项目 Ebit 将超过无差别点，所以应该以负债筹资为优，即乙方案为优。

四、学生常见错误

（一）总资本边际与单个资本边际相混淆

除非公司只有一种资本渠道和方式，否则总资本应该由多种资本形式组成，

	A	B	C	D	E
2	项目	原资本结构	筹资后资本结构		
3			甲方案（发行普通股）	乙方案（发行公司债券）	
4	负债总额（万元）	200	200	400	
5	普通股总额（万元）	400	600	400	
6	资本合计	600	800	800	
7	负债利息率	10%	10%	15%	
8	普通股股数（万股）	400	500	400	
9	所得税税率	25%			
10	两种筹资方案下的每股盈余计算				
11	项目		发行普通股	发行公司债券	
12	预计筹资后息税前利润EBIT（万元）		220	220	
13	负债利息I（万元）		20	50	
14	税前利润（万元）		200	170	
15	所得税（万元）		50	42.5	
16	税后净利润（万元）		150	127.5	
17	普通股每股盈余（元/股）		0.30	0.32	
21	筹资决策		乙方案(发行公司债券)		
22	每股利润无差别点目标函数		0.06375		
23	每没利润无差别点（可变单元格）				

单变量求解 ? ×
目标单元格(E): C22
目标值(V): 0
可变单元格(C): $C$23
确定 取消

图8－3 资本结构决策之无差别点法

每种具体形式的资本成本存在成本边际比较容易理解，例如，银行借款在不同的规模时，利息率会有不同，规模越大风险越大，通常利率也会趋高。股票、债券等也都有相同的规律。当存在多种资本形式时，公司资本总成本就应该是这些不同资本的综合成本，一般是根据各种资本的权重加权平均。所以不同权重（结构）公司综合资本成本就不同，当确定一种权重（结构）后，总资本规模不同，综合资本成本也会不同，这种对应于不同综合资本成本的规模就是总资本的不同边际。显然，当资本结构确定后，每种资本的边际都对应着一个总资本边际，它们之间的关系是：

总资本边际＝单个资本边际÷其权重

因此，不能直接将单个资本边际作为总资本边际计算边际成本。

（二）不熟悉SUMPRODUCT函数

SUMPRODUCT函数是在给定的几组数组中，将数组间对应的元素相乘，并返回乘积之和，其语法形式为SUMPRODUCT（［array1］，［array2］，［array3］，…）。这个函数在计算边际资本成本时十分有用，不管多少种资本，只要知道其权重数组和相对应的成本数组，用此函数就可以快捷计算出总资本的边际资本成本。

（三）不会用单变量求解

因为单变量求解运算后在Excel上不再留有痕迹，这就增加了学生学习困难，

很多学生不知道如何调用（找不到菜单位置），调用出来后对“目标单元格”“目标值”“可变单元格”的含义不理解。其实，单变量求解不同于一般的函数，它不需要在某个单元格中操作，可以随时在任何一个单元格中调用。当然，系统默认调用时鼠标所在的单元格为“目标单元格”，所以正常情况下，可以先在某个单元格中输入“目标函数”，然后定位该单元格，再调用单变量求解功能，就可以不再专门输入目标单元格。“目标函数”就是方程左边部分，即含有未知数的那个表达式，只不过这个未知数不能用字符，而要引用“可变单元格”，即“可变单元格”就是未知数，相应地求解的结果也就会显示在“可变单元格”中，或者说运算后“可变单元格”中显示的就是方程的根。“目标值”是指方程右边的部分，通常是0，即使不是0也可以通过移项到方程左边的方式，使之为0，但是目标值只能是常量，不能引用单元格。

五、教师讲授知识点

（一）边际资本成本的计算和运用

边际资本成本就是当资本规模达到某一水平时，再增加一个单位的资本对应的成本，其计算包括确定总资本的边际和每个边际上的综合资本成本，运用边际资本成本进行决策时，必须确保项目的报酬率高于边际资本成本率。

（二）每股利润无差别点的计算和运用

“每股利润无差别点”是指两个筹资方案在某一 Ebit 水平上，计算的普通股每股利润是相等的，这个 Ebit 就叫作“每股利润无差别点”，所以它要求通过解方程的办法求解，需要用到 Excel 单变量求解的功能。由于负债可以提高财务杠杆系数，即每股利润对 Ebit 的“放大系数”，所以如果预期 Ebit 大于无差别点，就应该通过负债方式筹资，通过提高这个“放大系数”提高普通股每股利润。

第四节 项目（证券）投资决策

一、教学目的、重点、难点

教学目的：本节要求学生熟练使用项目投资决策涉及的财务函数，进行项目投资决策。重点掌握 Excel 工具中 Npv 函数和 Irr 函数。难点是如何将项目现金流构成数组并准确代入 Npv 函数和 Irr 函数的参数中。

二、验证性实验任务

证券投资是项目投资的一种特例，是一种标准化的项目投资合同，进行投资决策时遵从相同的原则，可以使用相同的工具。

（一）用净现值（Npv）函数计算证券的价值

（1）泰丰高新技术股份有限责任公司拟于2009年1月1日发行面额为1000元，票面利率为8%的五年期公司债券。每年12月31日计算并支付一次利息。同等风险投资的必要报酬率为10%。

要求：计算该债券的价值。

【答案】

首先，将该债券未来5年的现金流计算出来，2019年12月31日会收到第一期利息1000×8%=80元，之后2020~2023年每年末都会收到80元利息，2023年年末还会收到本金，共收到本息1080元，如图8-4所示。

其次，运用净现值函数（Npv）计算此现金流的现值，即该债券的价值，如图8-4所示。

	A	B	C	D	E	F	G
1	时间节点	2019.1.1	2019.12.31	2020.12.31	2021.12.31	2022.12.31	2023.12.31
2	还本付息		80	80	80	80	1080
3	债券价值	¥924.18	注：函数公式为NPV(10%,C2:G2)				

图8-4　债券价值计算

最后，将该债券现在的发售价格与价值比较，如果高于价值，说明太"贵"，不划算；等于价值，说明刚好满足公司的必要报酬率要求；小于价值，则说明还可以获得额外报酬。

（2）有一张五年期国库券，面值1000元，票面利率12%，单利计息，到期时一次还本付息。假设折现率为10%（复利、按年计息）。

要求：计算该国库券的价值。

参考答案：

该国库券每年利息1000×12%=120元，五年末本息和1000+120×5=1600元，五年中每年末现金流均为0。其价值就是到期本息和合计1600元的现值，可以用复利现值函数Pv计算，这里还是用Npv函数，结果是一致的，如图8-5所示。

（3）有一面值为1000元的债券，票面利率为8%，每年支付一次利息，2005年5月1日发行，2010年4月30日到期。现在是2008年4月1日，假设投资的折现率为10%。

	A	B	C	D	E	F	G
6	年份	0	1	2	3	4	5
7	还本付息		0	0	0	0	1600
8	国库券价值	¥993.47	函数公式NPV(10%,C7:G7)				

图 8－5 国库券价值计算

要求：计算该债券的价值。

参考答案：

这里要注意的是，计算债券价值的时间点在两个计息期之间，所以要分两步进行，先计算到2008 年这个计息点，再折现到2010 年，具体计算如图 8－6 所示。

	A	B	C	D	E	F	G	H
11	年月	2005.5.1	2006.4.30	2007.4.30	2008.4.1	2008.4.30	2009.4.30	2010.4.30
12	还本付息					80	80	1080
13	债券现价				¥1,036.65	¥1,045.29	注：F12+NPV(10%,G12:H12)	
14					注：PV(10%/12,1,-F13)			

图 8－6 特殊节点债券价值计算

（二）用内部报酬率（IRR）函数计算证券的收益率

（1）泰丰高新技术股份有限责任公司购买面值为 1000 元，票面利率为 8%、每年付息一次的人民币债券 100 张，偿还期为五年，如果购买价格分别是 950 元、1000 元和 1050 元。

要求：计算该债券的相应收益率。

【答案】

本题现金流量多了一个现值点付款购买债券，之后每年年末利息 80 元，第五年年末本息和 1080 元，可以直接用内部报酬率函数计算三种情况的收益率，如图8－7 所示。

	A	B	C	D	E	F	G
11	年份	0	1	2	3	4	5
12	还本付息	-950	80	80	80	80	1080
13	债券价值	9.30%	注：函数公式为IRR(B12:G12)				
14							
15	年份	0	1	2	3	4	5
16	还本付息	-1000	80	80	80	80	1080
17	债券价值	8.00%	注：函数公式为IRR(B16:G16)				
18							
19	年份	0	1	2	3	4	5
20	还本付息	-1050	80	80	80	80	1080
21	债券价值	6.79%	注：函数公式为IRR(B20:G20)				

图 8－7 债券收益率计算

（2）有一五年期国库券，面值 1000 元，票面利率 12%，单利计息，到期时一次还本付息。假设购买价格分别是 950 元、1000 元和 1050 元。

要求：计算该国库券的收益率。

参考答案：

本题由于是到期还本付息，所以只有头尾两个节点有现金流，现值点是付出买价，终结点是收回本息，可以用内部报酬率 IRR 计算其收益率，如图 8 - 8 所示。

	A	B	C	D	E	F	G
25	年份	0	1	2	3	4	5
26	还本付息	-950	0	0	0	0	1600
27	债券价值	10.99%	注：函数公式为IRR(B26:G26)				
28							
29	年份	0	1	2	3	4	5
30	还本付息	-1000	0	0	0	0	1600
31	债券价值	9.86%	注：函数公式为IRR(B30:G30)				
32							
33	年份	0	1	2	3	4	5
34	还本付息	-1050	0	0	0	0	1600
35	债券价值	8.79%	注：函数公式为IRR(B34:G34)				

图 8 - 8 不同价格的国债收益率

可见，三种价格购买的这种到期还本付息的国库券，实际收益率都没有票面收益率那么高，溢价购买时，收益率最低。

三、设计性实验任务

江城公司拟购入一台设备以扩充生产能力。需投资 105 万元，预计使用寿命五年，预计净残值 5 万元。该设备投产后，可使企业销售收入每年增加 80 万元，付现成本每年增加 30 万元，设备当年投入使用，使用时需要垫支流动资金 15 万元。假设所得税税率为 25%，贴现率为 10%，公司规定该设备从投入使用当年开始计提累计折旧。

要求：

（1）采用直线法对该设备计提折旧，在 Excel 中建立现金流量二重分析表，并运用 Sln 函数、Npv 函数、Irr 函数等函数和相关公式计算该项目的净现值和内部报酬率；

（2）采用年数总和法对该设备计提折旧，在 Excel 中建立现金流量二重分析表，并运用 Syd 函数、Npv 函数、Irr 函数等函数和相关公式计算该项目的净现值和内部报酬率；

（3）采用双倍余额递减法对该设备计提折旧，在 Excel 中建立现金流量二重分析表，并运用 Ddb 函数、Npv 函数、Irr 函数等函数和相关公式计算该项目的净现值和内部报酬率。

参考答案：

首先，分析项目的现金流量，本来折旧方式是不影响现金流量的，但是由于折旧影响所得税，所以对现金流量还是有些许影响。由于已知销售收入、付现成本和折旧，所以计算营业现金流量用方法 3：销售收入 ×（1 – 税率）– 付现成本 ×（1 – 税率）+ 折旧 × 税率）。初始阶段现金流量是“固定资产投资 + 垫支流动资金”。终结阶段现金流量残值变价和垫支流动资金回收。三个阶段的现金流量构成了项目现金流量表（见图 8 – 9）。

	A	B	C	D	E	F	G	H	I
2	期限		0	1	2	3	4	5	
3		固定资产投资	-105						
4	初始现金流量	垫支营运资金	-15						
5		初始阶段现金净流量	-120						注：=C4+C3
6	采用直线法计提折旧								
7		销售收入		80	80	80	80	80	
8	营业现金流量	付现成本		30	30	30	30	30	
9		折旧（非付现成本）		20	20	20	20	20	注：=SLN(105, 5, 5)
10		营业现金净流量		42.5	42.5	42.5	42.5	42.5	注：=H7*(1-25%)-H8*(1-25%)+H9*25%
11		固定资产残值变价						5	
12	终结阶段现金流量	垫支营运资金收回						15	
13		终结阶段现金净流量						20	注：=SUM(H11:H12)
14	项目现金流量合计		-120	42.5	42.5	42.5	42.5	62.5	注：=H5+H10+H13
15	项目净现值NPV		¥53.53 注：=NPV(10%, D14:H14)+C14						
16	项目内部报酬率IRR		25.33% 注：=IRR(C14:H14)						
17	采用年数总和法计提折旧								
18		销售收入		80	80	80	80	80	
19	营业现金流量	付现成本		30	30	30	30	30	
20		折旧（非付现成本）		33.33	26.67	20.00	13.33	6.67	注：=SYD(105, 5, 5, H2)
21		营业现金净流量		45.83	44.17	42.50	40.83	39.17	注：=H18*(1-25%)-H19*(1-25%)+H20*25%
22		固定资产残值变价						5	
23	终结阶段现金流量	垫支营运资金收回						15	
24		终结阶段现金净流量						20	注：=SUM(H11:H12)
25	项目现金流量合计		-120.00	45.83	44.17	42.50	40.83	59.17	注：=H5+H21+H24
26	项目净现值NPV		¥54.73 注：=NPV(10%, D25:H25)+C25						
27	项目内部报酬率IRR		26.11% 注：=IRR(C25:H25)						
28	采用双倍余额递减法计提折旧								
29		销售收入		80	80	80	80	80	
30	营业现金流量	付现成本		30	30	30	30	30	
31		折旧（非付现成本）		42	25.2	15.12	8.84	8.84	注：=(105-SUM($D$31:$F$31)-5)/2
32		营业现金净流量		48.00	43.80	41.28	39.71	39.71	注：=H29*(1-25%)-H30*(1-25%)+H31*25%
33		固定资产残值变价						5	
34	终结阶段现金流量	垫支营运资金收回						15	
35		终结阶段现金净流量						20	注：=SUM(H33:H34)
36	项目现金流量合计		-120.00	48.00	43.80	41.28	39.71	59.71	注：=H5+H32+H35
37	项目净现值NPV		¥55.05 注：=NPV(10%, D36:H36)+C36						
38	项目内部报酬率IRR		26.36% 注：=IRR(C36:H36)						

图 8 – 9 不同折旧方式下项目净现值和内部报酬率计算

其次，分别运用净现值 Npv 函数和内部报酬率函数 Irr 计算项目的净现值和内部报酬率。需要注意的是，Npv 函数的参数是不包含现值点的现金流量的，而 Irr 函数的参数是包含项目全部现金流量。

最后，比较三种折旧方法的净现值和内部报酬率发现，结果比较一致。有兴趣的同学可以试试，直接用税后净利代替现金流量，然后计算其净现值和内部报酬率，就可以发现为什么项目投资必须用现金流量作决策指标的原因。

四、学生常见错误

（一）证券的价值指标如何使用

用 Npv 函数可以比较方便地计算证券的价值，但是什么情况下应该购买，什么情况下不应该购买，学生往往犯糊涂。首先，要让学生明确角色定位，站在购买者的视角，价值是证券未来可以带来收益的折现，而价格是购买证券的成本，所以价值大于或等于价格购买才有效益，而不能价值小于价格。但是如果站在发行人的角度来看，证券的价值是发行人未来现金流出量的现值，价格才是其现在现金流入量，所以发行人都希望价格高于价值。在讲证券投资时，应该站在购买证券的角度分析。

（二）计算证券价值时，Npv 里的 Rate 参数用哪个利率

是票面利率还是市场利率（或企业必要报酬率）？票面利率是计算证券付息的利率，是发行证券时就已经明确，一般不能变化的。而市场利率是以资本市场上平均利润率为基础，由供需关系决定，所以是经常变动的。这也是企业从市场获取资本的成本水平，所以当计算证券的价值时，是以市场利率为折现利率的。当市场利率高于票面利率时，证券价值低于其面值，通常会折价发行；反之当市场利率低于票面利率时，证券价值高于其面值，通常会溢价发行。

（三）使用内部报酬率函数时，现金流中必须同时有流出量和流入量，即必须有符号的交替

这类似于第一节中 Rate 函数和 Nper 函数。如果只有收益没有付出，那可以说报酬率是无穷大；反之如果只有付出，没有收益，那报酬率是负无穷大。通常在 Excel 表格中将现金流出量用负数表示，而将现金流入量用正数表示。

五、教师讲授知识点

（一）三个折旧函数比较

直线折旧函数 Sln 是基础，它的三个参数——Cost、Salvage、Life 在另外两个折旧函数中也同样存在，而且位置和次序相同。年数总和法函数 Syd 每年折旧不相同，所以需要增加一个参数：年份序数 Per；双倍余额递减函数 Ddb 每年折旧也不相同，所以也要增加这个参数 Period，除此以外，Ddb 实际是余额递减法的函数名，可以是双倍，也可以是 3 倍或者 1 倍，所以它还要增加一个参数 Factor，默认是双倍，即不写这个参数就是 2，如果是单倍，就需要用“1”，依次类推。

（二）净现值和内部报酬率之间的关系

如果净现值 Npv 大于零，那么内部报酬率一定大于折现率；反之，如果净现

值 Npv 小于零，那么内部报酬率一定小于折现率；如果净现值 Npv 等于零，那么内部报酬率就等于折现率。手工计算内部报酬率正是根据第三个规律进行的，即假定一个项目的净现值为零，然后解这个以折现率为未知数的方程。所以内部报酬率函数可以看成是一个单变量求解的过程。

第五节 财务预算编制

一、教学目的、重点、难点

本节要求学生掌握 Excel 表间数据引用方法，并利用此方法编制公司业务预算、现金预算和预计财务报表。重点是掌握现金预算的编制方法，难点是预计资产负债表。

二、验证性实验任务

（一）用 Excel 表制作销售预算表

销售预算是根据市场调查预期未来各季度的销售量，并根据预期的销售价格预测销售收入，同时根据公司的信用政策，确定现销和赊销比例，预计每个季度的现金流入。如图 8－10 所示，其中灰色部分的计算公式需要学生填写。图中“＊＊＊”表示已明确的数据，不需要计算（下同）。

	A	B	C	D	E	F	G
16	销售预算	项目	第一季度	第二季度	第三季度	第四季度	全年
17		预计销售量（件）	***	***	***	***	=SUM(C17:F17)
18		预计销售单价（元/件）	***	***	***	***	***
19		预计销售收入（元）	=C17*C18	=D17*D18	=E17*E18	=F17*F18	=SUM(C19:F19)
20	预计现金收入	年初应收账款余额（元）	60000				=SUM(C20:F20)
21		第一季度销售收入收回现金（元）	=C19*0.6	=C19*0.4			=SUM(C21:F21)
22		第二季度销售收入收回现金（元）		=D19*0.6	=D19*0.4		=SUM(C22:F22)
23		第三季度销售收入收回现金（元）			E19*0.6	E19*0.4	SUM(C23:F23)
24		第四季度销售收入收回现金（元）				=F19*0.6	=SUM(C24:F24)
25		现金收入合计（元）	=SUM(C20:C24)	=SUM(D20:D24)	=SUM(E20:E24)	=SUM(F20:F24)	=SUM(C25:F25)
26		注：现销60%，赊销40%。					

图 8－10 销售预算表原理

（二）Excel 表间数据引用方法制作生产预算表

生产预算是在销售预算的基础上，根据期末库存量政策，确定当期生产量，如图 8－11 所示，其中灰色部分的计算公式需要学生填写。

	A	B	C	D	E	F
16	项目	第一季度	第二季度	第三季度	第四季度	全年
17	预计销售量（件）	=销售预算!C17	=销售预算!D17	=销售预算!E17	=销售预算!F17	=SUM(B17:E17)
18	加：预计期末产品库存量（件）	=C17*0.1	=D17*0.1	=E17*0.1	***	=E18
19	减：期初产品库存量（件）	***	=B18	=C18	=D18	=B19
20	预计本期生产量（件）	=B17+B18-B19	=C17+C18-C19	=D17+D18-D19	=E17+E18-E19	=SUM(B20:E20)
21	注：期末库存为下季度销售额的10%					

图 8－11　生产预算原理

其他业务预算包括直接材料预算、直接人工预算、制造费用预算、产品成本预算、销售及管理费用预算，均以此类推。现金预算表、预计利润表、预计资产负债表是比较综合的预算表，涉及从各个业务预算中取数，但是原理相同，在设计性实验中体现。

三、设计性实验任务

（一）Excel 表间数据引用方法制作现金预算表

现金预算编制的内容包括现金收入、现金支出、现金余缺的计算及短缺部分的筹集方案和溢余部分的利用方案。现金预算实际上是业务预算中有关现金收支部分的汇总，以及收支差额平衡措施的具体规划。如图 8－12 所示，其中灰色单元格的引用公式需要学生独立完成。

	A	B	C	D	E	F
2	项目	第一季度	第二季度	第三季度	第四季度	全年
3	**期初现金余额**	***	=B22	=C22	=D22	=B3
4	加：现金收入	=销售预算!C11	=销售预算!D11	=销售预算!E11	=销售预算!F11	=销售预算!G11
5	**可供使用现金合计**	=SUM(B3:B4)	=SUM(C3:C4)	=SUM(D3:D4)	=SUM(E3:E4)	=SUM(F3:F4)
6	减：**现金支出**					
7	直接材料	=直接材料预算!C16	=直接材料预算!D16	=直接材料预算!E16	=直接材料预算!F16	=直接材料预算!G16
8	直接人工	=直接人工预算!B7	=直接人工预算!C7	=直接人工预算!D7	=直接人工预算!E7	=直接人工预算!F7
9	制造费用	=制造费用预算!B9	=制造费用预算!C9	=制造费用预算!D9	=制造费用预算!E9	=制造费用预算!F9
10	销售及管理费用	=销售及管理费用预算!$B$16	=销售及管理费用预算!$B$16	=销售及管理费用预算!$B$16	=销售及管理费用预算!$B$16	=SUM(B10:E10)
11	所得税费用	***	***	***	***	=SUM(B11:E11)
12	购买设备	***	***	***	***	=SUM(B12:E12)
13	预分股利	***	***	***	***	=SUM(B13:E13)
14	**现金支出合计**	=SUM(B7:B13)	=SUM(C7:C13)	=SUM(D7:D13)	=SUM(E7:E13)	=SUM(F7:F13)
15	现金余缺	=B5-B14	=C5-C14	=D5-D14	=E5-E14	=F5-F14
16	**融通资金**					
17	向银行借款（期初）	***	***	***	***	=SUM(B17:E17)
18	归还借款（期末）	***	***	=-B17	=-C17	=SUM(B18:E18)
19	支付利息（年利率12%）	=-B17*0.12/12*3	=-(B17+C17)*0.12/12*3	=-(B17+C17)*0.12/12*3	=-(C17+D17+E17)*0.12/12*3	=SUM(B19:E19)
20	交易性金融资产	***	***	-6000	***	=SUM(B20:E20)
21	**现金融通合计**	=SUM(B17:B20)	=SUM(C17:C20)	=SUM(D17:D20)	=SUM(E17:E20)	(Ctrl) 17:F20)
22	**期末现金余额**	=B15+B21	=C15+C21	=D15+D21	=E15+E21	=F15+F21

图 8－12　现金预算原理

现金预算的数据主要来自销售预算、直接材料预算、直接人工预算、制造费用预算和销售及管理费用预算。期初现金余额、购买设备、预分股利、向银行借款、归还银行借款和交易性金融资产等数据都是根据公司财务政策确定，不需要计算，公司所得税费用平时预缴可以根据公司财务政策确定，年度合计要与预计利润表中保持一致。

（二）Excel 表间数据引用方法制作预计利润表

预计利润表是用来反映企业在预算期内经营成果的预算，以控制企业的经营活动和财务收支。编制预计利润表的主要依据是各项业务预算的收入和费用数据。

如图 8－13 所示，利润表的数据主要来自销售预算、产品成本预算、制造费用预算、销售及管理费用预算和现金预算，所以它必须在现金预算表之后编制。由于利润表是损益性质的报表，所以没有期初、期末余额问题，当然可以列入上期的数据，方便比较，此处略。

	A	B	C
3	项目	本期金额	上期金额
4	销售收入	=销售预算!G5	略
5	减：变动销售成本	=产品成本预算!J7	
6	固定制造费用	=制造费用预算!F6	
7	销售及管理费用	=销售及管理费用预算!B15	
8	财务费用	=-现金预算!F19	
9	利润总额	=B4-B5-B6-B7-B8	
10	减：所得税费用	=B9*0.25	
11	净利润	=B9-B10	

图 8－13 利润表原理

（三）Excel 表间数据引用方法制作预计资产负债表

预计资产负债表是反映企业预算期末预计财务状况的财务报表。编制预计资产负债表时，应以期初的资产负债表为基础，结合业务预算、现金预算和预计利润表等有关数据，分析计算相关项目的期末数。

如图 8－14 所示，预计资产负债表几乎囊括了所有业务预算、现金预算和预计利润表的数据，而且除了期初数据（历史数据）以外，期末数据全部为计算或引用而来，没有人为构造的数据，所以预计资产负债表除了其本身的经济学和财务意义外，它还有一个重要的作用，即所有预算的校验作用。如果预计资产负债表不平衡，那么前面的业务预算，或者现金预算、预计利润表肯定有错误。当然平衡了不一定就没有错误，只是概率小多了。

	A	B	C	D	E	F
3	资产	年初数	期末数	负债及所有者权益	年初数	期末数
4	现金	***	=现金预算!F22	短期借款	***	=现金预算!F17+现金预算!F18
5	应收账款	***	=销售预算!F5*0.4	应付账款	***	=直接材料预算!F10*0.5
6	存货：原材料	***	=直接材料预算!F6*6	应交税费	***	=预计利润表!B10-现金预算!F11
7	存货：库存商品	***	=产品成本预算!H7	负债合计	=SUM(E4:E6)	=SUM(F4:F6)
8	交易性金融资产	***	=-现金预算!F20			
9	流动资产合计	=SUM(B4:B8)	=SUM(C4:C8)			
10	固定资产原值	***	=B10+现金预算!F12	实收资本	***	=E10
11	减：累计折旧	***	=B11+制造费用预算!F8	未分配利润	***	=E11+预计利润表!B11-现金预算!F13
12	固定资产净值	=B10-B11	=C10-C11	所有者权益合计	=SUM(E10:E11)	=SUM(F10:F11)
13	资产总计	=B9+B12	=C9+C12	负债及所有者权益总计	=E7+E12	=F7+F12

图8－14　预计资产负债表原理

四、学生常见错误

（一）表间引用错误

表间引用在单元格中会显示引用的工作簿名称、数据表名称、单元格位置，十分复杂。例如，［8实验八　财务预算编制实验－任务8－xlsx］任务8－1－（4）直接人工预算！＄D＄7，其中，英文状态的单引号和感叹号内是指定的工作表名称，如果工作表来自另外一个工作簿，要写工作簿的全称并带上扩展名“.xlsx”，然后用方括号［］括起来。操作过程中很少用手输入，而是直接在要引用的单元格里输入等于号“＝”，然后找到目标单元格点击即可实现引用。学生没有掌握表间单元格引用之前，觉得不如直接去看目标单元格的数值，然后输入要引用的单元格。这就丢掉了Excel强大的单元格引用功能，也不能实现一次设计，重复使用的“自动化”。

（二）预算编制顺序不清

特别是业务预算是有顺序的，销售预算是生产预算的前导，所谓“以销定产”，没有销量是无法确定生产量的。而生产预算又是料、工、费预算的前导，只有生产量确定了才能确定需要采购的材料、支付的人工工资和制造费用的规模。期间费用预算（包括管理费用、销售费用、财务费用）具有相对独立性，可以根据财力情况灵活处理，但是期间费用与业务活动是密切相关的，例如，销售费用与销售量是直接相关的，要实现销售量的突破，销售费用肯定要增长。财务费用与现金余缺是密切相关的，如果现金缺口大，银行贷款多，财务费用就会高。只有当这些预算全部编完才可能预计利润表，最后才可能预计资产负债表。

这个顺序如果颠倒或者错乱，会导致预算编制阻力重重，很不流畅，最终事倍功半。

五、教师讲授知识点

（一）财务预算是一个严密的逻辑系统

一个好的财务预算是将公司的年度利润目标细化到公司每个员工身上，真正做到“人人身上有指标”。所以预算管理是企业财务管理的中枢，可以发挥四两拨千斤的作用。编制财务预算的过程实质上是对未来一年财务工作的一个“路演”，可以将各种财务风险提前发现，做好预案，防止“消防员”财务现象。做财务预算可以培养全局思维和严谨意识，不是玩数字游戏，要通过财务预算系统设计，深入了解财务活动之间严密的逻辑关系，从这个意义上来说，编制财务预算系统比编制预算本身更有意义。

（二）财务预算系统设计的关键点

一是明确财务目标，即公司未来一年的盈利目标。这通常是公司决策层要率先明确，当然也会听取财务部门的意见。财务部门一般是根据历史资料对未来业务进行预测，如果公司有重大的技术突破或产品战略调整，那历史数据就没有多大的借鉴意义，而是根据新战略进行投资预测。二是明确公司的财务政策，主要是各种定额标准，包括产品材料消耗定额、工时定额、工薪政策、信用政策、折旧政策、各种费用开支制度等，这些数据通常要固定在预算编制系统的单元格中，供其他单元格引用。三是要明确各项数据之间的逻辑关系，有的是求和的关系，有的是相乘的关系，需要注意的是，如果系统设计的时候已经将现金流入性质的项目默认为正，而将现金流出性质的项目默认为负，那么基本只用求和函数而不用相减的公式了。同时还要注意单元格引用的相对性和绝对性，对于财务政策规定的指标，通常都要用绝对引用，其他引用就可以相对引用，方便单元格的“自动填充”。

第六节 财务分析评价

一、教学目的、重点、难点

教学目的：本节要求学生利用Excel表间数据引用功能，自动从资产负债表、利润表表格中取数进行财务分析。重点是设计偿债能力、营运能力、盈利能力分析模式。难点是在 Excel 表格中，建立杜邦分析模型，并利用模型深入分析公司盈利能力的影响因素。

二、验证性实验任务

（1）公司资产负债表格式如图 8－15 所示，通过 Excel 表间引用，设计偿债能力分析模型。

	J	K	L	M	N	O
3	资产	年末数	年初数	负债及所有者权益	年末数	年初数
4	**流动资产：**			**流动负债：**		
5	货币资金	***	***	短期借款	***	***
6	应收票据	***	***	应付票据	***	***
7	应收账款	***	***	应付账款	***	***
8	预付账款	***	***	预收账款	***	***
9	应收利息	***	***	应付职工薪酬	***	***
10	应收股利	***	***	应交税费	***	***
11	其他应收款	***	***	应付利息	***	***
12	存货	***	***	应付股利	***	***
13	1年以内到期的非流动资产	***	***	其他应付款	***	***
14	其他流动资产	***	***	1年以内到期的非流动负债	***	***
15				其他流动负债	***	***
16	**流动资产合计**	***	***	**流动负债合计**	***	***
17	**非流动资产：**			**非流动负债：**		
18	可供出售金融资产	***	***	长期借款	***	***
19	长期股权投资	***	***	递延收益	***	***
20	投资性房地产	***	***	其他非流动负债	***	***
21	固定资产	***	***	**非流动负债合计**	***	***
22	在建工程	***	***	**负债合计**	***	***
23	无形资产	***	***	**所有者权益：**		
24	开发支出	***	***	股本	***	***
25	商誉	***	***	资本公积	***	***
26	长期待摊费用	***	***	其他综合收益	***	***
27	递延所得税资产	***	***	盈余公积	***	***
28	其他非流动资产	***	***	未分配利润	***	***
29	**非流动资产合计**	***	***	**所有者权益合计**	***	***
30	**资产总计**	***	***	**负债及所有者权益总计**	***	***

图 8－15　资产负债表通用项目

偿债能力指标分为短期偿债能力和长期偿债能力，其中短期偿债能力常用的衡量指标可包括流动比率、速动比率和现金比率；长期偿债能力指标包括资产负债率、产权比等。这些指标的数据全部可以从资产负债表中获取。建立偿债能力分析模型如图 8－16 所示。

	J	L
4	（一）短期偿债能力分析	
5	1. 营运资金	=资产负债表!K16-资产负债表!N16
6	2. 流动比率	=资产负债表!K16/资产负债表!N16
7	3. 速动比率	=(资产负债表!K5+资产负债表!K6+资产负债表!K7)/资产负债表!N16
8	4. 现金比率	=资产负债表!K5/资产负债表!N16
10	（二）长期偿债能力分析	
11	1. 资产负债率	=资产负债表!N22/资产负债表!K30
12	2. 产权比	=资产负债表!N22/资产负债表!N29
13	3. 权益乘数	=资产负债表!K30/资产负债表!N29
14	4. 长期资本负债率	=资产负债表!N21/(资产负债表!N21+资产负债表!N29)

图 8－16 偿债能力分析模型

（2）搜集一家上市公司的资产负债表，更新图 8－15 中的数据，然后观察图 8－16 中偿债能力计算结果，并根据计算结果对该公司的偿债能力做出评价。（因为理论课部分已经介绍，此处略）

三、设计性实验任务

某上市公司，股份总数为 399088 万股，均为普通股，且在 2017 年无变化，也没有发行可转换公司债券、认股权证、股份期权等有价证券。2018 年发放 2017 年度现金股利共计 598620 元。2017 年 12 月 31 日，股票的收盘价为 37 元/股。公司 2017 年的资产负债表如图 8－17 所示、利润表如图 8－18 所示。

要求：在 Excel 表格中构建杜邦分析体系，并分析该公司净资产收益率的影响因素。

参考答案：

首先，根据公司资产负债表和利润表设计杜邦分析模型，如图 8－19 所示。

其次，导入资产负债表和利润表数据。

最后，Excel 杜邦分析模型运算结果见图 8－20。从结果看，该公司净资产收益率为 74%，属于较低水平，由此可以判断公司经营的是传统产业，属于薄利行业。进一步分析可知，公司的权益乘数 94，接近 2，说明负债比较高，约占总

资产	年末数	年初数	负债及所有者权益	年末数	年初数
流动资产:			**流动负债:**		
货币资金	3250998169.97	3251663328.45	短期借款	5519914248.11	3767707170.59
应收票据	1557276225.22	1651343737.11	应付票据	695778275.56	771887682.87
应收账款	1545079205.04	1346640056.02	应付账款	3301077982.63	3056057665.68
预付账款	300869908.59	258024674.96	预收账款	2204578303.35	1785147233.20
应收利息	54649619.39	57101035.81	应付职工薪酬	97421955.90	76369613.93
应收股利	10939500.00	5905800.00	应交税费	349355273.73	-73758397.46
其他应收款	3336864751.37	2496471329.02	应付利息	66121389.07	162036031.36
存货	1258148239.06	1385513955.95	应付股利		
1年以内到期的非流动资产			其他应付款	544214125.99	498645891.25
其他流动资产	807887067.99	863412467.06	1年以内到期的非流动负债		
			其他流动负债		4500000000.00
流动资产合计	12122712686.63	11316076384.38	**流动负债合计**	12778461554.34	14544092891.42
非流动资产:			**非流动负债:**		
可供出售金融资产	1270025500.00	1777148500.00	长期借款		
长期股权投资	13096613486.18	13191905164.13	应付债券	1989836984.56	1987277723.91
投资性房地产			专项应付款		19850000.00
固定资产	3599420168.58	2832380380.23	递延收益	99494899.66	82778882.75
在建工程	183227512.74	792797963.19	递延所得税负债		37364687.50
工程物资	3998514.74	2978784.38	其他非流动负债		
无形资产	128629846.14	32179710.41	**非流动负债合计**	2089331884.22	2127271294.16
开发支出			**负债合计**	14867793438.56	16671364185.58
长期待摊费用			**所有者权益:**		
递延所得税资产	40748304.19	32541212.36	股本	3990880176.00	3643307361.00
其他非流动资产	180787189.00	256264052.00	资本公积	8796546931.73	7376675839.64
			其他综合收益	-369291838.72	129466473.78
			专项储备	16810404.69	19595829.27
			盈余公积	1135199988.34	1029053264.63
			未分配利润	2188224107.60	1364809197.18
非流动资产合计	18503450521.57	18918195766.70	**所有者权益合计**	15758369769.64	13562907965.50
资产总计	30626163208.20	30234272151.08	**负债及所有者权益总计**	30626163208.20	30234272151.08

图8-17 资产负债表(单位:元)

资产一半,较多地运用了财务杠杆效应。公司净资产利润低的主要原因是总资产利润率偏低,才47%。再深入分析来看,总资产周转率太低,才0.69,因此,该公司必须充分挖掘市场、扩大销售、提高总资产周转率。

四、学生常见错误

(一)会计知识跟不上

本节财务分析主要是财务报表分析,不管是偿债能力、运营能力和盈利能力分析,还是杜邦分析,都必须十分熟悉三大财务报表的结构和内容,特别是资产负债表、利润表要十分熟悉,才能构建分析模型。会计知识跟不上,构建模型无从下手。

(二)运用模型进行财务分析的能力欠缺

财务分析模型的构建完成后,主要是运用分析模型的运算结果进行财务分

	A	B	C
3		本期金额	上期金额
4	项目		
5	一、营业收入	21331388569.49	16783012030.21
6	减：营业成本	18857580346.72	15573954621.80
7	税金及附加	99555814.23	60266470.57
8	销售费用	606201184.88	609856134.95
9	管理费用	334636611.87	237728730.72
10	财务费用	152119015.20	223812394.85
11	资产减值损失	44896075.48	53088764.84
12	加：公允价值变动收益（损失以“-”号填列）		-85000.00
13	投资收益（损失以“-”号填列）	242257185.00	166995588.83
14	其中：对联营企业和合营企业的投资收益	-322786271.14	25710808.15
15	资产处置收益（损失以“-”号填列）	5053840.49	
16	其他收益	24370500.00	
17	二、营业利润（亏损以“-”号填列）	1508081046.60	191215501.31
18	加：营业外收入	11590551.31	23128015.57
19	减：营业外支出	163920698.12	22818902.96
20	三、利润总额（亏损总额以“-”号填列）	1355750899.79	191524613.92
21	减：所得税费用	294283662.70	75892717.04
22	四、净利润（净亏损以“-”号填列）	1061467237.09	115631896.88
23	五、其他综合收益的税后净额	-498758312.50	112094062.50
24	六、综合收益总额	562708924.59	227725959.38
25	七、每股收益		
26	（一）基本每股收益（元/股）		
27	（二）稀释每股收益（元/股）		

图 8－18 利润表（单位：元）

析，对财务管理提出意见建议。这需要前面财务理论知识作基础，特别是杜邦分析模型，作为短期财务分析工具十分有意义。

五、教师讲授知识点

（一）财务比率分析之间的关系

偿债能力分析主要比较资产和负债，从而判断负债的保障度；营运能力分析是比较资产和销售规模，因为销售是企业资金回笼最主要的渠道，没有资金的流动就不会有资本的增值；盈利能力的分析主要是比较销售收入与销售成本的关系，由于售价是由市场决定的，所以公司能够控制的只有销售成本。三个比率之间销售规模是基础性的，销售规模扩大可以有效降低单位产品成本，而且在资本

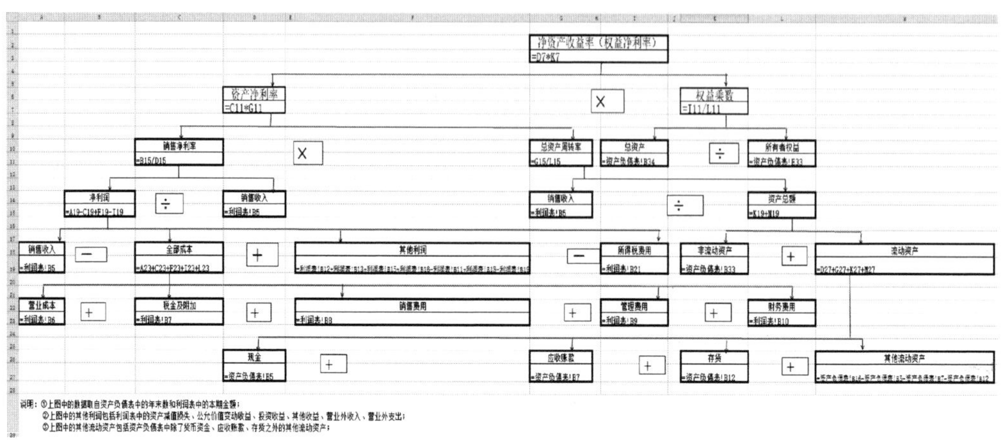

图 8 - 19　杜邦分析表间引用公式

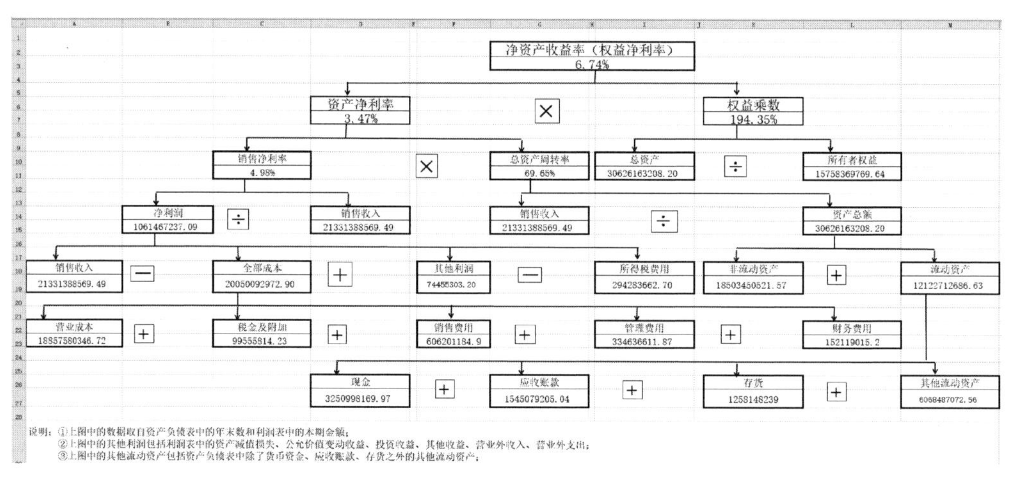

图 8 - 20　杜邦分析运算结果（单位：元）

规模继定、材料、人工成本具有刚性的情况下，通过扩大销售、降低成本几乎是唯一途径。销售规模扩大，才可以充分发挥资产的效用，在生产能力饱和的前提下才需要扩张产能。如果为满足销售需求而扩张产能，那么负债也是合理的，既可以解决扩张产能的资金需求，又可以利用财务杠杆效应。所以有"销售为王"的商场铁律，在做任何一个财务比率分析的时候，都要结合销售进行分析。

（二）杜邦分析框架的设计

杜邦分析框架巧妙地引入乘数理论，把偿债能力、营运能力和盈利能力结合起来，分析净资产收益率的影响因素。所以在设计杜邦分析框架时要牢牢扣住这两个乘数。一是权益乘数，即所有者的净资产撬动总资产的倍数，资产负债率越高，权益乘数就越大，这就是财务杠杆效应。资产负债表中总资产很容易获得，净资产就是所有者权益，也容易获得。二是总资产周转次数，即每年销售回笼资金是总资产的倍数，年销售回笼就是利润表中销售收入总额，很容易获得。总资产周转次数也类似于一个乘数，随销售规模增长同步增长，它可以将销售净利率放大，在相同销售净利率条件下，总资产周转次数增长，总资产净利率同步增长。明确这两个乘数的取数规则后，其他项目都在财务报表中有专门的项目。权益乘数与总资产规模相关，而总资产周转次数与销售规模相关，这两个乘数综合作用的结果就是经济学中的普遍规律“规模效应”。最可怕的是资产规模上去了，而销售规模没有同步跟上。这时总资产周转次数就会急剧下降，同时销售净利率在固定成本暴涨的作用下也会急剧下降，很容易导致巨额亏损，权益乘数就会放大这种亏损，公司很快陷入困境，严重时就会破产。

第九章 “财务管理”对分翻转教学实证研究①

“财务管理”课程2014年秋季学期开始试行微课辅助的对分翻转教学，从期末考试成绩来看效果并不理想，甚至还不如传统课堂。学生压力也很大，从评教情况来看，学生并不特别认可。之后连续三个学期，坚持对课堂教学模式进行了改进，效果有所好转，但是一直没有突破性的进展。为了探讨这种教学模式改革方向，2016年笔者根据四学期的学情数据，采用按时间维度的面板数据，逐学期地定量分析了对分翻转课堂教学效果，探索出了一些规律。直到2019年春季学期结束，这种教学模式的效果才得以体现。从五年10个学期的课堂教学改革实践来看，对分翻转教学模式改革是一个综合系统工程，不仅是课堂45分钟能够解决的，涉及人才培养方案的调整，课程考核方式的改革，学校资源供给等。本章最后也进行了一些展望，提出了初步的建议。

第一节 变量及模型选择

一、变量选择

对分翻转课堂教学效果，以课程期末综合考试成绩（Exam）表示；影响对分翻转课堂教学效果的学习行为包括课堂讨论（Disc）、观看视频（View）、访问数（Visit）、线上讨论（Edis）、知识点测验（Test）、章节作业（Work）。其中观看视频（View）以分钟为单位，访问数（Visit）、线上讨论（Edis）以次为单位，课堂讨论（Disc）、知识点测验（Test）、章节作业（Work）以成绩分数

① 夏庆利，罗一清．大学翻转课堂教学效果实证研究——以《财务学及技术基础》课程翻转教学为例［J］．大学教育科学，2017（2）．

为单位。

二、模型选择

选择多元线性回归模型：

$$Exam_i = \alpha + \beta_1 Disc_i + \beta_2 View_i + \beta_3 Visit_i + \beta_4 Edis_i + \beta_5 Test_i + \beta_6 Work_i + U_i$$

其中，α 为常数项，β_j 为各自变量对因变量的偏回归系数；U_i 为白噪音项。

第二节 数据及模型估计与检验

一、数据来源

超星泛雅平台 2014 年秋季学期到 2016 年春季学期 289 名学生《财务技术学》课程线上学习学情统计数据和四个学期“课堂讨论”“期末课程综合考试”成绩记载表。

由于处于翻转教学探索阶段，四个学期在不断调整课程考核权重，且 2014 年秋季学期主要采用的是微课辅助教学方式，没有真正实行翻转教学。所以实证分析采用分学期逐步回归的办法，以便有针对性地观察翻转教学效果及其决定因素。

二、统计分析及检验

（一）2014 秋季学期学情统计分析及检验

2014 秋季学期，《财务技术学》采用“微课”（MOOCs）辅助教学方式提供给学生试用。学生利用课余时间观看课程视频，在观看视频过程中遇到的疑难问题，在课堂教学中提出，由老师组织讨论解答，其他时间仍然依据传统模式教学。课程考核按照期末综合考试成绩（Exam）50%、课堂讨论（Disc）20%、线上成绩 30%，其中线上成绩包括：知识点测验（Test）55%、观看视频（View）35%、线上讨论（Edis）5%、访问数（Visit）5%，没有设计章节作业。利用 SPSS20 统计分析软件，对线上学习行为进行描述性统计，如表 9－1 所示。

表 9－1 2014 秋微课辅助教学线上学习行为描述性统计

	N	最小值	最大值	平均值	标准差
Test（分）	81	24.90	54.08	44.22	4.96

续表

	N	最小值	最大值	平均值	标准差
View（分钟）	81	553.20	1460.70	783.84	168.92
Edis（次）	81	0	147	31.79	25.00
Visit（次）	81	32	471	178.14	95.68

资料来源：根据 2014 秋季学期泛雅平台学情统计。

从线上学习行为来看，学生观看视频平均时长基本与视频实际时长相符，这说明基本完成了视频观看任务；观看视频的离差率为 21.56%，即观看时长也比较接近。"知识点测验"平均成绩 44.22 分（总分 55 分），离差率 11.22%，这说明完成测验任务也比较一致。访问网站次数离差率为 53.93%，这说明访问网站次数差别较大。参与讨论的次数差别也比较大，"线上讨论"离差率高达 78.13%，次数最少的为 0，即没有参加讨论，这说明线上讨论主要是部分"积极分子"在参与，平均每人参与讨论 32 次，可见总体上参与学习的程度不深。

为了检验各种学习行为与效果的相互作用，对"期末综合考试成绩"（Exam）、线上学习的几个主要观测值和"课堂讨论"（Disc）作交叉相关性分析，如表 9－2 所示。

表 9－2　2014 秋对分翻转课堂学习行为与效果相关关系

		Disc	View	Edis	Visit	Exam	Test
Disc	皮尔逊相关系数	1	－0.012	0.411**	0.206	0.393**	0.105
	Sig.（1－tailed）		0.919	000	0.064	000	0.349
View	皮尔逊相关系数	－0.012	1	0.159	0.203*	0.167	－0.213
	Sig.（1－tailed）	0.919		0.078	0.034	0.068	0.028
Edis	皮尔逊相关系数	0.411**	0.159	1	0.348**	0.292**	0.001
	Sig.（1－tailed）	000	0.078		0.001	0.004	0.497
Visit	皮尔逊相关系数	0.206	0.203*	0.348**	1	0.327**	0.132
	Sig.（1－tailed）	0.064	0.034	0.001		0.001	0.120
Exam	皮尔逊相关系数	0.393**	0.167	0.292**	0.327**	1	0.122
	Sig.（1－tailed）	0.000	0.068	0.004	0.001		0.138
Test	皮尔逊相关系数	0.105	－0.213	0.001	0.132	0.122	1
	Sig.（1－tailed）	0.349	0.028	0.497	0.120	0.138	

注：*表示在 0.05 水平上显著（单侧），**表示在 0.01 水平上显著（单侧）。

资料来源：根据 2014 秋季学期泛雅平台学情统计及线下成绩记载表。

从相关分析上来看，期末考试成绩与“课堂讨论”最相关，与“访问数”较相关，与“线上讨论”的关系次之，而与“观看视频”的相关性不显著，与“知识点测验”相关性更小。这从一个侧面说明，观看视频和知识点测验有可能存在“舞弊”现象，即学生中可能存在“空转”“代看”“抄袭”“代做”等行为。同时从另一个侧面证实，课堂讨论比较客观真实，经常访问和积极参与线上讨论才是比较深入的学习。

通过建立多元线性回归模型，进一步分析“访问数”和“线上讨论”对期末考试成绩的影响，并利用 SPSS20 统计分析软件估计回归系数及显著性检验，如表 9－3 所示。

表 9－3 2014 秋微课辅助教学学习行为与效果线性回归分析

模型		偏回归系数		标准化回归系数	t	Sig.
		B	Std. Error	Beta		
1	（常数）	50. 905	2. 754		18. 485	0. 000
	Edis	0. 096	0. 053	0. 203	1. 817	0. 073
	Visit	0. 032	0. 014	0. 256	2. 295	0. 024

注：因变量：Exam。

资料来源：根据 2014 秋季学期泛雅平台学情统计及线下成绩记载表。

可见，“访问数”和“线上讨论”比较真实地反映了学生的学习状况，即增加一次访问可以提高期末考试成绩 0. 032 分，每参加一次讨论可以提高期末考试成绩 0. 096 分。如果统一量纲，即对两个观测值进行标准化，“访问数”更能够体现学习的态度和效果。

（二）2015 春季学期学情统计分析及检验

2015 年春季学期，正式启动对分翻转课堂教学改革。首先将一个教学大班（68 人）分成两个小班，其中教学一班 32 人，教学二班 36 人。每个班按照 4 人一组，建立学习小组，平时每个人各自通过观看视频、完成线上知识点测验和章节作业、并通过线上讨论相互交流，完成线上学习任务。线下各学习小组将每个成员线上没有解决的问题汇总，进行线下再讨论，自行解决部分问题，对确实无法解决的问题，梳理出问题的本质，推荐一名代表在课堂上提出来，交由全班讨论解决。课堂交流期间，有问题的同学可以随时追加提问，其他同学都可以就所提问题发表意见。

课程考核权重：期末综合考试成绩（Exam）50%、课堂讨论（Disc）20%、线上成绩 30%，为了突出观看视频的基础性作用，为课堂讨论打好基础，对

"线上成绩"的权重进行了调整：知识点测验（Test）20%、观看视频（View）60%、线上讨论（Edis）10%、访问数（Visit）10%，没有设计章节作业。

同时，为了让每个同学充分发言，采用交叉"小班教学"，即单周教学一班课堂讨论，教学二班线上学习或小组讨论；双周教学二班课堂讨论，教学一班线上学习或小组讨论。这样安排除了实现小班教学，还能够让每个学生除了业余时间线上学习，还可以有课表上规定的时间进行线上学习和小组讨论。

全面实施对分翻转课堂教学改革后，线上学习行为的描述性统计如表 9－4 所示。

表 9－4　2015 春对分翻转课堂线上学习行为描述性统计

	N	最小值	最大值	平均值	标准差
View（分钟）	67	644.40	8386.70	1201.46	1022.64
Edis（次）	67	2	80	41.88	17.54
Visit（次）	67	34	533	299.54	93.40
Test（分）	67	10.97	14.81	13.29	0.90

资料来源：根据泛雅平台 2015 春季学期学情统计。

可见，由于提高了"观看视频"的考核权重，同时增加了专门的线上学习时间，学生观看时长明显增加，平均每人增加了 417.62 分钟。但是这种增加很不平衡，离差率达到了 85.12%，从描述性统计来看，观看时长最短的同学只看了 644.4 分钟，这说明在规定的看视频时间都没有看；而观看最多的同学，达到 8386.7 分钟，按一学期 16 教学周计算，平均每天观看视频 74.88 分钟。相应地，访问次数也有较大幅度增加，平均每人增加访问 121 次，离差率为 31.18%，比 2014 年秋季学期降低，这说明大部分同学线上学习时间得到了保证，同时反映出这种观看视频"进课表"的安排具有明显的"外溢"效应，可以引导学生上线学习。线上讨论次数人均增加 10 次，离差率为 41.88%，明显降低，说明对分翻转课堂教学使得线上讨论明显增多，参与面也在拓展。知识点测验成绩折成百分制较上学期平均提高了 10.20%，离差率 6.77%，进一步降低，说明在完成知识点测验任务时更趋向一致。

仍然对"期末综合考试成绩"（Exam）、线上学习的几个主要观测值和"课堂讨论"（Disc）作交叉相关性分析，如表 9－5 所示。

表9－5 2015春对分翻转课堂学习行为与效果相关关系

		Test	Disc	View	Edis	Visit	Exam
Test	皮尔逊相关系数	1	－0.016	0.086	－0.073	0.006	－0.237
	Sig.（2－tailed）		0.896	0.487	0.557	0.962	0.053
Disc	皮尔逊相关系数	－0.016	1	0.034	0.004	0.019	0.176
	Sig.（2－tailed）	0.896		0.783	0.974	0.878	0.154
View	皮尔逊相关系数	0.086	0.034	1	－0.132	0.050	0.209
	Sig.（2－tailed）	0.487	0.783		0.286	0.688	0.090
Edis	皮尔逊相关系数	－0.073	0.004	－0.132	1	0.541**	0.143
	Sig.（2－tailed）	0.557	0.974	0.286		0.000	0.249
Visit	皮尔逊相关系数	0.006	0.019	0.050	0.541**	1	0.207
	Sig.（2－tailed）	0.962	0.878	0.688	0.000		0.092
Exam	皮尔逊相关系数	－0.237	0.176	0.209	0.143	0.207	1
	Sig.（2－tailed）	0.053	0.154	0.090	0.249	0.092	

注：*表示在0.05水平上显著（双侧），**表示在0.01水平上显著（双侧）。

资料来源：根据2015春季学期泛雅平台学情统计及线下成绩记载表。

可见，实施对分翻转课堂教学后，期末综合考试成绩与线上学习基本不相关，或相关关系不显著。经过课后座谈发现，可能存在以下原因：

1. 学习文化冲突

学生普遍感觉对分翻转课堂导致课业负担十分繁重，有的学生反映，一门课程翻转基本占用了全部业余学习时间，造成学生畏难情绪严重，有的存在"破罐子破摔"的消极应付心理，影响了学习效果。

2. 过程机会主义

各讨论组不同程度存在投机行为，即每次推荐一名同学准备课堂讨论资料，其他同学实际上没有参与线下讨论，只是形式上完成观看视频、线上测验等任务。直接影响了课堂讨论效果。

3. 结果形式主义

由于事实上的线下准备不充分，导致课堂常常出现讨论偏离重点、讨论不深入、"冷场"等现象，有的同学讨论时重复视频内容，缺乏深入思考，有的同学把课堂讨论异化为作业解答，功利思想较浓，凡此种种都影响了课程学习效果。

（三）2015秋季学期学情统计分析及检验

2015年暑期，课程改革小组召开了专门研讨会，决定系统设计章节作业、拓展讨论主题，强化线上知识训练，引导学生线下搜集资料，切实提高教学效果。2015年秋季学期，7万字的章节作业题库、10个章节讨论主题上线运行。课程考核权重仍然为：期末综合考试成绩50%，课堂讨论20%，"线上成绩"30%。其中线上成绩增加了章节作业（Work）权重40%，观看视频降低到30%，知识点测验20%，访问数10%，考虑到课堂讨论比较充分，线上讨论不计分，只作为课堂讨论的准备和补充。

2015秋季学期，线上学习行为的描述性统计如表9-6所示。

表9-6 2015秋对分翻转课堂线上学习行为描述性统计

	N	最小值	最大值	平均值	标准差
Test（分）	87	5	12	9.81	1.359
Work（分）	87	0	38	32.31	6.629
View（分钟）	87	726.70	3187.40	1043.42	372.86
Edis（次）	87	0	93	19.91	20.769
Visit（次）	87	31	573	275.39	97.547

资料来源：根据2015秋季学期泛雅平台学情统计。

与2015春季学期比较，由于观看视频的考核权重下调，观看时长趋于理性，人均观看视频时间变化不大，但是离差率降低了58.02%，较好地屏蔽了观看视频中的功利心理。平均每人访问次数及其离差率都没有明显变化，这也侧面印证了观看视频趋于理性。讨论数明显减少，人均减少22次，而且极不平衡，离差率扩大了59.85%，可见讨论不计成绩后，线上讨论功利性明显减小，讨论主要是兴趣使然。知识点测验平均下降了3.48分，而且离差率有所扩大，这应该是章节作业分流了部分精力的结果。章节作业平均得分32.31，相当于百分制的80.78分，离差率20.52%，说明学生普遍比较重视章节作业任务。

增加章节作业后，再对期末综合考试成绩、课堂讨论和五个主要的线上学习观测值作交叉相关性分析，如表9-7所示。

表9-7 2015秋对分翻转课堂学习行为与效果相关关系

		Disc	Test	Work	Exam	View	Edis	Visit
Disc	皮尔逊相关系数	1	0.195	0.286**	0.375**	0.144	0.437**	0.297**
	Sig.（2-tailed）		0.071	0.007	0.000	0.183	0.000	0.005
Test	皮尔逊相关系数	0.195	1	0.302**	0.019	0.046	0.212*	0.402**
	Sig.（2-tailed）	0.071		0.004	0.859	0.675	0.048	0.000

续表

		Disc	Test	Work	Exam	View	Edis	Visit
Work	皮尔逊相关系数	0.286**	0.302**	1	0.096	0.089	0.193	0.260*
	Sig.（2-tailed）	0.007	0.004		0.375	0.414	0.074	0.015
Exam	皮尔逊相关系数	0.375**	0.019	0.096	1	0.152	0.147	-0.028
	Sig.（2-tailed）	0.000	0.859	0.375		0.161	0.175	0.800
View	皮尔逊相关系数	0.144	0.046	0.089	0.152	1	0.116	0.292**
	Sig.（2-tailed）	0.183	0.675	0.414	0.161		0.284	0.006
Edis	皮尔逊相关系数	0.437**	0.212*	0.193	0.147	0.116	1	0.423**
	Sig.（2-tailed）	0.000	0.048	0.074	0.175	0.284		0.000
Visit	皮尔逊相关系数	0.297**	0.402**	0.260*	-0.028	0.292**	0.423**	1
	Sig.（2-tailed）	0.005	0.000	0.015	0.800	0.006	0.000	

注：*表示在0.05水平上显著（双侧），**表示在0.01水平上显著（双侧）。

资料来源：根据2015秋季学期泛雅平台学情统计及线下成绩记载表。

由表9-7可知，增加章节测验后，“期末考试成绩”与“课堂讨论”相关性明显增强，但与线上学习的五个观测值相关性不明显。再观察“课堂讨论”发现，它与线上学习的三个观测值相关性明显。“期末考试成绩”与“课堂讨论”线性回归分析结果如表9-8所示。

模型中常数项未通过检验，剔除后再回归，“课堂讨论”对“期末综合考试成绩”的偏回归系数为0.852，t检验值为66.09，统计检验显著，即课堂讨论成绩每提高1分，可以提高期末综合考试成绩0.852分。

表9-8 2015秋对分翻转课堂学习行为与效果线性回归分析

模型		偏回归系数		标准化回归系数	t	Sig.
		B	Std. Error	Beta		
1	(Constant)	-12.589	22.998		-0.547	0.586
	Disc	0.999	0.268	0.375	3.728	0.000

注：因变量：Exam。

资料来源：根据2015秋季学期泛雅平台学情统计。

进一步对课堂讨论与线上学习的观测值进行回归分析，“访问数”（Visit）没有通过显著性检验，予以剔除，结果如表9-9所示。

表 9 – 9　2015 秋课堂讨论与线上学习行为线性回归分析

模型		偏回归系数	标准化回归系数		t	Sig.
		B	Std. Error	Beta		
1	(Constant)	79.906	1.984		40.270	0.000
	Edis	0.080	0.020	0.396	4.071	0.000
	Work	0.132	0.061	0.209	2.151	0.034

注：因变量：Disc。

资料来源：根据 2015 秋季学期泛雅平台学情统计及线下成绩记载表。

可见线上讨论没有计分后，基本过滤掉“刷讨论次数”现象，线上的讨论者是为学习理解而讨论。从回归分析看，每增加一次线上讨论会提高课堂讨论 0.08 分。“章节作业”对提高“课堂讨论”亦帮助较大，“章节作业”每增加一分可以提高“课堂讨论”0.132 分。

经过三个学期的摸索，基本可以得出以下结论：

（1）课程考核计分办法是学生学习的指挥棒，通过加大考核权重就可以引导学生的学习行为。

（2）学生学习行为不同程度地存在功利性，突击看视频、“空转视频”、刷讨论数、刷访问数，甚至请人代看、代答、代刷等。

（3）任课教师任务繁重，设置的考核越多，教师的任务越重，特别是主观型“知识点测验”、主观型“章节作业”都需要教师在线批阅，如果没有及时批阅，会影响学生观看视频进度，有时教师批阅时学生未提交，等到学生提交时教师未上线，这种不同步也会耗费额外的时间。还有线上讨论答疑，也十分耗费教师的精力。

（4）平台运行、网络环境等都会影响学习效果。不明原因地反复认证不能登录、网络拥堵、观看不流畅等，都会影响学生学习心情和效果。

（四）2016 春季学期学情统计分析及检验

2016 年春季学期，试行预布置讨论主题，引导学生围绕问题观看视频，有针对性地讨论，碰撞出新的讨论话题，线下搜集资料，开展小组讨论。确保课堂讨论紧扣中心，突出重点，同时减轻学生课外学习负担，增加课堂讨论的积极性。课程考核仍然按照线下“课堂讨论”20%，“线上成绩”30%和“期末综合考试成绩”50%，其中线上成绩调整了“知识点测验”和“章节作业”的权重，观看视频调整为 40%，知识点测验 20%，章节作业 30%，访问 10%，线上讨论继续不计分。线上学习行为统计如表 9 – 10 所示。

2016 春季学期学生观看视频平均时长略高于视频真实时间，最短的也接近全部视频的实际时长，离差率到9.21%，这说明学生都看完了课程视频，部分学生可能是“反刍”的需要，重复观看了部分章节视频，空转视频的情况明显减少。访问数统计平均136次，离差率36.15%，也比较接近真实情况，离差率偏高可能是由于学习习惯差异，有的同学倾向于零星学习，而有的同学喜欢集中时间学习。线上讨论基本延续了原来的状况，主要是一些学习兴趣较浓的同学在参与讨论，其他同学很少甚至根本没有参加线上讨论。知识点测验有所提高，平均增长2.13分，离差率进一步缩小，降低了4.4个百分点，反映出线上学习自觉性明显增强。章节作业也基本延续原来的趋势，而且杜绝了“白卷”现象。

表9-10 2016春对分翻转课堂线上学习行为描述性统计

	N	最小值	最大值	平均值	标准差
View（分钟）	54	755.40	1087.40	848.84	78.16
Edis（次）	54	0	105	15.13	18.34
Visit（次）	54	52	266	136.00	49.160
Test（分）	54	8.62	14.87	11.94	1.13
Work（分）	54	3.15	29.63	20.62	7.19

资料来源：根据2015秋季学期泛雅平台学情统计。

经过四轮的探索完善，《财务技术学》对分翻转课堂教学模式逐步趋于成熟，通过课程考核设计的不断优化，基本消除了“伪学习”的现象。线上学习观测值、课堂讨论、期末综合考试成绩交叉相关分析如表9-11所示。

表9-11 2016春对分翻转课堂学习行为与效果相关关系

		Disc	View	Exam	Edis	Visit	Test	Work
Disc	皮尔逊相关系数	1	0.104	0.385**	0.231	-0.089	0.341*	0.012
	Sig.（2-tailed）		0.454	0.004	0.093	0.524	0.012	0.930
View	皮尔逊相关系数	0.104	1	-0.204	0.296*	0.142	0.144	0.123
	Sig.（2-tailed）	0.454		0.140	0.030	0.305	0.300	0.377
Exam	皮尔逊相关系数	0.385**	-0.204	1	0.373**	0.041	0.086	-0.139
	Sig.（2-tailed）	0.004	0.140		0.005	0.769	0.536	0.317
Edis	皮尔逊相关系数	0.231	0.296*	0.373**	1	0.215	-0.032	0.014
	Sig.（2-tailed）	0.093	0.030	0.005		0.118	0.817	0.920
Visit	皮尔逊相关系数	-0.089	0.142	0.041	0.215	1	0.100	0.116
	Sig.（2-tailed）	0.524	0.305	0.769	0.118		0.474	0.403

续表

		Disc	View	Exam	Edis	Visit	Test	Work
Test	皮尔逊相关系数	0.341*	0.144	0.086	-0.032	0.100	1	0.303*
	Sig. (2-tailed)	0.012	0.300	0.536	0.817	0.474		0.026
Work	皮尔逊相关系数	0.012	0.123	-0.139	0.014	0.116	0.303*	1
	Sig. (2-tailed)	0.930	0.377	0.317	0.920	0.403	0.026	

注：** 表示在 0.01 水平上显著（双侧），* 表示在 0.05 水平上显著（双侧）.

资料来源：根据 2016 春季学期泛雅平台学情统计及线下成绩记载表。

从相关系数来看，期末综合考试成绩仅与“课堂讨论”和“线上讨论数”相关关系显著，与观看视频和章节作业呈负相关，但不显著。进一步对“期末综合考试成绩”与“课堂讨论”以及线上学习五个观测值进行多元线性回归分析，逐步剔除不显著的变量，关系显著的变量回归系数及统计检验如表 9-12 所示。

表 9-12 2016 春对分翻转课堂学习行为与效果线性回归分析

模型		偏回归系数		标准化回归系数	t	Sig.
		B	Std. Error	Beta		
1	(Constant)	-175.113	102.537		-1.708	0.094
	Disc	2.969	1.057	0.329	2.809	0.007
	Edis	0.289	0.088	0.403	3.300	0.002
	View	-0.060	0.020	-0.357	-2.990	0.004

注：因变量：Exam。

资料来源：根据 2016 春季学期泛雅平台学情统计及线下成绩记载表。

如果考虑常数项不显著，剔除常数项后再作回归分析，模型如下：

$$Exam_i = 1.188Disc_i - 0.064\ View_i + 0.325\ Edis_i$$

$$(6.749) \qquad (-3.168)\ (3.761)$$

$R^2 = 0.973$ 调整后的 $R^2 = 0.972$ $F = 624.456$

可见，模型整体质量较高。从回归分析的结果来看，对分翻转课堂教学效果的决定因素分别是“线上讨论”和“课堂讨论”，尽管线上讨论在课程考核中没有计分，课堂讨论的考核权重亦不高，然而正是这种不计分或少计分的设计，将“刷分”的学习行为挤出，这说明认真思考、积极准备、踊跃讨论（包括线上和线下）的同学会有良好的学习效果，这与对分翻转课堂的理论分析结论是高度一

致的。至于“观看视频的时长”与“期末综合考试成绩”呈负相关，可能是因为反复观看的同学的确是理解课程相关知识点有困难的同学，即学习困难群体，这是能力差别在学习效果上的体现。

至此，如何设计对分翻转课堂过程，不断提高对分翻转课堂教学效果，已经十分明确，即学生参与讨论的积极性和质量是核心。只有充分激发学生参与讨论的热情，才能从内因层面调动学生学习积极性。当然课程视频的吸引力、知识点测验设计、章节作业库建设以及微课平台建设、网络运行速度等都是重要的外部条件。

第三节 实证结论及建议

大学对分翻转课堂与中学有很大的不同，中学课堂以知识传授为主，有统一的教学大纲，有“中考”“高考”压力，学生参与课堂讨论的自觉性和目的性十分强烈。而大学课堂以思维训练为主，课程要求灵活，学分是唯一的约束手段，翻转教学组织难度更大，质量保障困难。必须科学设计线上教学资源，周密组织课堂讨论活动，才能不断提高课堂教学质量。

一、微课是慕课的基本单元

慕课通过线上学习，可以突破时间和空间限制，符合“00 后”大学生的自由个性特征。但是慕课不同于传统的视频课，不是仅供学生“浏览”“泛学”，而是以建构学生知识体系为宗旨，必须要让学生“精学”“细看”。所以既要提高视频趣味性，增强吸引力，也要结合学生注意力特性，适当施加约束力。这就必须打破传统的课时和章节安排，按课程知识点构造学习单元，时长 10 分钟左右，每个单元都要有导入和总结设计，配合若干知识点运用训练。这就是微课，是慕课的基本单元，是翻转教学成功的关键。

二、题库建设是对分翻转课堂的基础

题库可以分三个层级，最底层是知识点测验，中间层是章节作业，顶层是课程综合考试题库。三个层级题量呈金字塔分布，难度则呈倒金字塔设计。答题既是知识建构、巩固的过程，也是侦测学生薄弱环节，厘清模糊认识，促进学生举一反三、触类旁通的过程。题库建设既有相通的规律，更要体现受众的特征，还有一个教学相长的效果。学生在答题中的错误案例，本身就是题库建设的重要来

源，学生在讨论中引用的材料，可以遴选为题库的素材。

三、微课平台是翻转教学的重要条件

目前，市面上有很多平台提供微课，但是如果要用于对分翻转课堂教学，平台必须向任课教师开放后台管理，方便教师根据课堂教学，实时编辑课程视频、题库；要允许任课教师根据听课对象，设置课程线上考核的观测点及其权重；要提供翔实的学情统计数据，例如，访问次数、访问时长、访问时点、发起提问次数、解答线上提问数、各项任务完成进度、视频“反刍比”、成绩详情等，尽可能方便任课教师利用大数据进行学情分析，做到因材施教。平台还应该提供协助管理功能，例如，“闯关式”练习设计、防拖拽、防“空转”（规定时间无操作自动停播、非活动窗口停播）、首次观看防跳转等。更理想的平台还应该能够提供丰富的资源，为课程知识点建立丰富的链接，拓宽课程知识面。

四、课程考核设计是教学效果的“牛鼻子”

从实证分析的结果来看，由于线上学习的自由性，线上学习的行为信息具有不对称性，所以对线上学习的考核面临明显的“道德风险”，考核权重加大，会刺激学习行为的“逆向选择”，催生不诚信行为。所以尽管很多微课都提供在线考试，但是考试环节不能比照观看视频或完成作业任务，而应该集中进行并安排监考，确保考试过程诚信，或另外组织线下命题考试，并且占课程考核的权重不能太小。课堂讨论是最能够体现学习效果的环节，本可以加大权重进行考核，但最主要瓶颈是课堂时间有限，很难保证每次课每个同学都能够发言，而且课堂讨论不仅需要对知识的掌握和运用，还与表达能力相关，这显然是拔高了课程考核的要求。总之，线上学习、课堂讨论和集中考试是对分翻转课堂考核必需的三个环节，具体权重需要根据学生实际不断调整完善。

五、知识系统性是对分翻转课堂教学的短板

微课在契合学生认知习惯时不可避免地侵蚀了课程知识体系，微化的知识点就像一颗颗珍珠，尽管每颗都打磨得很光鲜，但是堆在一起既不好看也没什么用。学生在学习过程中还不可避免地存在机会主义，对自己感兴趣的知识点会投入较多，并尽情表现尽可能多地挣分数，而对自己理解困难的知识点，敬而远之，不求甚解，甚至懒得听别的同学讨论。事实上每门课程都有独特的知识框架，很多时候掌握知识框架比理解单个知识点重要得多。如果不能保证每个学生参与全部知识点的讨论（现实中通常都难以保证），特别是核心知识点的完整理解，课程学习的效果就会大打折扣。所以对分翻转课堂教学不能从一个极端走向

另一个极端，教师的点评总结不仅十分必要，有时可能也需要占用一半的时间，这可能是“对分课堂”提出的根本原因。

六、关注学习困难群体是对分翻转课堂的难点

在实证分析中已经注意到，有些学生很努力地想通过视频理解相关知识点，通常表现为“反刍比”很高，花了很多时间观看视频，但是学习效果并不好，严重时甚至导致观看视频与综合考试成绩反向相关。其实这部分学生正是课程学习的困难群体。如果任课教师不予以关注，他们就会成为对分翻转课堂教学的看客或者“低头族”。事实上，很多对分翻转课堂都容易演化为少数优秀学生的讲堂，对这部分优秀同学确实有丰厚的回报和意外的收获，他们不仅学到了课程知识，还锻炼了口头表达能力。但这是违背教育基本原则的，这就要求任课教师在组织课堂讨论时，更多地关注困难群体，发现他们的兴趣点，鼓励他们参与到课堂讨论中，要引导先进包容后进，做到享受优质教学“一个都不少”。

第四节 “财务管理”对分翻转教学延伸与展望

自2016年秋季学期开始，“财务管理”课程一直坚持翻转教学模式。五个学期的学情数据统计，以及与每个学期的期末考试成绩的分布见附录2。

一、学情数据延伸分析

（一）期末考试成绩与观看视频的时间关系

从观看视频的时间分析（见附图2-1至附图2-6），期末考试成绩与观看视频的时间不呈直接的正相关关系，即期末考试成绩最好的同学并不是观看视频时间最长的同学，这与前面的实证分析结论一致。但是从散点图的统计分析来看还是有些规律，例如，观看视频时间后20%的同学的期末考试成绩不如在前20%的同学，这说明观看视频不一定与成绩直接相关，但是看视频少的同学，无论是学习不积极还是所谓学习能力超强，“一看就懂”，都很难取得优异成绩。从这个意义上来说，翻转教学的基础仍然是学生通过看视频完成线上学习任务。

（二）交作业的时间先后与期末考试成绩之间的关系

从提交章节作业的时间分析（见附图2-7至附图2-12），交作业的时间先后与期末考试成绩之间也不存在直接线性关系，即交作业的时间早并不一定能够期末考试成绩好，相反交作业迟也不一定期末考试成绩差。但是交作业早

的同学期末考试成绩很少落在后20%里，相反交作业迟的同学期末考试成绩很少进入前20%。这说明，交作业时间先后反映了学习态度，通常情况下较早完成作业的同学的学习态度比较晚完成作业的同学态度积极。所以，翻转课堂教学的效果主要取决于学生的学习态度，只要学习态度端正，学习成绩是不会太差的。

（三）章节作业的成绩与期末考试成绩之间的关系

从章节作业的成绩分析（见附图2－13至附图2－18），列方向有些集中现象，这说明章节作业成绩有难度差异，有些章节较难，很多学生不会做；有些章节容易，学生成绩都表现较好。色块分布基本没有行方向的规律，这说明每个学生的作业成绩具有随机性，即通过作业成绩无法区分优劣，这可能是作业难度较大，大多数学生掌握不太好，答题应付成分较重。特别是计算题，由于时间关系，课堂上一般不可能讲解复杂的计算题，导致学生在计算题方面的成绩普遍不好，期末考试也能印证这一点。这跟前面的实证研究结论也是一致的。但是从堆积图还是可以看到图块有板块化趋势，即深色块在某一区域多于灰色块，或灰色块在某一区域多于深色块。相应地，期末考试成绩也呈现同一趋势，深色板块集中区域对应的期末考试成绩也呈现深色块集中倾向；另外，灰色板块集中区域对应的期末考试成绩也呈现灰色块集中现象。这可能是不同班级学习效果不同的结果，这是一个十分奇怪的现象，同一个课堂不同的班级表现差异明显，有的班级整体成绩优于另一个班级。这再次从一个侧面说明学习态度在翻转课堂教学过程中有十分重要的影响，班风比较好的班级通常在翻转教学过程中都有较好的表现，反之，班风较差的班级，即使在同一个课堂学习，学习效果整体差距也很明显。

（四）讨论与期末考试成绩之间的关系

从讨论积极性分析（见附图2－19至附图2－23），由于课堂讨论的时间限制，不可能每次课每位同学都有机会发言，为了激励同学们在课堂上积极讨论发言，在每次课程开始时，就确定了取五次最好成绩的平均值作为平时讨论成绩，对于一个学期发言不足五次的同学，用65分补足。所以讨论成绩的次数可以反映学生的学习态度，而讨论成绩分数可以综合反映学生的学习质量。另外，线上讨论从提问数和回答数两个角度统计，一般来说，提问较多的同学可能是学习困难较大的同学，而回答问题较多的同学通常是学习态度较好，学习能力均较强的同学。从统计图分析基本印证了这一结论，平时发言次数多，成绩好，且线上回答问题较多的同学期末都能取得较好的成绩；反之，平时讨论发言少，成绩不好，线上回答问题亦少的同学，通常期末考试表现欠佳。这与前面的实证结论亦保持一致。

二、对分翻转课堂教学设计反思与展望

（一）翻转课堂并不是传授知识的高效课堂

从实证分析到延伸分析，可以发现对分翻转课堂并没有明显的提高期末考试的成绩，也没有找到提高期末考试成绩的有效规律，即并没有发现期末考试成绩稳定地与某个学情指标长期相关。从这个意义上来说，对分翻转课堂并不是传统意义上的高效课堂，甚至可能出现不及传统课堂的现象。在目前仍然找不到合适的观测值表征学习质量的情况下，只能用期末考试成绩这个知识掌握程度的指标反映学习效果，所以出现了实证分析中没有哪个变量稳定地、显著地与因变量相关；在附录1中，各学情观测值与期末考试成绩之间也呈现随机分布的总体特征，没有明显的规律。如此，是不是就否定了对分翻转课堂的价值呢。当然不能，从“互联网+”思维出发不难判断，未来知识传授已经不是教育的主要任务，发现知识的思维训练才是教育的根本。未来人工智能可以让全世界的知识随身携带，但是如何利用这些知识去创新才是最重要的。这种创新能力训练首先需要培训学生的观察反思的习惯和意识，翻转课堂教学正是为了这种高思维能力训练而诞生的一种全新的教学模式，不适用于应试教育环境。所以不解决学生课程评价方式，翻转课堂很难取得明显成效。

从英美高等教育情况来看，本科教育的课程和学分均远低于我国高等教育的要求，但是其核心课程的考核和评价要比我们复杂得多。在格拉斯哥大学（University of Glasgow）① 一个本科学位大约只需要修读十几门课程，而一个硕士学位，即使是学术型硕士学位也只需要修读6~7门课程。而且教授的讲授时间很少，往往一节课要讲几十页，一次课结束，教授会布置大量的课下阅读资料，要求学生提交学习报告或课程研究论文。教授的主要精力不在于讲课，而是查看学生的“作业”，对于应付甚至是复制粘贴网络资料的学生，教授会毫不留情地给予退回和批评教育，情节严重的，直接取消该门课程的学习资格。所以该校的图书馆开放时间从早上7点一直持续到第二天凌晨2点，一天的开放时间达19个小时，学生吃饭都不用出馆，看书累了，走到休息室，喝杯热咖啡，吃块三明治，甚至还可以到图书馆专门的观光平台欣赏校园明媚的阳光、辉煌的建筑和绿茵茵的草坪。馆内还设置了若干大大小小的讨论室，各种研究团队可以就地开展研讨活动。图书馆内信息化程度很高，可以自带电脑，也可以4小时免费使用馆内电脑。总之，馆内一切布置，都是为了方便研究人员搜集资料。这也是我国学生赴英美大学学习最不适应的地方，我国高等教育模式仍然沿袭基础教育的特

① 根据笔者2019年3月3~23日在格拉斯哥大学培训期间的调查整理。

点，学生习惯按部就班，消化吸收教师传授的知识，谋求考试中取得一个好成绩。一旦要求自己搜集、整理知识并运用知识解决实际问题，我们的大学生们就不知所措。特别在一般本科学校，学生学习的主动性不够，没有具体的作业任务或作业任务与教授所讲的知识之间缺乏直接联系，学生就产生畏难情绪，如果没有强有力的外部措施（如严厉的课程考核、严格的学位授予条件等），学生很可能厌学甚至抗拒学习，所有的翻转教学就难以推进。

为此，有必要借鉴"美国大学生学业挑战度调查"指标（National Survey of Student Engagement，NSSE），注重高阶学习效果的考核和评价。重视"应用、分析、判断、综合"等具有挑战性的认知任务，提升学生反思与整合的学习能力，促进学生在个人学习和周围世界之间建立联系，重新审视自己的惯性思维，学会从他人的角度出发考虑问题；提高量化推理能力；学会使用数字和统计信息对已有观点进行评价。特别是财务学课程，所有的财务决策都应该建立在定量分析的基础之上，所以定量分析能力的训练显得尤为重要。

（二）对分翻转课堂不是习题课堂

学生讨论什么？教师讲授什么？这是对分翻转课堂必须首先明确的基本问题。从理论上来讲，学生如果课前做过认真的准备，肯定会存在很多疑难问题，这些问题通过小组讨论解决一部分，不能解决的部分，小组将其凝练成清晰的问题在线提出，由老师选择其中最具代表性的论题，组织课堂讨论，让所有的学生都能够从讨论中学到知识，澄清疑惑。但是，现实情况是主客观条件都无法达到这种课堂设计的要求。

一方面，应用型本科高校学生课业负担沉重，无法深入钻研某门课程。应用型本科教育模式一直在争论中，早期借鉴苏联模式，实行专业化教育，按计划培养，学生一进校门，其职业生涯已经明确，课程安排对接行业、产业要求，校内实训全真模拟行业、产业实际，实践教学直接深入生产一线。一句话，师生学习目标明确，优秀学生意味着有更好的发展前景，所以学生学习动力十足。当市场导向资源配置后，本科教育不再强调专业性，而是重视通识教育，强调学生实行宽口径培养，适应"双向选择"的要求。于是原来的专科教育升本后，只能模仿传统本科办学模式，不断加大理论课程开课量，在师资不具备的情况下，通过拆细课程，交叉重复开设。大学的周学时堪比中学，学生的学习方式自然亦延续中学"上课+作业"模式，不可能适应"讲授+研究"的教学模式。

这种应试教育的结果为社会所诟病，学生适应岗位时间延长，有的学生根本没有合适的岗位可以就业，集中反映就是大学生"就业难"，有媒体更是炒作"民工荒"，导致新一轮"读书无用论"泛起。在社会舆论的压力下，教育行政部门开始推动新建本科院校“转型”，应用型本科高校被视作一种新的大学形态，目的是加强实践教育环节，试图对接社会就业需求，缓解大学生就业难和社会“民工荒”。教育部、国家发展和改革委员会、财政部《关于引导部分地方普通本科高校向应用型转变的指导意见》明确规定，“实训实习的课时占专业教学总课时的比例达到30%以上”。有些应用型本科高校进一步规定：人文社科类和理工科试点专业各类实践教学的学分分别不低于总学分的30%和35%，校内外实践时间累计1学年。虽然指导意见要求调整课程结构，增加实践教学环节的同时可以减少理论课教学的要求，但是很多通识课程是具有刚性的，每个专业的学位课程也是明确的，专业基础课和方向课程也必须保留，压缩空间并不大。这就意味着，以往四年开设的课程基本要在三年内完成，学生的课业负担可见一斑，“讲授＋研究”的教学模式更加无法开展。

另一方面，学生学习动力不足，无法推进研究型学习。研究是个需要主观积极思考的行为，但是，应用型高校学生学习动力不足已经是公开的秘密。“前三排”“低头族”“三无族”“周公党”“代课群”不断见诸媒体①，究其原因，是学生学习目标不明确，加上诱惑性信息干扰严重，在缺乏强有力的外部约束的情况下，学生很难集中注意力到学习上来。而翻转教学模式恰好需要借助“互联网”工具，这就不得不与各种诱惑信息争“屏幕”，如果学生没有强烈的学习动机，很容易受到各种干扰信息的诱惑，翻转教学的内容设计不仅很难完成，而且还会滋生各种不诚信问题。因为翻转教学大量的学习时间是在无外部监督的情况下完成，如果学生钻“诚信”的空子是很容易的事情。事实上，无论是本书的实证部分，还是延伸的图示分析，不诚信的影子是明显能够感觉到的。只要不诚信行为存在，翻转教学的效果就大打折扣，而且这种行为还会导致“劣币驱逐良币”的恶性循环。

综上所述，课堂讨论什么？讲授什么？不能简单地交给学生决定，而是应该由教师做足功课。

首先，学生必须在规定的时间内提交课程作业，给教师充分的时间研究学生作业中存在的问题。主要包括两类问题：一是学生知识掌握方面的问题，即学生普遍没有掌握的知识在作业中能够体现出来，那些普遍答错的习题就是学生知识的短板；二是学生学习态度问题，不能按时提交作业的同学除非确有特殊情况，通常应该是学习态度不积极的原因。另外，如果学生有抄袭、粘贴的行为，教师通过对比“雷同”现象，是可以发现端倪的。翻转教学应该更重视后一类问题，

① “前三排”是指高校课堂前三排没人坐，都挤到教室后排的现象；“低头族”是指课堂玩手机现象；“三无族”是指不带笔、不带课本、不带笔记本的现象；“周公党”是指课堂上睡觉的现象；“代课群”是指专门找人代课、替人上课的交流群。

即对学生学习态度问题要特别关注，这主要是因为，研究性学习的关键在于学生积极主动思考，对于应付甚至抄袭的学生不可能指望其研究性学习；更有甚者，这种现象如果不及时制止会很快蔓延，不仅无法达到翻转教学设计的目的，甚至连知识传授的问题都解决不好。为此，对于出现大面积“雷同”的作业，要通过课堂调查和提问的方式及时甄别原创者和抄袭行为，对抄袭行为要给予必要的惩戒，例如，认定当次作业成绩为 0 分等。对于拖延提交作业的行为要在了解清楚后，分别做出处理，例如，对于确因特殊原因未能及时提交作业的行为（包括按时提交作业，但是答题错误被退回），要给予其补交的机会，并认可其成绩，而对于无故未及时提交作业的行为，要责令补齐作业，成绩在及格以上的按及格认定，不及格的直接认定，不再退回重做，目的是督促学生实事求是地独立完成作业任务。

其次，教师要分析学生作业错误的知识根源，把普遍的答题错误提炼为讨论话题，组织学生分析答题错误的原因，通过“找错”弄懂知识性问题。为了避免讨论式教学导致知识碎片化的问题，必须设计好教师讲授的内容，不能就事论事，把翻转课堂变成了习题课堂。老师要对学生存在的各种知识“盲区”进行梳理，要分析这些知识点“盲区”在当次课程内容中的方位，在系统讲授过程中，用“一线串珠”的方式把所有存在的问题成体系加以解决。既讲清楚这些知识点的前导知识和延伸知识，也解决学生存在的各种疑惑。在时间允许的情况下，教师要设计新的案例或者习题，检测学生运用这些知识点的能力，确保学生真掌握而不是伪掌握。

（三）小组学习（也称“同伴学习”）不能自发进行

小组学习是翻转教学的一个重要环节，在欧美大学，学生 1 学分通常需要 16 学时的课堂教学和 5 倍的课外学时共同完成，对于一门 3 学分的课程，除了教师主导的 48 学时课堂教学之外，学生还应该完成 120 学时的课外学习。在这 120 学时的课外学习中，学生个人自学可以占 72 学时（60%），另外 48 学时（40%）应该通过小组学习方式完成，即小组讨论学时与教师授课学时保持相当。通过小组学习很多问题都可以得到解决，缓解教师一对一的时间矛盾。而且小组学习可以培养学生自主学习习惯，通过相互讨论达到共同提高的“溢出”效果。但是，小组学习在操作时存在两大困难：一是如何构造小组，二是如何组织小组学习。现在通行的说法，每个小组 5 人，由学生自由组合而成，各小组自己推选组长。实际操作时发现，每个小组通常由关系相对融洽的同学组成，组长通常由相对成绩较好的同学担任。这样分组的结果极容易导致组间不平衡，组内也不平衡，学习态度好、学习能力强的同学通常组合在一起，他们通常也是班上讨论的主要力量；另外一些学习能力相对较弱的同学往往被组合在一起，这样的

组合形同虚设，很难开展小组讨论。组内通常也是组长比较“辛苦”，被组员寄予厚望，充当主要的问题发现者和课堂讨论者角色，其他成员容易蒙混过关。同时，男女同学通常各自组成小组，不利于男女同学之间的相互学习和激励。5 人一个小组对于一个 35 人的标准班来讲是合适的，但是如果超过 50 人的授课班级，需要分成 10 个学习小组，就显得过多，难以管理。

为此，小组学习必须要有制度性安排，要有必要的外部监督。首先，必须要遴选课代表，由课代表负责组织小组讨论，并对小组讨论的情况做详细日志记录。其次，小组讨论的时间和地点应该统一安排，学生自发组织通常会出现时间和地点的冲突，使讨论无法集中进行。如果教师主导的课堂每周 4 学时，那么小组讨论亦应同步安排 4 学时。再次，如果空间条件不允许，全班小组讨论可以集中在同一间教室进行，每个小组各自开展讨论。小组不能解决的问题可以现场求助课代表，由课代表组织组间讨论。最后，课代表要梳理当次讨论课最集中、争议最大的问题，征得各小组同意后，提交给老师，在老师主持的课堂上讨论解决。小组学习的任务不能太虚，先围绕课后习题展开。为此，小组讨论前每个成员要有必要的准备，至少应该完成线上学习和线上作业，如果在独立完成作业过程中发现不能理解的问题，可以带到小组上讨论。如果习题比较容易，小组长可以主持挖掘，讨论老师布置的案例任务。

小组学习的外部监督十分重要，否则小组讨论就流于形式。监督可以分为两种，一种是形式监督，一种是内容监督。形式监督主要是通过老师检查各组长的出勤记录和有讨论记录，授课教师现场抽查讨论情况等。形式监督的目的是保证各小组在规定的时间、地点完成讨论活动，但是讨论是否真实进行，每个成员是否积极参与，讨论是否有效果等都没有办法监督。这时就要通过内容监督，即抽查参加讨论的同学对课程内容的掌握情况。抽查内容是十分烦琐的工作，如果老师逐个检查，显然时间不允许，如果只是抽查，不能代表全班掌握的情况。较好的办法是采用课堂互动软件，教师将课程核心知识点浓缩成几个测试题（或问卷），在教师监督下，每个人独立完成，然后提交，客观题教师可以根据软件自动统计结果，确定学生掌握程度；主观题可以采取抢答方式，全班给予评分，答错而获得高分以及长时间没有人抢答的问题应该是难点所在。教师主要指导学生解决这些难点问题，从而让每个同学都能够形成深刻的记忆。

（四）课程结束后，总复习十分必要

翻转教学的最大弊端是知识的零碎化，所以一门课程学习完后，有必要对课程整体知识结构进行梳理，给学生系统掌握本门课程提供指导。同时，要利用学生应考心理规律，促使学生短时间内将全部知识点串联起来，系统掌握本门课程知识和原理，提升运用知识解决实际问题的能力。

功利心态是客观存在的，学生考试的时候更加强烈，不要一味地封堵，而应该加以管控和利用。“押题”是学生课程考试前最普遍的心理，也确实有一些任课老师将考前的总复习演变成了“划范围”，所以才出现平时不听课，考前抄笔记，考试好成绩的现象。如果非要说总复习是划范围，那也应该采用题库式的范围，如果范围太窄，甚至只覆盖考试A、B卷，那就涉嫌泄露考试信息，属于教学事故。

总复习的方式应该是有知识性的也有操作性的，所谓知识性就是教师要把课程的知识体系梳理一遍。第一章要明确财务管理的研究对象、目的意义、基本原则、外部环境和内部体制等；第二章要掌握资金时间价值理论、表现形式及其计算方法。第三章要掌握资金来源渠道和相应的筹资方式，并掌握资金需要量的预测。第四章要掌握资金成本理论和资本结构理论，掌握各种资金成本的计算方法，掌握定量决策资金结构的方法。第五章要掌握项目投资的评价指标和评价方法，能够进行项目投资的定量分析和决策。第六章要掌握证券的价值理论、证券的收益理论、学会证券投资决策的定量分析方法。第七章要掌握运营资本优化管理理论，能够进行现金持有量、存货采购批量的优化分析和决策。第八章要掌握股利分配理论和股利分配策略，学会在不同股利策略下股利分配的计算。第九章要掌握预算理论及其管理体制，学会综合预算的编制。第十章要掌握财务分析的理论和方法，学会偿债能力、运营能力和盈利能力的定量分析，学会杜邦分析原理并利用该原理进行盈利能力的深层次分析。这其实是课程大纲的浓缩，目的是在学生头脑中建立课程的知识框架，也是一种分析视角，具有基础性作用。学生即使将来不从事财务工作，也能够凭借这个知识框架理解一个组织的管理制度，提出管理建议。

所谓操作性就是指总复习也要迎合学生“押题”心理，即要介绍考试题型、题量、分值结构、各种题型的覆盖范围，如果老师能够“点题”，那学生就会“记死”这些题目的！为此，要发挥课代表的作用，请课代表根据老师梳理的知识体系，从课程题库中选择有代表性题目，组织线上模拟考试和评阅，然后根据考试结果对普遍存在的知识短板进行线下讲解。一般情况下，这种系统复习考试组织3~4次，基本就可以让大部分学生掌握课程核心知识要点，架构起课程的知识框架。完成知识的迁移和转化，达到课程教学的目的。

（五）改变课程考核方式是提高学生高阶能力的关键环节

财务管理课程培养的关键能力就是在项目投资可行性分析的基础上，能够设计出行之有效的筹资方案和投资方案，并且建构起科学高效财务运行和分配制度。所以课程考核方式可以有三种类型：一是选择一份创业计划书（可以从每年“互联网+”大学生创新创业大赛获奖项目中遴选），评价其财务方案的优劣，

并提出修改意见和建议；二是在上市公司中遴选一家成功的企业，通过其财务报告和企业介绍，分析其财务管理方面的经验和存在的问题，并提出改进建议；三是选择一家退市的公司（或停牌的公司），回溯其近五年的财务报告，分析其存在的问题和原因，从财务管理的角度对公司提出意见和建议。教师通过学生提交的分析报告评价学生课程成绩，如此才能够从根本上扭转传统课堂，激励学生开展讨论式学习，真正让翻转课堂转变成研究式课堂、创新型课堂。

（六）任务驱动学习方式是最理想的模式

传统课堂一般都是从概念切入，分析其内涵、外延、沿革、目的意义和基本原理等，再开始对每一个原理展开深入的分析。这种课堂是与学术逻辑相契合的课堂，属于知识传授型课堂。但是在互联网、人工智能、大数据突飞猛进的时代，这种以传授知识为目的的传统课堂很快会被屏幕搜索取代，现在一部智能手机就是一座世界知识的馆藏，而且知识的更新换代飞快进行，有些知识可能学生还没有毕业，就已经淘汰了。例如，计算机（智能手机）的操作系统，一直在飞快地升级换代，如果教师现在还在课堂上讲解当前流行的安卓或iOS，可能明天就被华为的“鸿蒙”取而代之。所以现代大学课堂应该按任务驱动模式开展教学，即让学生先按照操作指南完成一个项目的流程，然后不给操作指南完成项目的流程，再把一个既有的项目流程记录下来，编写操作指南，最后根据项目设计意图，完成操作流程的设计和实施。为此，可以先给学生一个成功的企业或退市的企业，让学生自己去回溯企业成功的财务经验或者失败的财务教训。让学生在一步步回溯的过程中自学财务知识和原理，把不能独立解决的问题带到课堂，由老师组织讨论解决，最后完成一份完整的分析报告。课程考核的时候可以让学生自选案例，进行财务分析，形成学习与考核的闭环，这正是任务驱动式学习与学生高阶能力高校的完美结合。

参考文献

[1] CH Crouch, E Mazur. Peer Instruction: Ten Years of Experience and Results [J]. American Journal of Physics, 2001, 69 (9): 970 – 997.

[2] Michele M. Teaching at Stanford: An Introductory Handbook [M]. Denver: The Center for Teaching and Learning, Stanford University, 2007: 29 – 33.

[3] JT Boyle. Peer Instruction Versus Class – wide Discussion in Large Classes: A Comparison of Two Interaction Methods in the Wired Classroom [J]. Studies in Higher Education, 2003, 28 (4): 457 – 473.

[4] 张学新. 对分课堂：大学课堂教学改革的新探索 [J]. 复旦教育论坛，2014 (5): 5 – 11.

[5] 崔艾举. 从逃课现象看高校改革的着眼点 [J]. 山西高等学校社会科学学报，2007，19 (9): 11.

[6] 黄雪娇，梁海青，赵可云. 我国翻转课堂研究现状述评：热点与趋势——基于 CNKI 文献关键词的可视化分析 [J]. 现代远距离教育，2015 (6): 82 – 88.

[7] 郝林晓，折延东. 翻转课堂理念及其对我国课堂教学改革的启示[J]. 比较教育研究，2015 (5): 80 – 88.

[8] 秦炜炜. 翻转学习：课堂教学改革的新范式 [J]. 电化教育研究，2013 (8): 84 – 89.

[9] 陈明选，陈舒. 围绕理解的翻转课堂设计及其实施 [J]. 高等教育研究，2014 (12): 63 – 66.

[10] 黄阳，刘见阳，印培培，陈琳. “翻转课堂” 教学模式设计的几点思考 [J]. 现代教育技术，2014 (12): 100 – 110.

[11] 杨宁，林丽征，徐梦诗. 翻转课堂教学理念下的 “现代教育技术” 新课程设计与实施 [J]. 中国远程教育，2015 (3): 61 – 65 + 7.

[12] 吕晓娟. 基于学生学习力的翻转课堂教学设计 [J]. 电化教育研究，

2015（12）：98－110.

［13］潘国清．一种翻转课堂的螺旋模型及实现［J］．电化教育研究，2015（10）：84－89.

［14］苏仰娜，黄映玲．基于交互式实验模拟软件的翻转课堂模式设计与应用——以“虚拟多媒体教学系统”为例［J］．中国电化教育，2015（10）：60－66.

［15］刘永琪，胡凡刚．翻转课堂教学模式的伦理省思［J］．远程教育杂志，2015（6）：78.

［16］于洋，傅海伦，张艳丽．“翻转课堂”：信息技术下的“先学后教”［J］．教学与管理，2015（30）：111.

［17］陈洋，胡凡刚，刘永琪等．翻转课堂引发的矛盾关系思考［J］．现代教育技术，2016（2）：71－77.

［18］尹达．对“翻转课堂”的再认识［J］．当代教育与文化，2014（2）：64－66.

［19］尹华东．对国内外翻转课堂热的冷思考：实证与反思［J］．民族教育研究，2016（1）：25－33.

［20］邓正艳，蔡文伯．我国“翻转课堂”研究现状及发展趋势分析［J］．中国信息技术教育，2014（19）：107－110.

附录1　2016年秋季翻转课堂期中问卷调查

本次问卷网上进行，两个班共70名同学回答了问卷，其中一班34人，二班36人，全部为有效答卷，调查结论以柱状图表示，每页上图是一班的回答结果，下图是二班的回答结果。总体反映较好。

1. 你每周花在观看视频上的时间大约是多少小时？

A. 3小时以内　　B. 3~4小时

C. 4~5小时　　D. 5小时以上

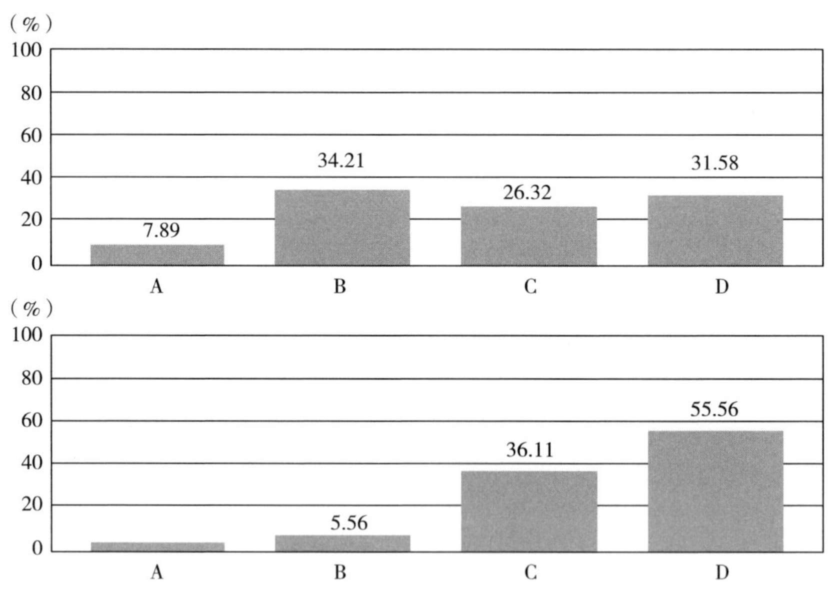

2. 平均需要观看几次才能够理解视频的内容？

A. 1次　　B. 1~2次

C. 2~3次　　D. 3次以上

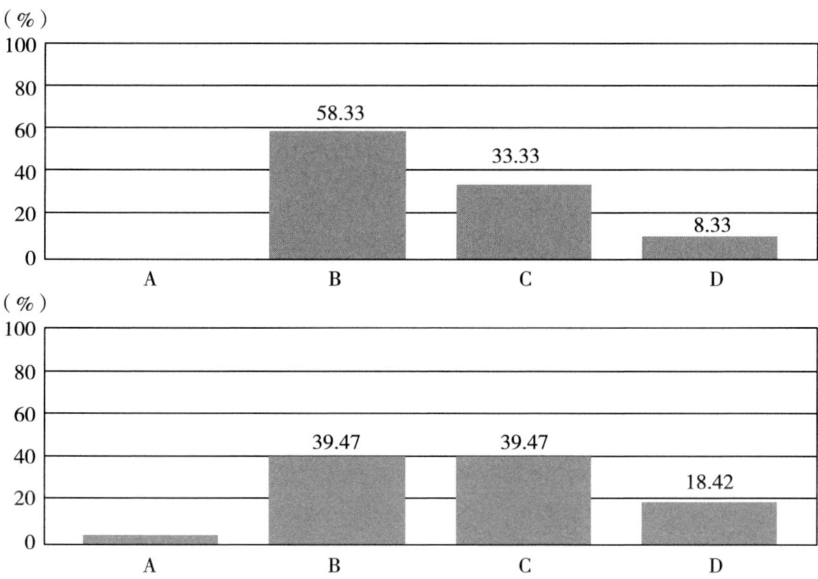

3. 对于不能理解的视频内容通过什么方式求助？

A. 看教材　　B. 百度（或其他网上搜索引擎）

C. 小组讨论　　D. 线上提问

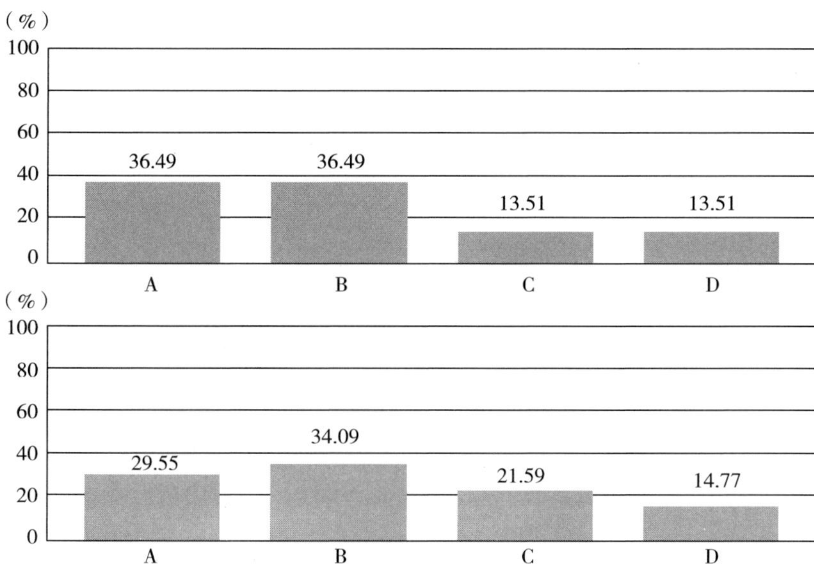

4. 你看完视频后能够独立完成线上测验和作业吗？

A. 5（能） B. 3（基本上能）
C. 2（基本不能） D. 1（不能）

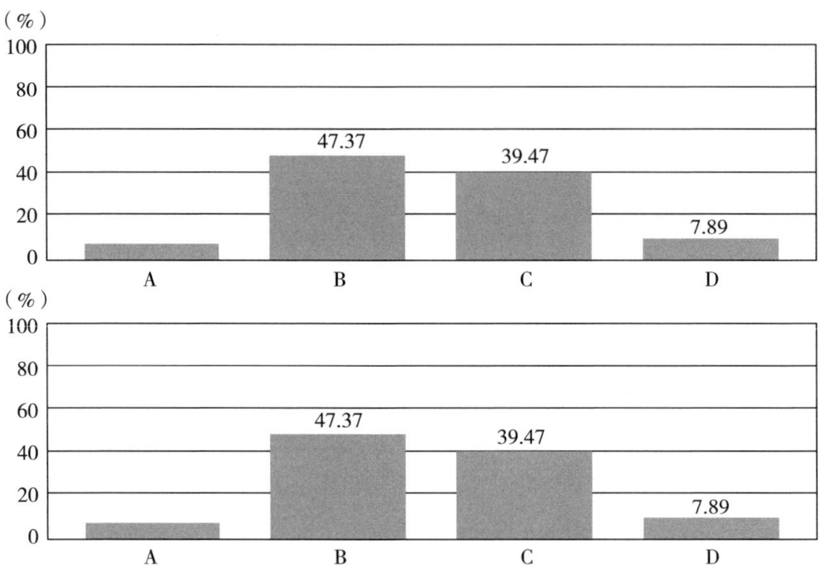

5. 对于不会解答的题目主要采用什么方式解决？
A. 小组讨论 B. 线上讨论
C. 百度（或其他网上搜索引擎） D. 参考身边同学的答案

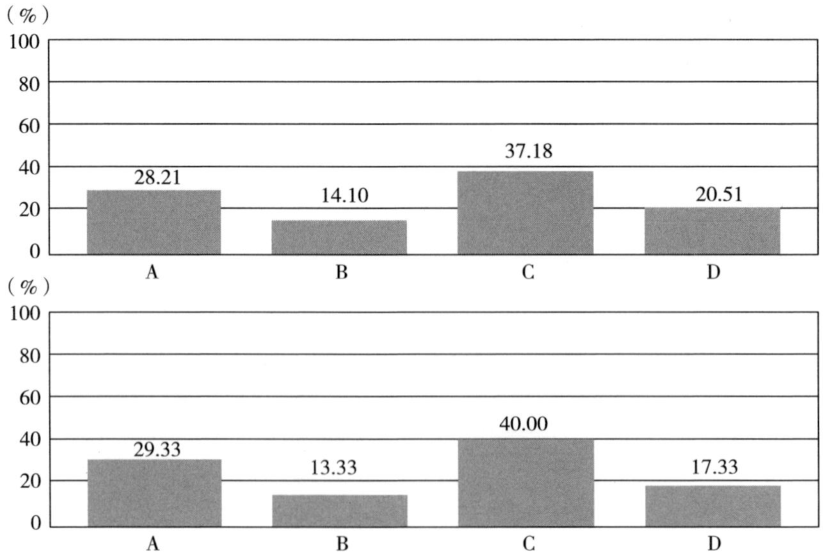

6. 各小组汇报学习中存在的问题有意义吗？

A. 5（很有）　　B. 4（有）

C. 2（基本没有）　　D. 1（浪费时间）

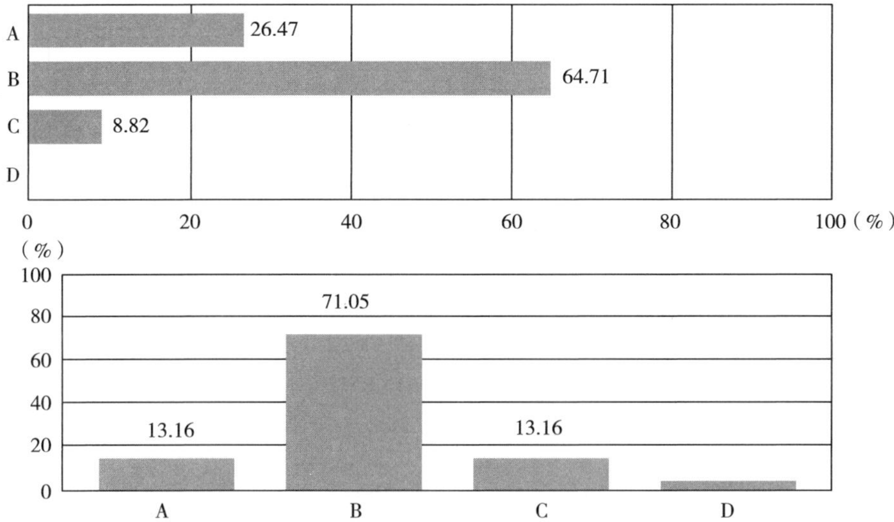

7. 各小组汇报时有必要汇报学习收获吗？

A. 5（很有）　　B. 4（有）

C. 2（基本没有）　　D. 1（浪费时间）

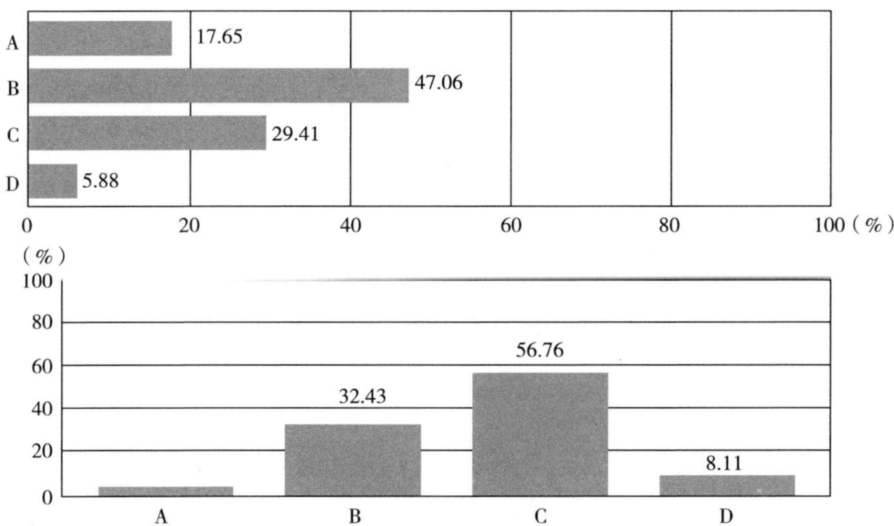

8. 课堂讨论环节有意义吗?

A. 5（很有）　　B. 4（有）

C. 2（基本没有）　　D. 1（浪费时间）

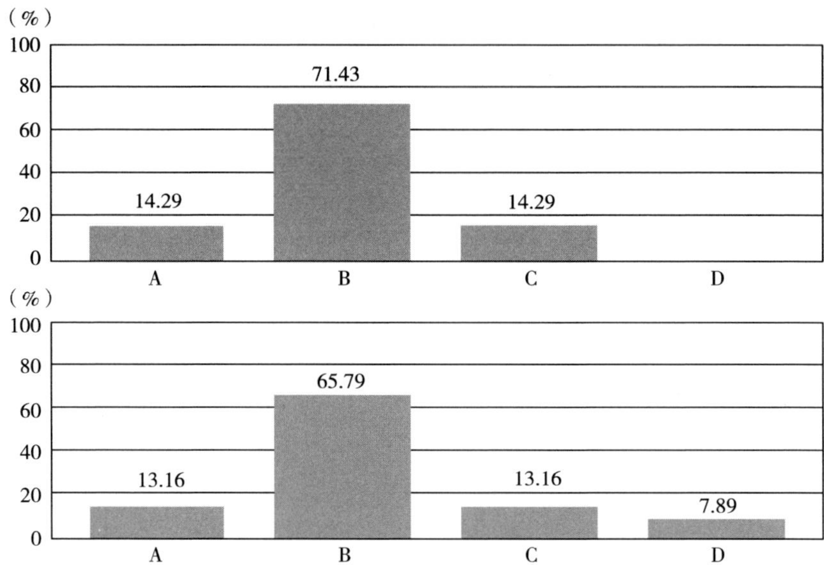

9. 你主动参与过课堂讨论吗?

A. 5（积极）　　B. 4（有）

C. 2（基本没有）　　D. 1（没有）

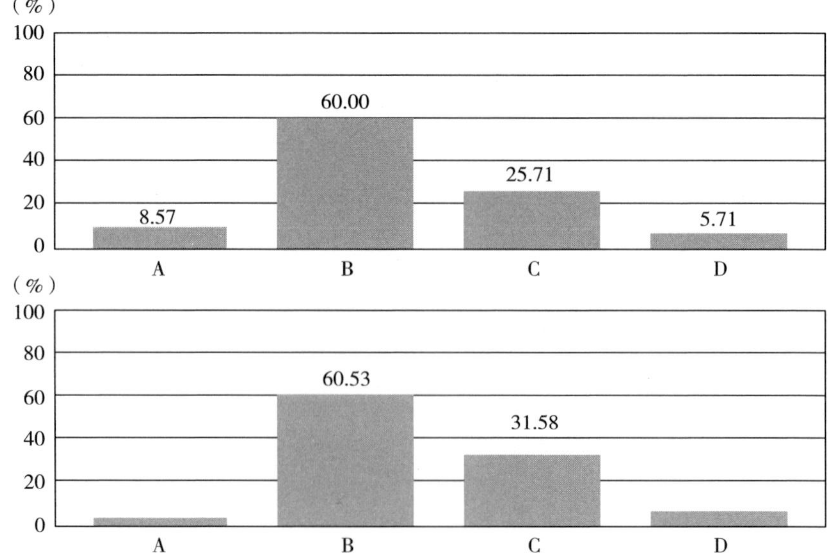

10. 如果你不想主动参与课堂讨论，原因是什么？

A. 胆小　　　　　　　　B. 不懂讨论的内容

C. 觉得没有意义

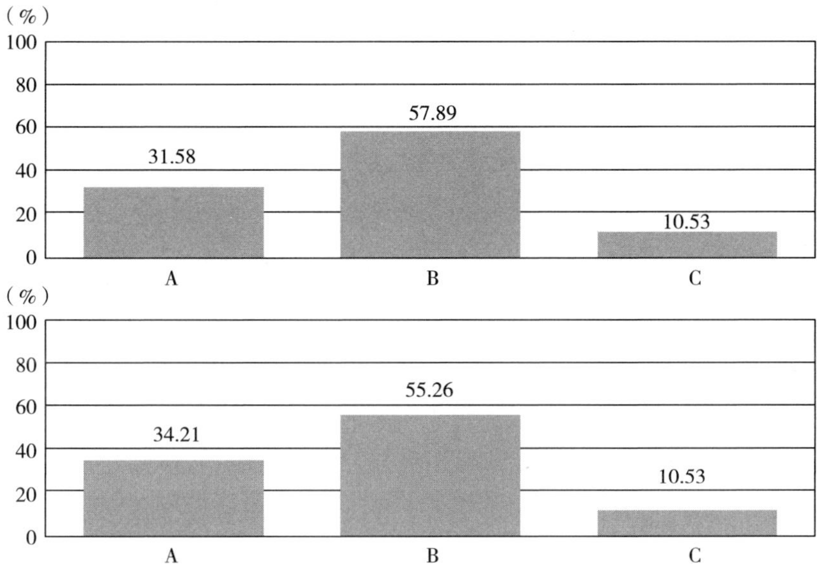

11. 你在课外查阅过课程相关的文献或网上资料吗？

A. 没有时间查　　　　　　B. 都懂，没有必要查

C. 觉得没有意义

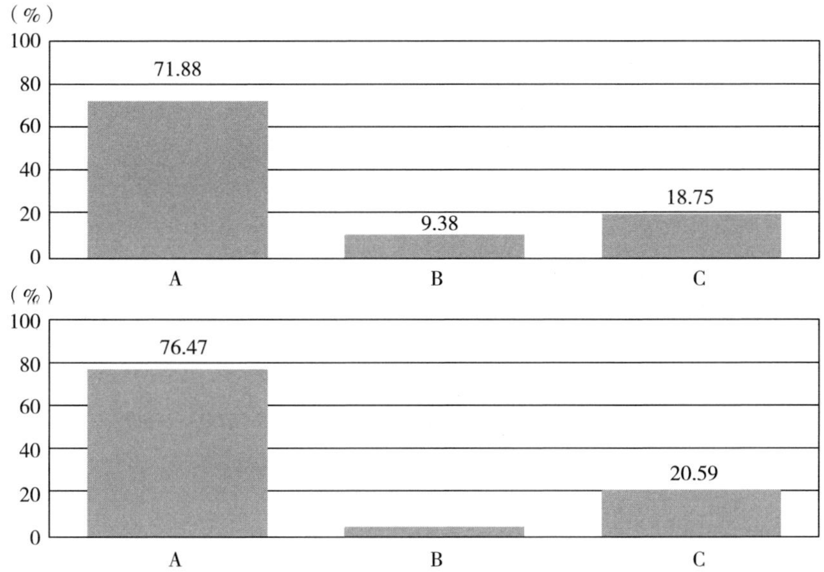

12. 你觉得现在课堂上老师讲的时间：

A. 太多了，跟传统课堂没什么区别　B. 适中

C. 太少了，很多没讲清

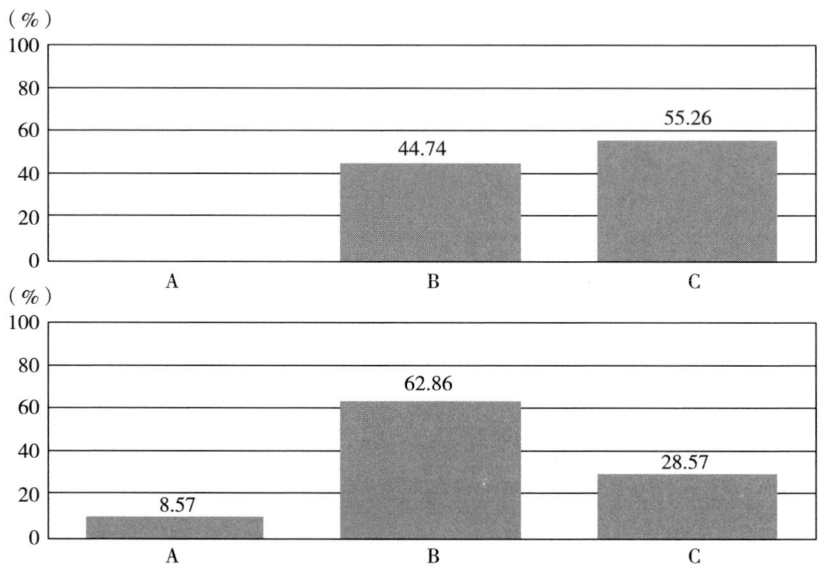

13. 你觉得现在课堂上老师讲的内容：

A. 零碎，对学习没什么作用　　　　B. 有点睛的作用，很好

C. 还行

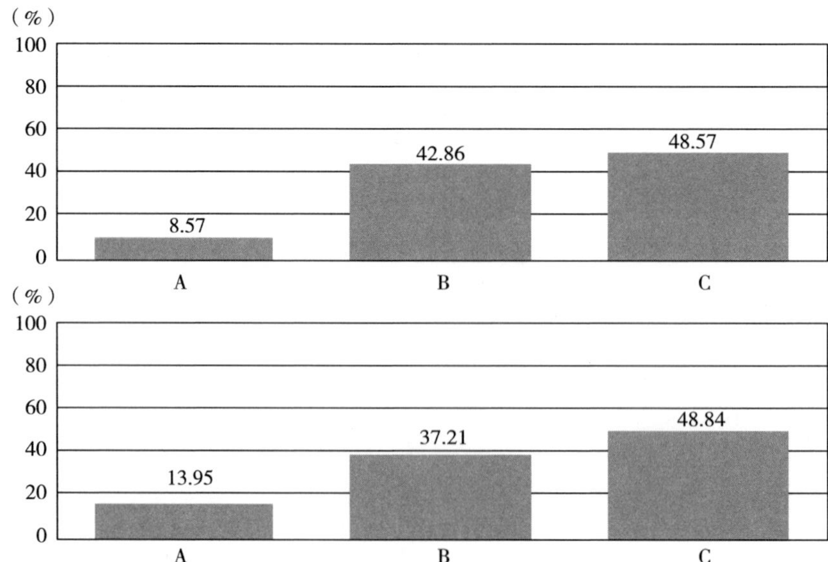

14. 你觉得线上测验和作业对掌握课程内容。

A. 5（很有帮助）　　B. 4（有用）

C. 2（作用不大）　　D. 1（基本没有用）

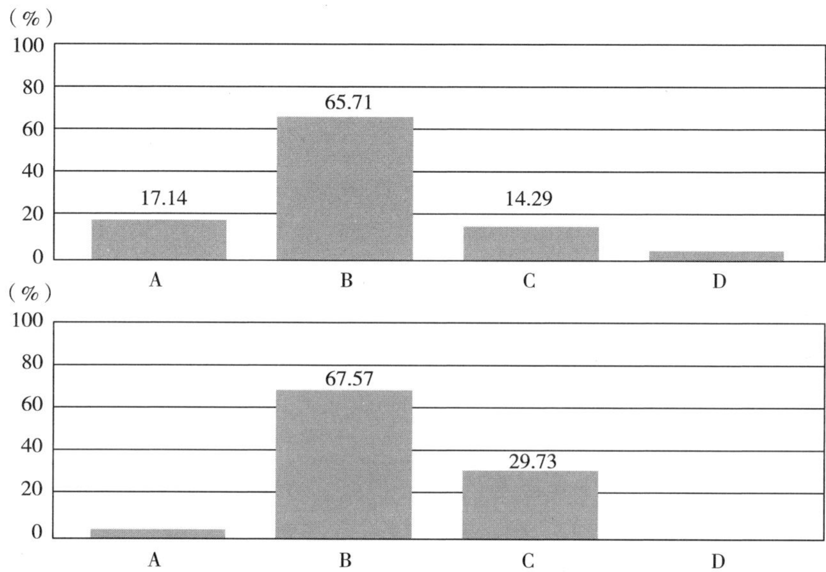

15. 你觉得课堂讨论拓展内容（例如，比特币知识等）有没有意义？

A. 5（很有意义）　　B. 4（有用）

C. 2（基本没有用）　　D. 1（浪费时间）

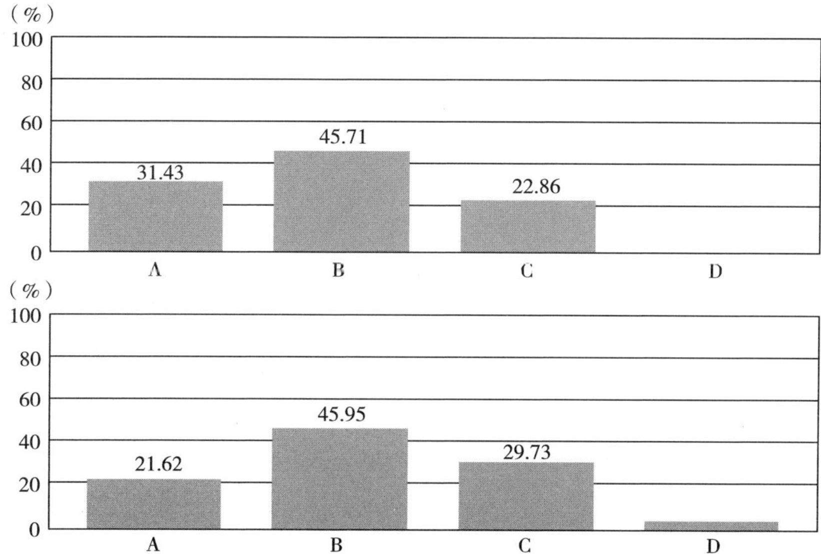

16. 翻转课堂需要采用内容丰富，结构清晰，有一定难度和挑战性的教科书。你是否认同这个观点？

A. 5（高度认同） B. 4（认同）

C. 3（基本认同） D. 1（不认同）

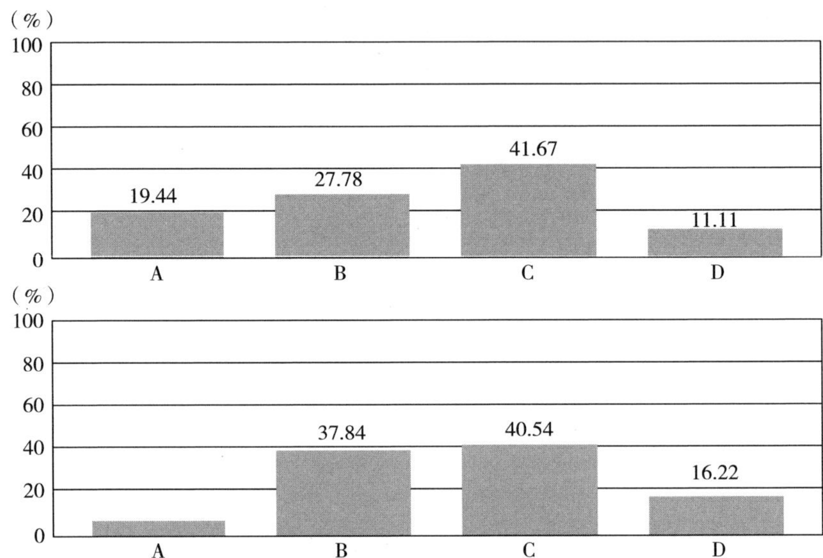

17. 现在使用的教科书是否合适？

A. 5（很合适） B. 4（合适）

C. 3（基本合适） D. 1（不合适）

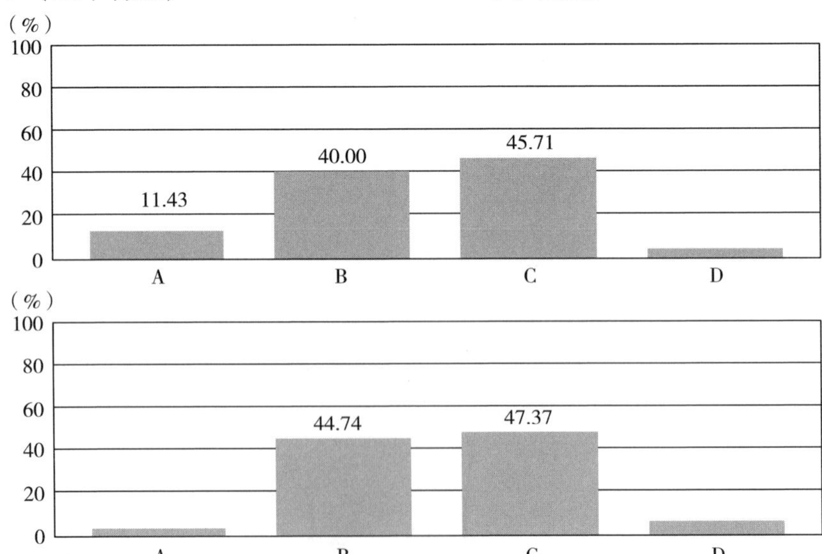

18. 翻转课堂通过视频讲授，帮助学生熟悉章节内容，理解重点、难点，为课后学习打下基础。你是否认同这个目标？

A. 5（高度认同）　　B. 4（认同）

C. 3（基本认同）　　D. 1（不认同）

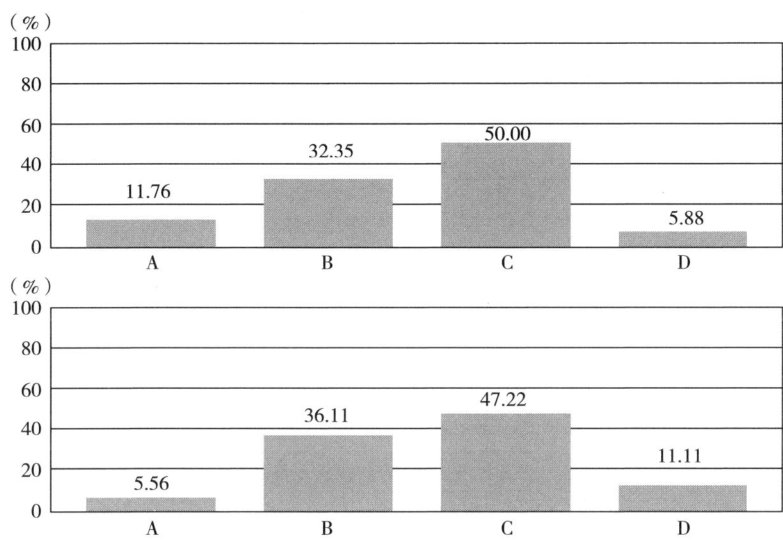

19. 翻转课堂通过视频讲授，帮助学生熟悉章节内容，理解重点、难点，为课后学习打下基础，这个目标是否达到？

A. 5（达到）　　B. 4（基本达到）

C. 2（基本没达到）　　D. 1（没达到）

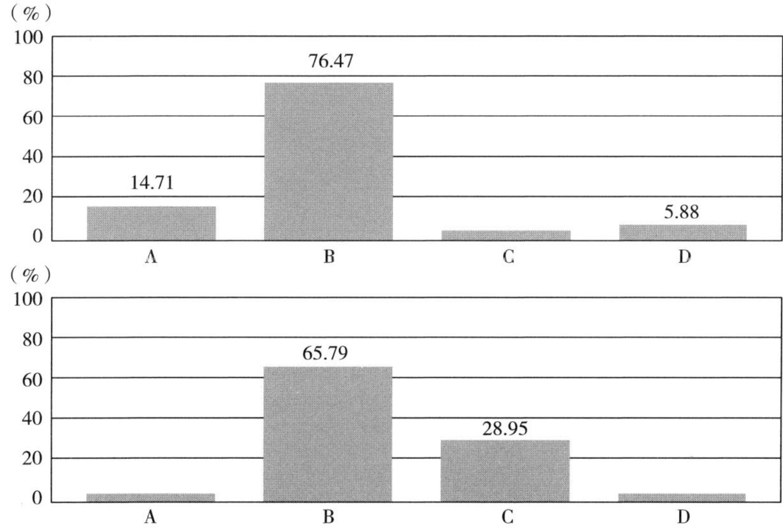

20. 翻转课堂试图通过线上作业，促进学生对章节内容的认真学习，为分组讨论做好准备。你是否认同这个目标？

A. 5（高度认同）　　B. 4（认同）

C. 3（基本认同）　　D. 1（不认同）

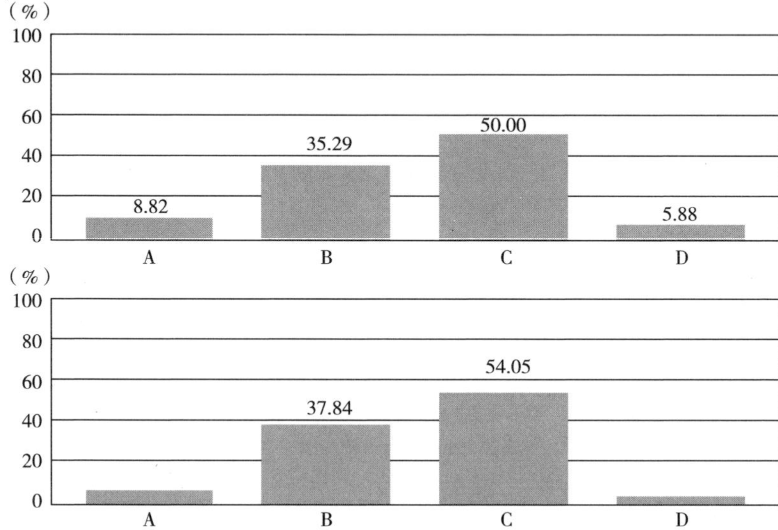

21. 翻转课堂试图通过线上作业，促进学生对章节内容的认真学习，为分组讨论做好准备。这个目标是否达到？

A. 5（达到）　　B. 4（基本达到）

C. 2（基本没达到）　　D. 1（没达到）

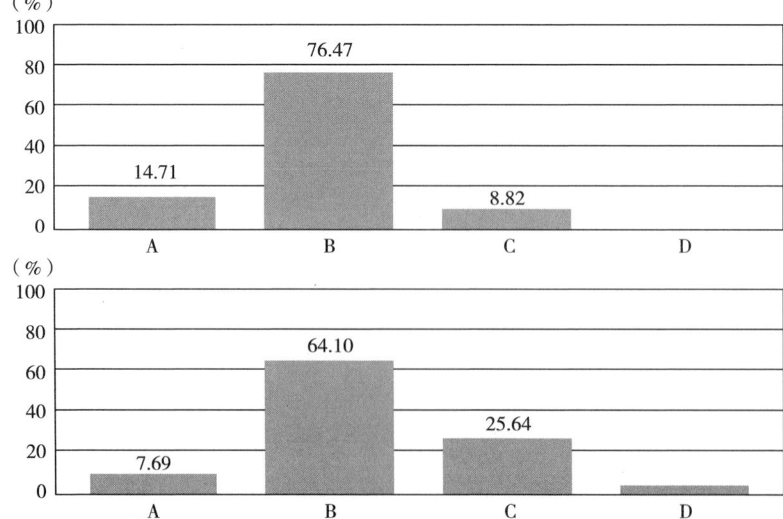

22. 翻转课堂试图通过分组讨论，使学生互相促进，化解疑难，达到对章节内容的深入理解。你是否认同这个目标?

A. 5（高度认同）　　B. 4（认同）

C. 3（基本认同）　　D. 1（不认同）

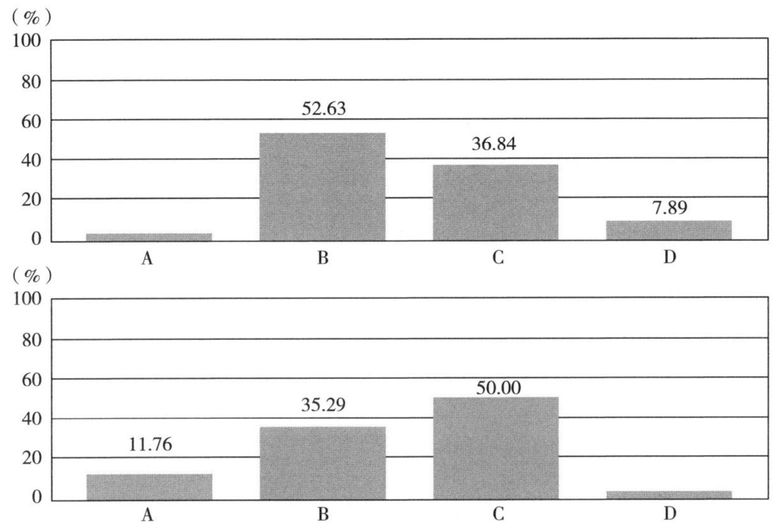

23. 翻转课堂试图通过分组讨论，使学生互相促进，化解疑难，达到对章节内容的深入理解。这个目标是否达到?

A. 5（达到）　　B. 4（基本达到）

C. 2（基本没达到）　　D. 1（没达到）

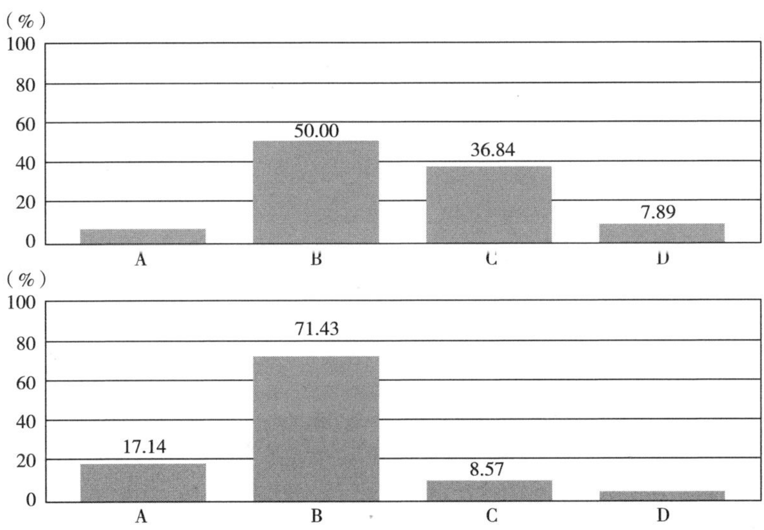

24. 翻转课堂试图通过线上讨论，使学生互相分享观点，解决疑难问题，达到对章节内容的深入理解。你是否认同这个目标？

A. 5（高度认同）　　B. 4（认同）

C. 3（基本认同）　　D. 1（不认同）

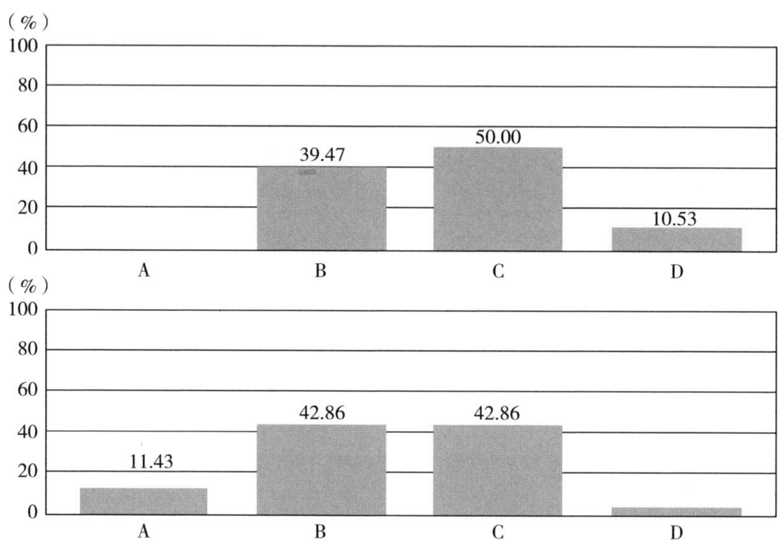

25. 翻转课堂试图通过线上讨论，使学生互相分享观点，解决疑难问题，达到对章节内容的深入理解。这个目标是否达到？

A. 5（达到）　　B. 4（基本达到）

C. 2（基本没达到）　　D. 1（没达到）

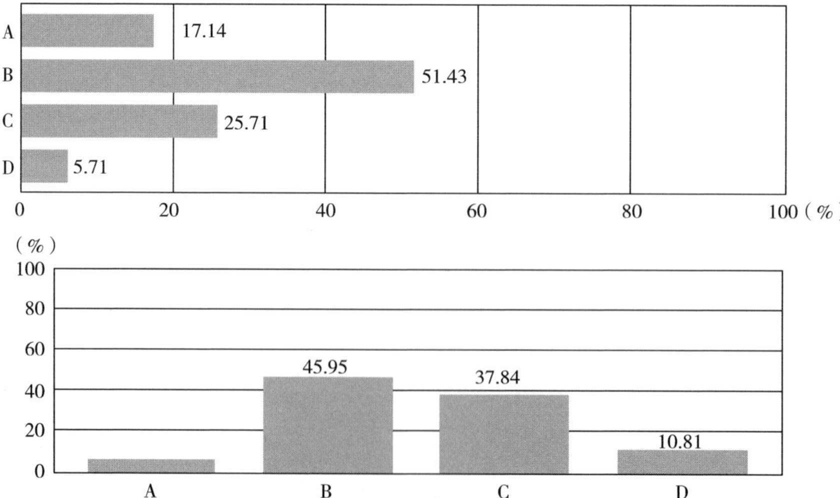

附录 2　期末考试与主要学情观测值“端点”分布（2016～2019 年）

附图 2－1　2019 年春期末考试与观看视频时间前后 20%分布

注：图中每列为观看视频时间的一次观测值，灰块表示每次时长的前 20%，深块表示每次时长的后 20%；最后一列为期末考试成绩。（下同）

附图 2－2　2018 年秋期末考试与观看视频时间前后 20%分布

附图 2－3　2018 年春期末考试与观看视频时间前后 20%分布

附图2－4 2017年秋期末考试与观看视频时间前后20%分布

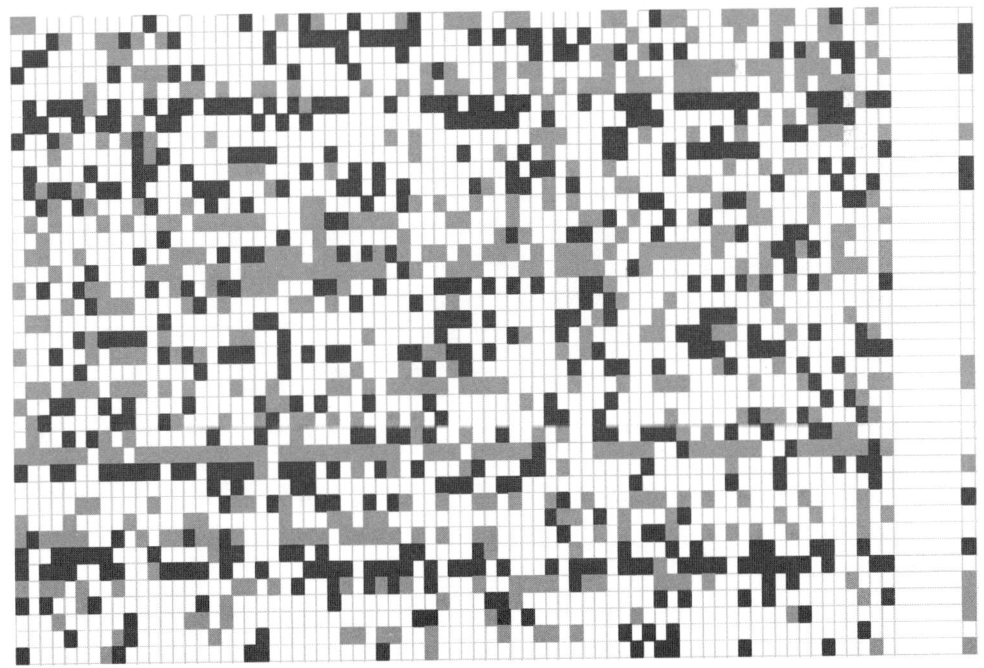

附图2－5 2017年春期末考试与观看视频时间前后20%分布

附图 2－6 2016 年秋期末考试与观看视频时间前后 20%分布

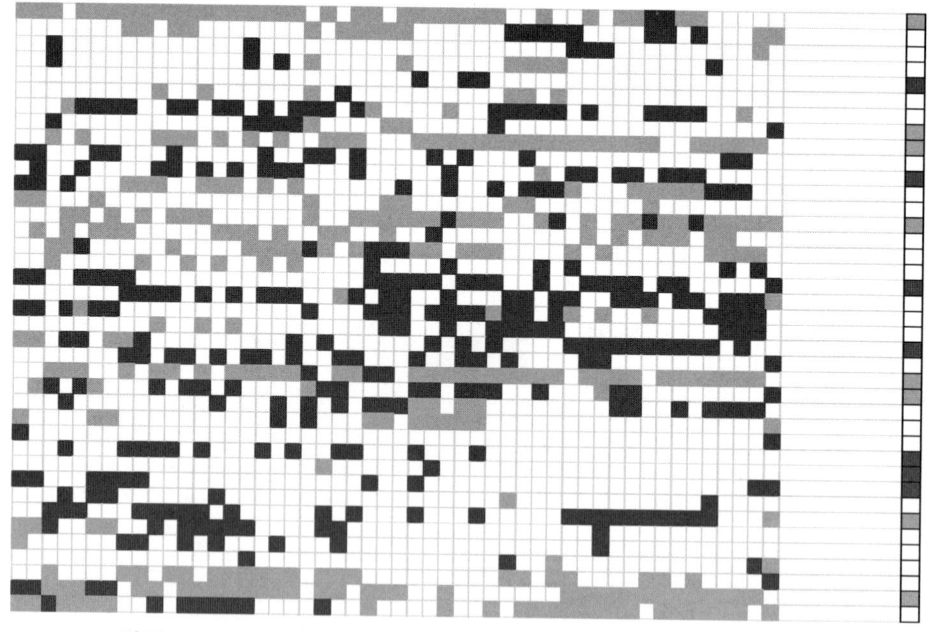

附图 2－7 2019 年春期末考试与章节测验提交时间前后 20%分布

注：图中每列为一次章节测验提交时间的观测值，灰块表示每次提交章节作业的前 20%，深块表示每次交作业的后 20%；最后一列为期末考试成绩。（下同）

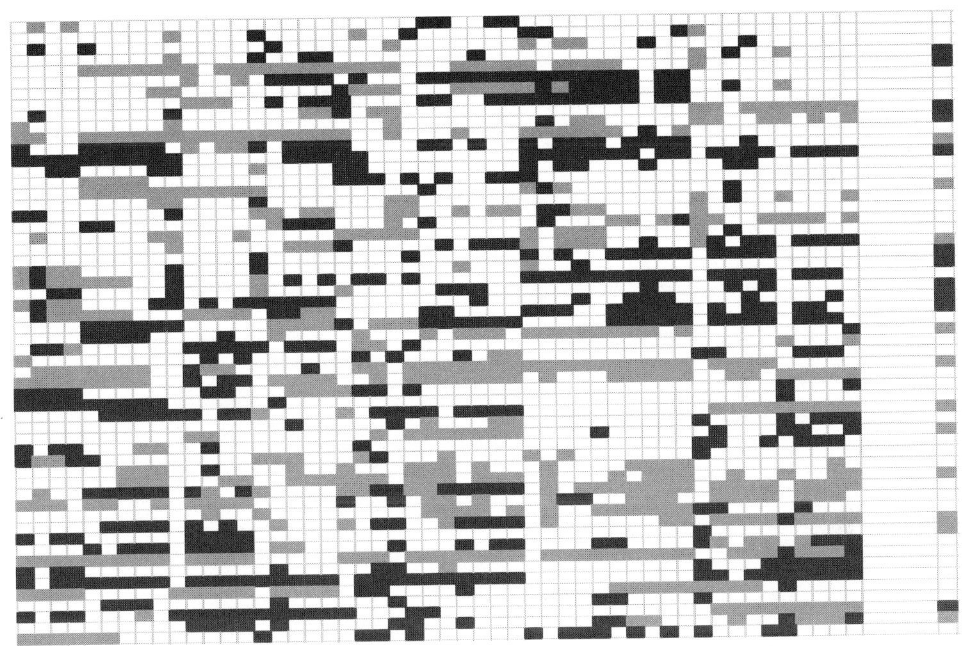

附图2－8　2018年秋期末考试与章节测验提交时间前后20%分布

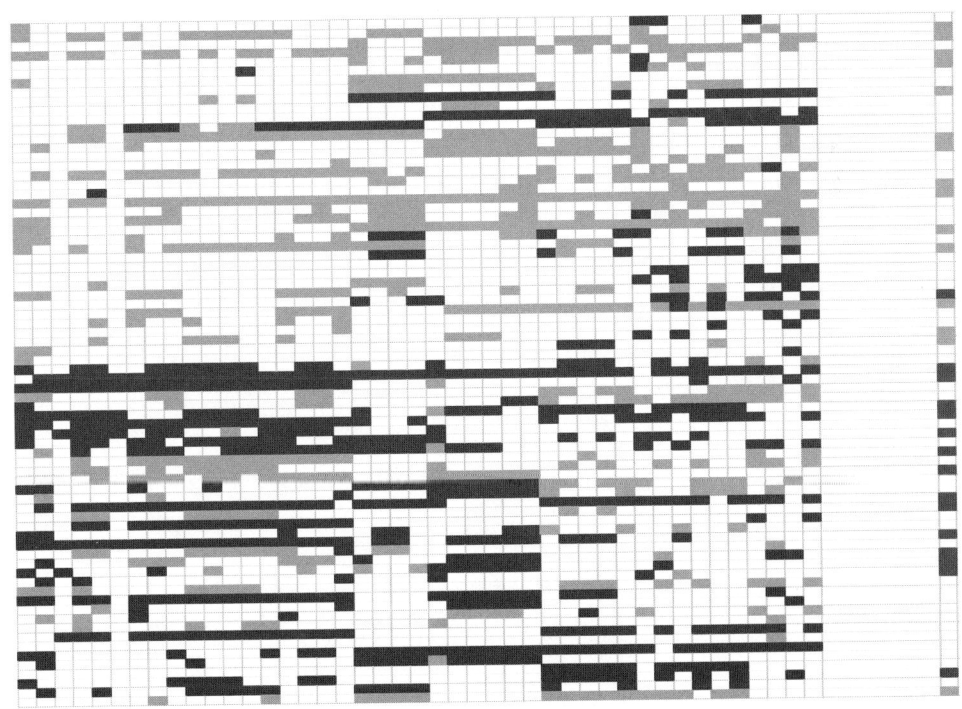

附图2－9　2018年春期末考试与章节测验提交时间前后20%分布

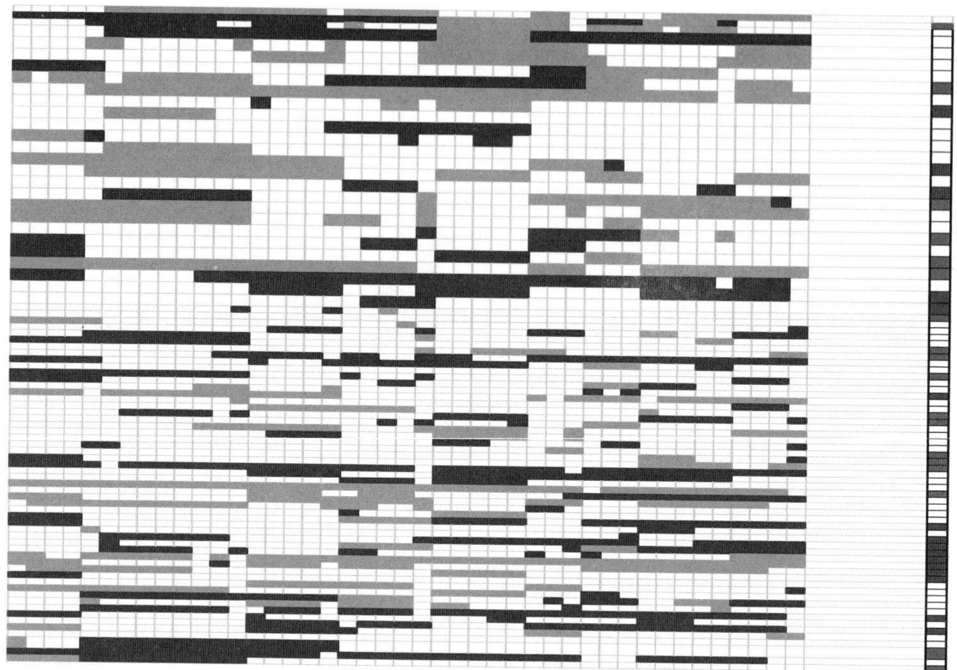

附图 2 - 10　2017 年秋期末考试与章节测验提交时间前后 20%分布

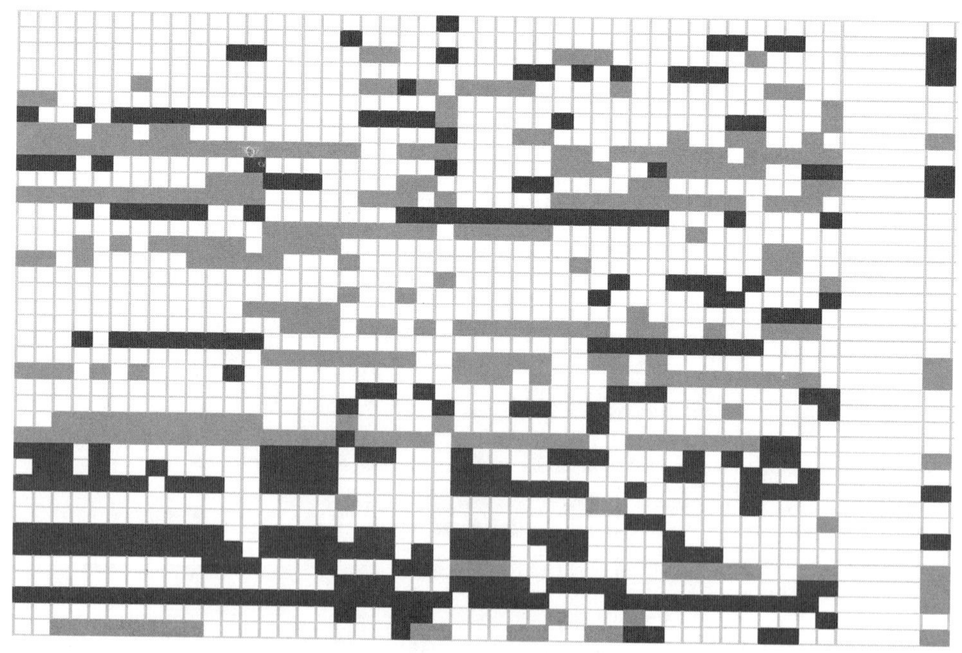

附图 2 - 11　2017 年春期末考试与章节测验提交时间前后 20%分布

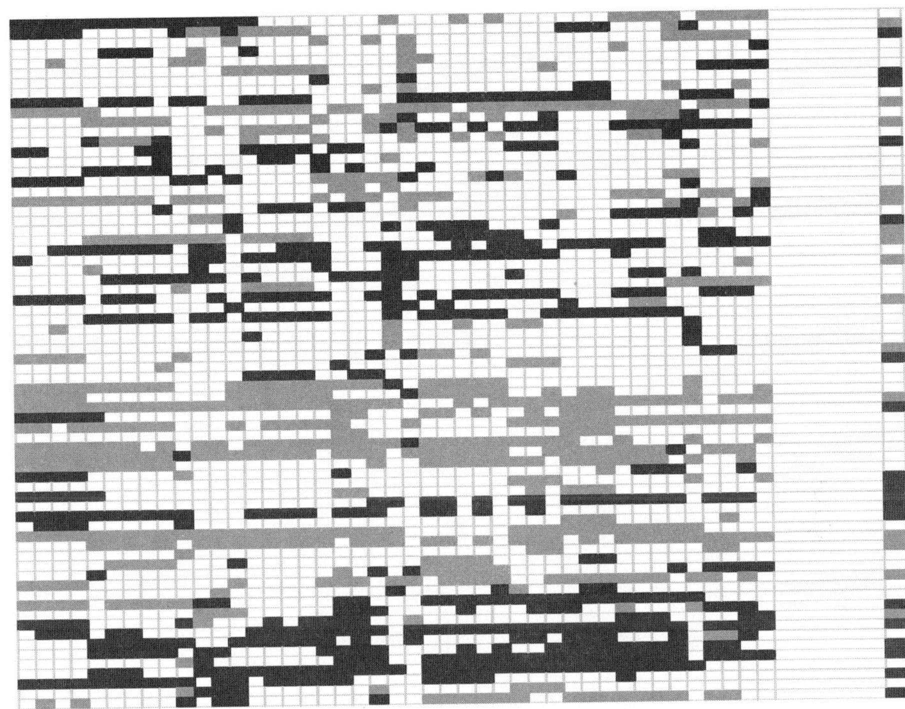

附图 2-12　2016 年秋期末考试与章节测验提交时间前后 20%分布

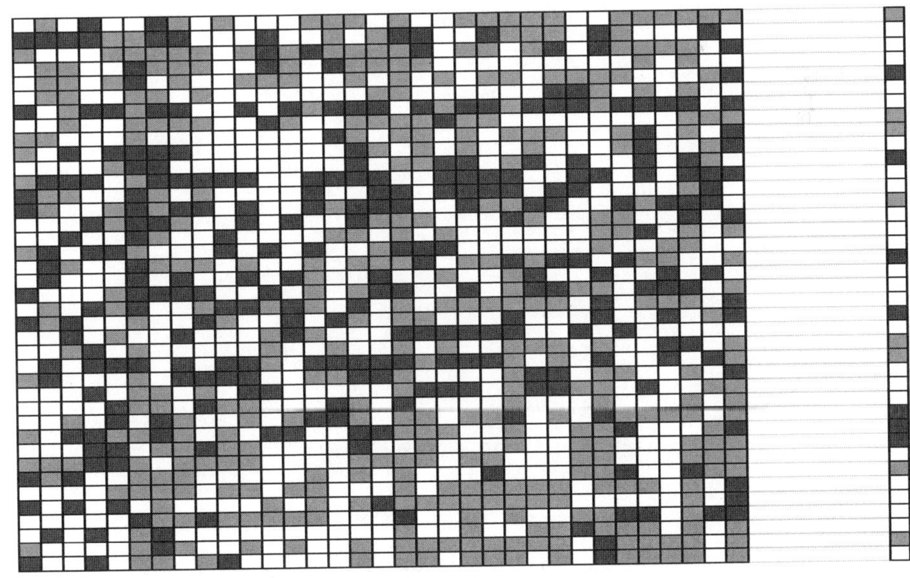

附图 2-13　2019 年春期末考试与章节测验成绩前后 20%分布

注：图中每列为一次章节测验成绩的观测值，灰块表示每次测验成绩前 20%，深块表示每次测验成绩后 20%；最后一列为期末考试成绩。（下同）

附图 2 -14　2018 年秋期末考试与章节测验成绩前后 20%分布

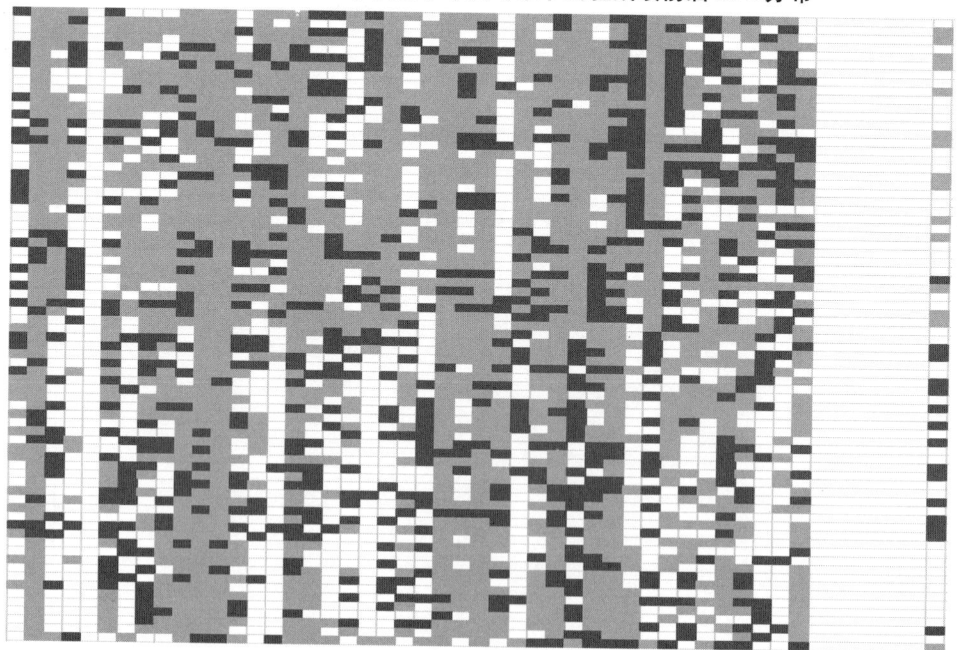

附图 2 -15　2018 年春期末考试与章节测验成绩前后 20%分布

附图 2－16　2017 年秋期末考试与章节测验成绩前后 20%分布

附图 2－17　2017 年春期末考试与章节测验成绩前后 20%分布

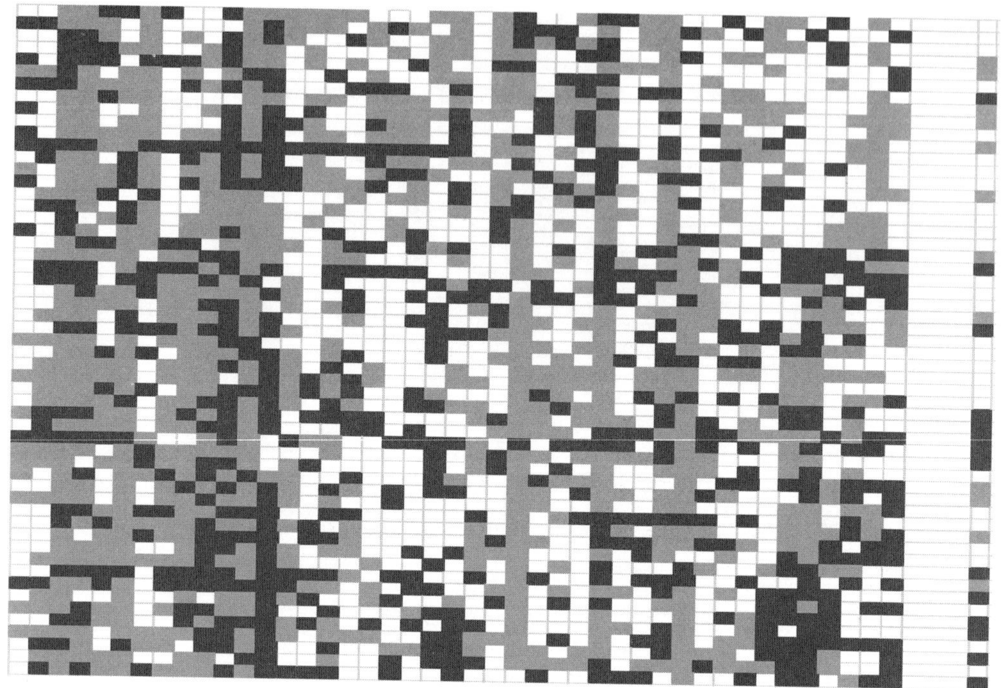

附图 2 – 18　2016 年秋期末考试与章节测验成绩前后 20%分布

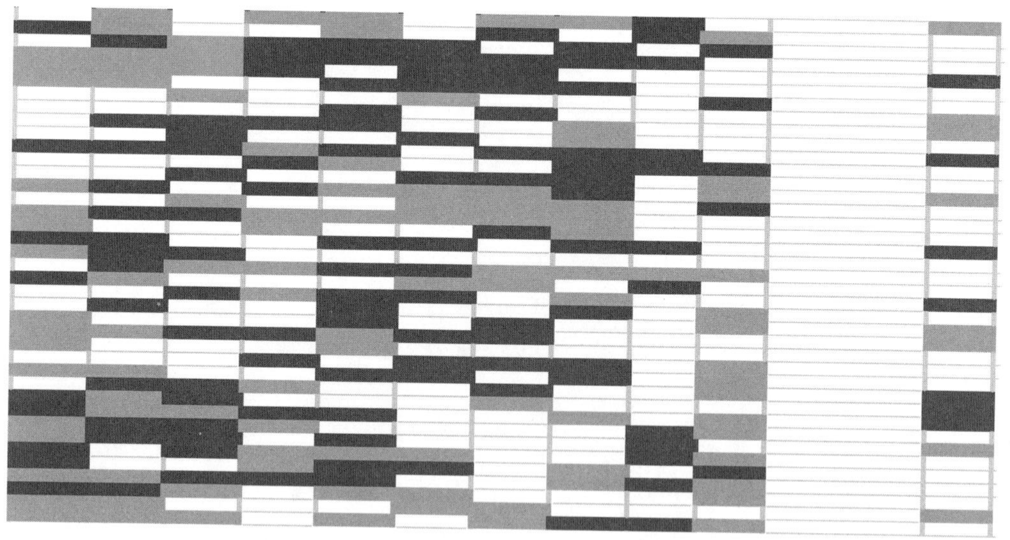

附图 2 – 19　2019 年春期末考试与讨论成绩前后 20%分布

注：附图 2 – 19 中左 1 ~ 8 列为平时讨论成绩，灰块表示历次课堂讨论成绩前 20%，深块表示历次讨论成绩后 20%；右 1 列（最右列）为期末考试成绩，右 3 列为线上回答问题次数，右 4 列为线上提问次数，深色为后 20%，灰色为前 20%。(下同)

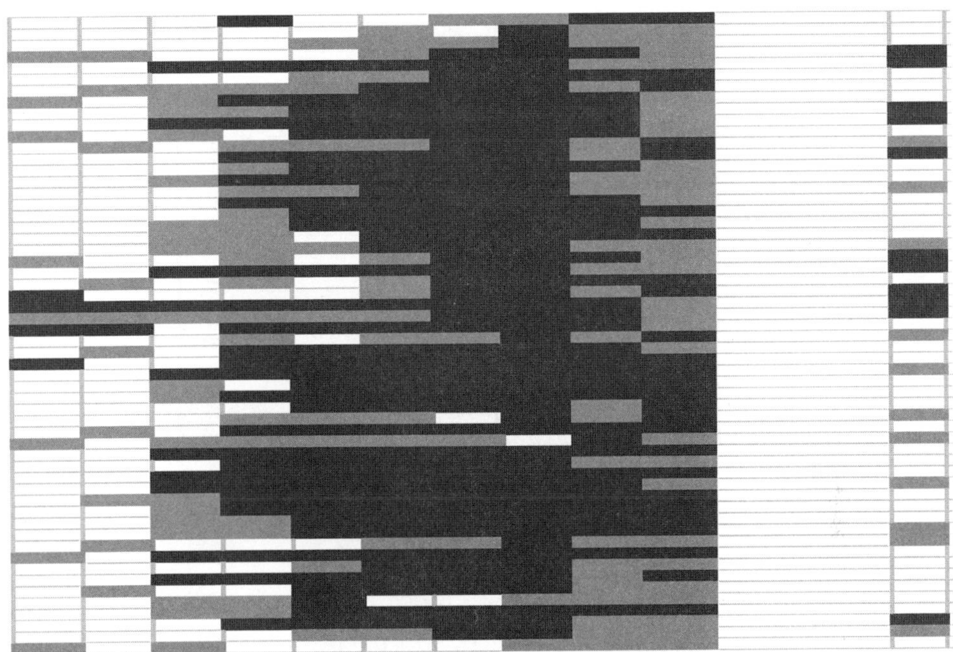

附图2－20　2018年秋期末考试与讨论成绩前后20%分布

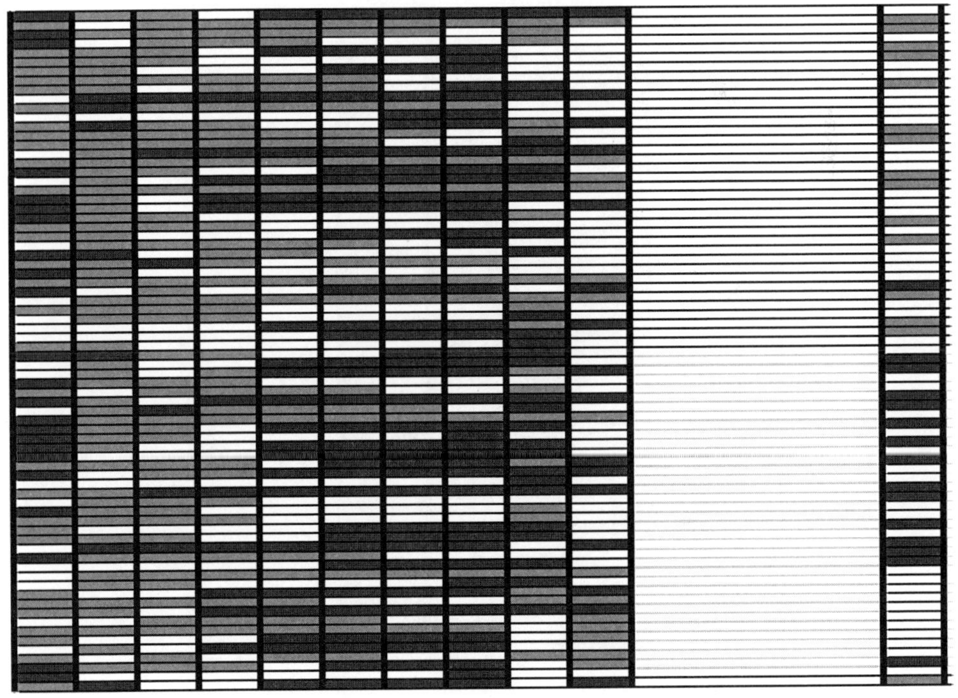

附图2－21　2018年春期末考试与讨论成绩前后20%分布

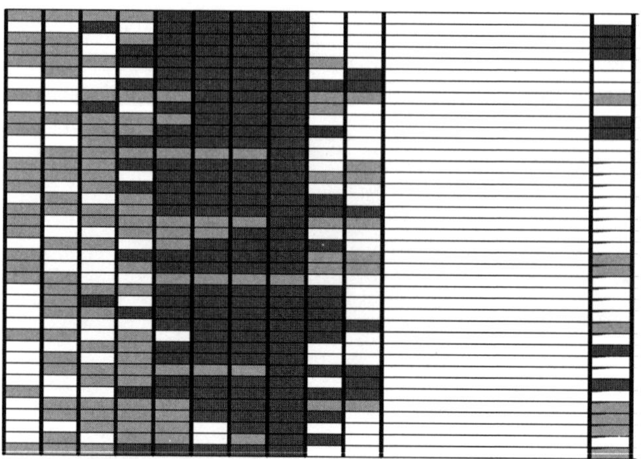

附图 2-22　2017 年春期末考试与讨论成绩前后 20%分布

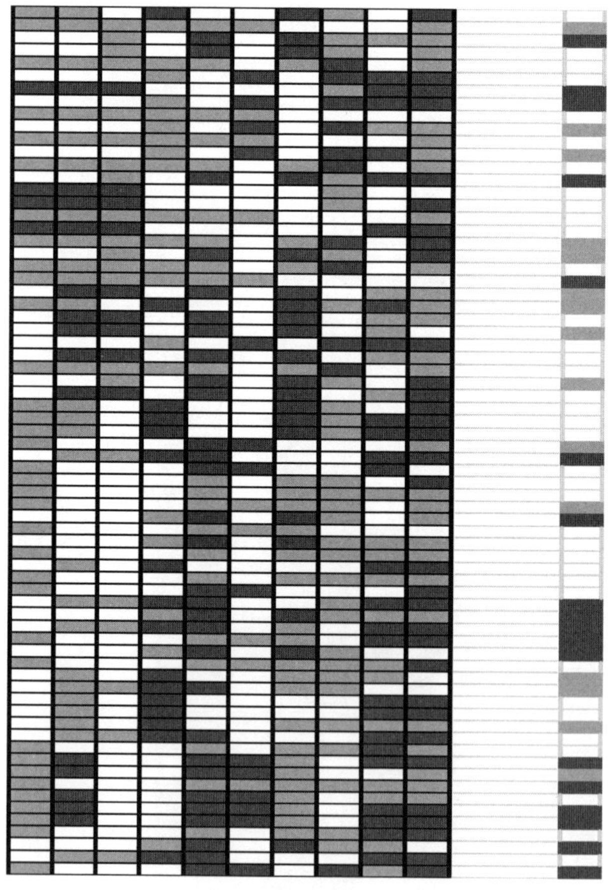

附图 2-23　2016 年秋期末考试与讨论成绩前后 20%分布

后 记

“翻转课堂”这个词我是在2012年履任教务处长后的一次教学工作务虚会上听到的，当时就产生了深厚的兴趣，从教20多年以来，在传统讲授课堂上赢得了学生的高度认可。然而一直在思考能否找到一个突破口来提升课堂教学质量。尽管启发式教学、讨论式课堂、案例教学等概念早已提出，但是在多媒体教学都没有普及的条件下，开展这些方式的改革难度非常大，学生手头就一本教材，课前预习都难做到，要求他们自觉地搜集资料，准备课堂讨论基本是奢谈。

2012年，我担任教务处处长兼教育技术中心主任，提出公共教学场所“多媒体化”“网络化”，得到学校支持。很快学校主教学楼（现博学楼）教室全部接入互联网，配齐了多媒体并实现远程集中控制，改变教师上课前领取多媒体钥匙的历史。在多媒体中控系统根据学校教学任务安排，自动提前20分钟开通有任务的教室的多媒体，没有任务的教室如果需要开通多媒体设备，则需要提前申请。教育技术条件的改善，激发了全校教师课堂教学改革的积极性。也正因如此，我萌生了推进翻转课堂改革的想法。在征得商学院领导同意，特别是在会计系主任周一萍教授的支持下，我迅速组建了课程团队，讨论建课方案，提出了推进翻转教学的目标。

2013年，湖北省教育厅启动全省“精品视频公开课”和“精品资源共享课”建设工作，我们课程团队看准了这一机会，决定先从“精品视频公开课”切入，打造6学时的精品视频课，扩大影响后，再扩建为48学时的“资源共享课”。课程团队一起遴选了教学内容，确定由我和丁厚春、何秀平三位老师主讲，在教育科学与技术学院的大力支持下，我们在“教科院”微格教室录制了课程视频，并按要求加挂了视频字幕。在课程团队共同努力下，课程建设取得巨大成功，当年获准湖北省首批“精品视频公开课”立项，学校给予了专门的课程建设经费支持，为后来推进翻转教学改革打下了坚实的基础。

2014年，湖北高校成立教师教育网络联盟，致力于打造学生培养新模式，融合职前教育和职后教育、学历教育和非学历教育，并具有在线学习管理、服务等多种功能。鉴于现代教育技术在课堂教学改革中的重要地位，我提出了建设学校教师发展中心的方案，再一次得到学校支持。首期投资200多万元，在多功能大楼（现"厚德楼"）17层建设三间全自动录播教室和四间微格教室，并全面接入华中师范大学数字化学习中心，实现与华师远程互动学习交流。之后陆续投资建设了"非线编实验室""虚拟录播室"，购买了超星小规模限制性在线课程（Small Private Online Course，SPOC）管理平台。首先，我将自建的省级精品视频公开课《财务学及技术基础》上线运行，并组织多次平台建课培训，在全校力推微课建设和翻转课堂教学改革。同时利用学校自动录播教室，将"财务学及技术基础"课程的视频资料补充完善，经过三次更新替换，课程的视频、习题库质量得到全面提升。2014年秋，课程正式在学校的SPOC平台上线运行，一直持续至今。

2016年春，借助"湖北教师教育网络联盟"平台，"财务学及技术基础"课程同时面向华中师范大学、湖北师范大学和湖北第二师范学院开设，采用线上、线下混合教学模式，获得成功，实现了课程学分校际互认，扩大了课程影响力。

经过四个学期的在线运行，我积累了大量的学情数据，开始理性思考翻转教学改革的效果，以及影响翻转教学的关键因素（见本书第八章"财务管理"对分翻转教学实证研究），文章后来发表在《大学教育科学》（2012）上，至今被引用11次，被下载865次。基于这些思考，2016年底我将三年来推进翻转教学的成果整理成专著初稿，申报2017年湖北省社科基金后期资助项目并顺利批准立项。同年，"财务学及技术基础"获批湖北省精品在线开放课程（鄂教高函［2017］27号）。由于一直致力于课程教学改革的探索，因此，一批研究成果先后产生，2018年我申请国家"万人计划"高等学校教学名师，作为湖北高校13位候选人之一被遴选报送参加全国角逐。同年，"财务学及技术基础"按照翻转教学理念进行改版，名称改为"企业财务理论与实验"，由中国财政经济出版社出版（2018）。2019年我获"湖北名师"荣誉称号，主持"湖北名师工作室"，按照申报目标任务，工作室将全面推进课堂教学改革，以《企业财务理论与实验》教材为切入点，不断完善翻转课堂教学方案，形成经验后推广到会计系其他课程，最后辐射全校，在全省乃至全国形成一定影响。

本书正是这一系列平台支持的结果，在专著出版之际，我要特别感谢省教育厅高教处对本课程不遗余力的关怀和支持！正是"湖北省精品视频公开课程""湖北省精品在线开放课程"先后立项的鼓励，本课程改革才一步步坚持走下来并终有所成。感谢"湖北省哲学社会科学发展规划办公室"对本课程改革成果的资助！感谢省教育厅教师处对本课程团队的认可和对我个人教学改革成绩的肯定和支持！为我们进一步推进课程教学改革搭建了高水平的支撑平台。感谢湖北教师教育网络联盟！特别要感谢华中师范大学教务处对本课程的支持和帮助，扩大了课程改革的影响力。感谢我所在的黄冈师范学院对本科教学的一贯重视和关注！学校公共教室的“多媒体化”和教师发展中心建设，为本课程建设提供了硬条件支持。感谢我校教务处长期以来对本课程和教材的资助！使课程建设得到了较好的财务保障。感谢教务处教师发展中心，特别是毕涛老师在建课和推广过程中给予的无私帮助！感谢商学院领导支持我大胆探索课堂教学改革！感谢我主持的“湖北名师工作室”的全体成员，特别是武国辉、武喜元老师，他们为课程建设付出的辛勤劳动和汗水！

当然，翻转课堂教学改革还存在很多需要完善的地方，正如我在文中所说，翻转课堂教学并不能解决高等教育课堂的一切问题。不仅如此，翻转课堂教学改革本身也会带来新的问题和矛盾。现在有一种说法：翻转教学是精英学校的精英教师为精英学生开设的精英课堂！简单地说，就是翻转教学的适用范围是十分狭窄的。这虽不完全正确，但是也说明翻转教学的确存在适应性的问题。有一点是明确的，翻转教学肯定有利于培养学生的高阶创新能力，例如，发现知识的能力、整合知识的能力、表达知识的能力、创造知识的能力……这与当前教育部倡导的“金课”价值取向高度契合，也是面对“互联网+”教育、挑战“人工智能教育”有效教育模式。在当前国际竞争，特别是大国角力日益加剧的时代，探索高等教育最基础的环节——课堂教学改革十分必要，恰逢其时！

由于时间关系和水平所限，文中错漏在所难免，敬请读者包涵并批评指正！参考文献注释也可能存在遗漏，请漏注作者海涵！

夏庆利

2019 年 8 月 12 日于福星花园